测绘新技术
在国土资源中的
应用研究

赵卫红　王勇◎著

中国原子能出版社
China Atomic Energy Press

图书在版编目（CIP）数据

测绘新技术在国土资源中的应用研究 / 赵卫红，王
勇著. —— 北京：中国原子能出版社，2022.9
　　ISBN 978-7-5221-2106-2

　　Ⅰ.①测… Ⅱ.①赵… ②王… Ⅲ.①测绘学－应用
－国土资源－研究－中国 Ⅳ.①F129.9

　　中国版本图书馆CIP数据核字(2022)第160247号

测绘新技术在国土资源中的应用研究

出　　版	中国原子能出版社(北京市海淀区阜成路43号 100048)	
责任编辑	蒋焱兰（E-mai：419148731@qq.com）	
特约编辑	瞿明康　刘　锋	
责任校对	冯莲凤	
责任印制	赵　明	
印　　刷	北京厚诚则铭印刷科技有限公司	
经　　销	全国新华书店	
开　　本	787mm×1092mm　1/16	
印　　张	20	
字　　数	300千字	
版　　次	2022年9月第1版	2022年9月第1次印刷
书　　号	ISBN 978-7-5221-2106-2	
定　　价	58.00元	

出版社网址:http://www.aep.com.cn　 E-mail:atomep123@126.com
发行电话:010-68452845　　　　　　 版权所有　侵权必究

作者简介

赵卫红,女,汉族,山东莱阳人,本科学历,科长,研究方向是地籍测量、不动产测量、地理信息、工程测量。1999年调入莱阳市国土资源局,从事土地管理工作;2005年调入烟台市地信息中心,从事国土信息工程及权籍测量工作。2015年获得高级工程师任职资格。

王勇,男,汉族,山东梁山人。本科学历,高级工程师,科员,研究方向是地籍测量、不动产测量、工程测量、地形测量。1989年毕业于中国石油大学工程测量专业,1991年于清华大学首届GPS培训班结业后,组建中原油田卫星定位队;1994年组建烟台市规划科研所(后改名烟台市城市地理信息中心)。2005年组建烟台市地理信息中心,现任职于烟台市地理信息中心。2009年获得高级工程师任职资格。

前　言

　　从最初的大平板、三脚架、小笔尖，到今天三颗"资源三号"测绘卫星遨游太空，航空摄影测量飞机、无人机俯瞰大地，各类移动测量系统扫描地面，探地雷达、侧扫声呐等深入地下、水下测绘，我们已经构建了天空地一体化的对地观测体系。从现代测绘基础研究、技术装备艰难起步，到成功攻克天文大地网整体平差计算、全数字化自动测图、地球重力场测量、高分辨率立体测图卫星测绘和应用等核心与关键技术，成功研制全数字摄影测量工作站、高精度定位芯片、大规模集群化遥感数据处理系统、倾斜相机等大批技术装备，一批重大科技成果获得国家科技进步奖、国家自然科学奖、国家发明奖和国际奖项，企业的创新主体作用逐步发挥，我们的自主创新能力实现了跨越，摆脱了发达国家长期封锁和垄断。标准规范从长期严重滞后，到建立114项国家标准、151项行业标准、50余项地方标准构成的标准体系，并开始主导国际标准制定，我们实现了测绘标准与技术变革协同发展。从以光学仪器为标志的传统测绘技术体系，到以航空航天遥感、卫星导航定位、地理信息系统为核心的数字化测绘技术体系，再到初步建立以数据获取实时化、数据处理自动化、数据管理智能化、信息服务网络化、信息应用社会化为特征的信息化测绘技术体系，测绘生产力水平实现了质的飞跃。如今，我国测绘科技整体水平已跻身世界先进行列，一些领域达到国际领先，我们依靠自主创新走出了一条"科技兴测"之路。

　　国土资源是人民赖以生存的最基本物质资源，是生产、生活、生态之本，事关实现中华民族伟大复兴的进程。我国人口众多，人口和资源之间、资源利用和经济发展之间的矛盾一直比较突出。坚持"创新、协调、绿色、开放、共享"五大发展理念，按照生态文明建设的国家战略，厚植发展优势，破解发展难题，提高国土资源开发利用效率，推进资源节约和环境友好建设，促进经济社会可持续发展，为美丽中国建设提供国土资源保障，是国土资源管理面临的重大历史使命和时代责任。合理利用好测绘新技术，可以提高国土资源管理等工作的效率。本书主要论述测绘新技术在国土资源勘查、规划以及管理中的应用，全书理论联系实际，希望能给相关工作提供一定的参考思路。

目　录

第一篇 绪论

第一章 测绘新技术概述 ················002
第一节 测绘新技术的主要内容 ················002
第二节 测绘新技术的基本特点 ················004
第三节 测绘新技术的发展概况 ················006

第二章 国土资源概述 ················017
第一节 国土资源的概念与分类 ················017
第二节 国土资源的主要特点与管理法规 ················021
第三节 国土资源的开发利用情况 ················055

第二篇 在国土资源领域应用的测绘新技术

第三章 全球卫星导航定位系统 ················063
第一节 全球卫星导航定位系统的发展概况 ················063
第二节 北斗导航定位技术的发展历程 ················078
第三节 全球卫星导航定位系统在国土资源中的应用 ················086

第四章 遥感技术 ················094
第一节 遥感的概念及特征 ················094
第二节 遥感技术的发展概况 ················098
第三节 遥感技术在国土资源中的应用 ················103

第五章 地理信息系统（GIS） ················111
第一节 地理信息系统的概念与发展概况 ················111
第二节 数据结构与数据模型 ················128
第三节 地理信息系统在国土资源中的应用 ················144

第六章 无人机测绘系统 ·················152

第一节 无人机测绘系统的基本原理和主要组成 ·············152

第二节 无人机测绘系统的发展概况 ················163

第三节 无人机测绘系统在国土资源中的应用 ···········172

第七章 三维测绘技术 ·····················178

第一节 三维测绘技术的主要内容 ················178

第二节 三维测绘技术的发展概况 ···············184

第三节 三维测绘技术在国土资源中的应用 ···········187

第三篇 测绘新技术在国土资源中的具体应用

第八章 测绘新技术在国土资源管理中的应用 ·······200

第一节 国土资源管理的重要意义 ·············200

第二节 测绘新技术在国土资源管理中的应用实例 ········206

第三节 测绘新技术在国土资源管理中的应用展望 ········224

第九章 测绘新技术在国土资源信息整合中的应用 ·····235

第一节 整合国土信息资源的重要意义 ···········235

第二节 测绘新技术在国土资源信息整合中的应用实例 ·····246

第三节 测绘新技术在国土资源信息整合中的应用展望 ·····251

第十章 测绘新技术在地质灾害监测中的应用 ·······256

第一节 地质灾害监测的重要意义 ·············256

第二节 测绘新技术在地质灾害监测中的应用实例 ········260

第三节 测绘新技术在地质灾害监测中的应用展望 ········265

第十一章 测绘新技术在国土空间规划与治理中的应用 ···281

第一节 建立国土空间规划体系的重要意义 ·········281

第二节 测绘新技术在国土空间规划与治理中的应用实例 ····287

第三节 测绘新技术在国土空间规划与治理中的应用展望 ····296

参考文献 ·······························309

第一篇

绪 论

第一章 测绘新技术概述

第一节 测绘新技术的主要内容

随着社会基础设施建设的不断发展,测绘行业在国民经济建设中起到的作用越来越明显。在我国的水利工程建设、交通基础设施建设以及采矿、建筑工程等诸多领域,都需要在测绘技术的大力支持下才能保证建设项目的顺利实施。为此,大力发展先进的测绘新技术成了多个行业发展的基本需求。目前,在信息科技的大力推动下,一些新的高科技测绘技术逐渐广泛应用,极大地提高了测绘的工作效率,也使得测绘结果更加精准,简化了测绘设备的操作过程,完善了测绘数据传输系统,为测绘行业的发展做出巨大贡献。

一、测绘技术的含义与发展

所谓测绘,就是指为了能够掌握全面的大地信息而对某个指定的空间范围内进行一定的测量,并将测量结果绘制成各种不同标准地形图的技术方法。测绘技术的应用范围非常广泛,所测量的对象也相对较多,包括在测量空间内地面上所有的物体、地貌以及地下的水文、地质、矿产等。当然在绘制地形图时所依照的标准主要是根据实际的测绘需求来决定的,如在矿产勘探中与工程建设中进行测绘工作作业,其所测量绘制的对象侧重点就有较大差异。

测绘技术在我国的发展已经有很长一段历史,为我国的社会经济做出了很多贡献。近年来,科技的进步逐渐推动了我国测绘技术的快速发展,如经过数十年研发,我国独立研制的北斗导航系统,这预示着我国的工程测绘水平到达了一个新的时期,对测绘工作中的测绘技术也将提出要求。工程测绘新技术在实践中已经取得了较大成效,有力促进了人类社会经济的发展和进步。

二、测绘新技术

（一）空间测绘技术

近年来，随着北斗卫星的相继发射，我国也是继美国（GPS）和俄罗斯的（GLONASS）全球定位系统之后，第三个拥有成熟卫星导航系统的国家，打破了空间测绘垄断的格局。GPS又名全球卫星定位系统，是最先出现的卫星导航系统，由20世纪六七十年代美国一个军方项目演变而来，随着多年来对卫星导航系统技术的改进，载波相位、广域差分、实时差分技术的发展，让GPS在测绘、监控、导航等领域大显身手。

（二）GIS测绘技术

GIS是国际上近年来发展起来的一门新兴科学，它是利用现代计算机图形和数据库技术来输入、存储、编辑、查询、分析、显示和输出地理图形及其属性数据的计算机系统，是融地理学、几何学、计算机科学及各类应用对象为一体的综合性高新技，其最大特点在于把社会生活中的各种信息与反映地理位置的图形信息有机地结合在一起，并可根据用户需要对这些信息进行分析，把结果交与有关领导和部门作为决策的参考。它由硬件、软件、数据和用户有机结合而构成。它的主要功能是实现地理空间数据的采集、编辑、管理、分析、统计、采集、管理、分析和输出多种地理空间信息的能力，兼具空间性和动态性，以地理研究和地理决策为目的，以地理模型方法为手段，具有区域空间分析、多要素综合分析和动态预测能力，从而产生高层次的地理信息。①

由计算机系统支持进行空间地理数据管理，并由计算机程序模拟常规或专门的地理分析方法，辅以空间数据，从而产生有用信息，完成人类难以完成的测绘任务。计算机系统的支持是GIS的重要特征，使GIS得以快速、精确、综合地对复杂的地理系统进行空间定位和过程动态分析。

（三）摄影测绘技术

摄影测绘技术中测量工作也有着两个大类别的区分，主要可以区分为航空摄影测绘、航天摄影测绘，但是这些不同的地形测绘方式都有着一个共同点，都是为了对地面各种不同的比例尺的地形图进行测绘。通过地形测绘的数据来建立科学的地面模型，将具有高精确度的模型提供给各种地

①麻金继，梁栋栋．三维测绘新技术[M]．北京：科学出版社，2018.

理信息系统以及土地信息系统,完善这些系统中的各项基础数据。

摄影测量工作中亟需要解决的两个问题,就是如何对几何进行定位以及影像解译。

几何定位的一个主要功能就是能够有效地确定被摄影测量物体的实际大小、空间位置、形状等。几何定位工作实现的基本原理就是通过测量学中的前方交会方式,也就是依据两个被已知摄影方向线,从而交会构造成两条摄影光线中待定地面点的详细三维坐标。

影像解译则是确定测绘地形的地物性质。这个环节的主要特点就在于其能够对影像进行解译以及详细测量,而工作的场地主要是在室内进行,并不需要对测绘对象本身进行接触。因此这项工作并不会受到任何天气因素以及地理因素的影响而停止测量作业;通过摄影测量的方式,能够真实客观地反映出地形信息,并且形象极为直观,相关研究人员能够从影像中获得各种所需的信息来进行研究,能够对处在动态的物体进行拍摄,记录下拍摄对象的瞬间影像。通过摄影测绘的方式能够有效地完成一般测量方法无法完成的工作,摄影测量方法主要适合在范围较大的区域进行测绘,其自身有着成图迅速的高效率性。摄影测量方式能够展现的产品较为丰富,不但能够生产纸质的地形图,还能够生产出数字形态的线划图、高程模型、正射影像等。

(四)3S测绘技术

将 GPS、GIS、RS 三种测绘技术结合起来,可以进行综合测绘,其具体方法是通过 GPS 和 RS 测绘技术为 GIS 提供测绘数据,利用 GIS 对有效数据进行提取和分析,为决策者提供决策依据。这项新的测绘技术也成为测绘行业发展的一个重要趋势。

第二节 测绘新技术的基本特点

一、测绘新技术的特点

测绘工作在社会发展中的重要性正在逐步提高。因为现在到了信息时代,而测绘属于信息科学,主要负责地理信息的获取、处理和管理工作。地理信息约占世界总信息量的80%。[①]

测绘工作的业务范围日益扩大。现代的测绘工作主要是向社会各方面提供所需要的地理信息,用以研究人类赖以生存的地理环境,实现社会可持续发展。地球环境的变化有两大类:一类是自然界不停的物质和能量交流,如大气环流、气象变迁、地壳变动、沙漠演化、海浪海流等。另一类是由于人类的活动和过度开发所导致的环境与资源问题,如人口增长、都市扩展、温室效应、酸雨、土地荒漠化以及地球上生物多样性的减少等。

现代测绘的速度更快、更及时。在传统的测绘条件下往往是全国基础测绘成果滞后于实际的需要,而当代的测绘事业将以建立空间数据基础设施(SD)为主。为了加速成图的周期,除在科技方面改进测图的方法外。将不采取全要素地形图的模式,而提出4D产品的模式:即DEM(数字高程模型)、DOM(数字正射影像)、DRC(数字栅格图形)和DLG(数字线画矢量图形),分为交通、水系境界等若干层,其中4D中最重要的是DLG。这种4D相辅相成,可以根据使用者具体需要,采用不同模式的一种或叠合其中一种。这也是加速满足使用者需要的一种措施。但是对每个国家或地区的具体做法,还应该根据各自条件研究决定。由以上的分析看测绘事业的变化特点是重要性提高、业务范围扩大、成图的形式改变,从而有加快出成果的要求。在高新科技的应用方面,着重研究其在各种作业环节中智能化、集成化和移动化(动态)的可能,以取得更大的效益。

测绘行业更加产业化、商业化。测绘事业中的商品化是指其地理信息产品和技术服务。由于现代化的地理信息产品和技术服务在经济与社会可持续发展中的重要作用越来越明显。许多相关领域都看好这一新兴的产业,纷纷跻身于竞争行列。为了在商业竞争的行列中取得胜利,测绘工作者还必须学会做一些为用户服务的工作。

综上所述,由于以空间技术、计算机技术、通信技术和信息技术为支柱的测绘高新技术日新月异的迅猛发展,测绘学的理论基础、测绘工程的技术体系以及其研究领域和学科目标,正在为适应新形势的需要发生着深刻的变化,其表现为正在以高新技术为支撑和动力进入市场并以竞争求发展,使测绘业成了一项重要的信息产业。服务范围和对象也在不断扩大,

---

①张丽霞. 探究矿山测量中测绘新技术的特点和应用[J]. 价值工程,2014(18):60-61.

不仅是单纯从控制到测图,为国家制作基本地形图,而是扩大到国民经济和国防建设中与空间数据有关的各个领域,并将随着更加成熟的信息化社会向更高层次发展,在未来国家数字化信息建设中占据重要的基础性地位。

二、现代测绘工程技术设计的特点

3S技术在测绘界的广泛使用,为测绘带来了一场革命性的变化,主要体现在以下几方面:数据获取的手段发生了变化;数据储存管理方式发生了改变;数据的应用发生了变化。这些变化也必然引起现代测绘工程技术设计发生相应的变化,并表现出新的特点。

与传统的设计方法不同。现代测绘技术设计方法的主要特征是动态设计、优化设计和计算机辅助设计,它与科学技术革命带来的思维方式变革和技术对象的复杂性密切相关。

数据设计成为现代测绘工程重要的组成部分,由于数据获取的手段发生了变化,测绘工程中每个环节都存在着大量的数字数据,对这些数字数据的储存管理、传递使用也就必然成为现代测绘工程中一个组成部分,客观上要求技术设计必须进行数据设计。

技术设计更加专业化。随着科学技术的发展导致了学科分化的发展,因此对个人而言,胜任与测绘有关的所有领域内工作已经不再可能。因此,一个工程的技术设计也就必然细分为多个专业设计,由多方面的技术设计人员共同完成。

第三节 测绘新技术的发展概况

当今社会已进入信息时代,世界各国都把加速信息化进程视为新型发展战略,测绘信息服务的方式和内容在国家信息化的大环境下发生了深刻变化,由此促进了测绘信息化的发展,推动测绘事业优化升级,充分发挥测绘在国家经济建设和社会发展中的作用,催生了信息化测绘的新概念。阶段绘科学技术学科的发展现状和趋势,主要是以3S技术为代表的现代测绘技术作支撑,发展地理空间信息的快速获取、自动化处理、一体化管理和网络化服务,以此推进信息化测绘的建设进程。

传统的测绘技术由于受到观测仪器和方法的限制,只能在地球的某一局部区域进行测量工作,而空间导航定位、航空航天遥感、地理信息系统和数据通信等现代信息技术的发展及其相互渗透和集成,则为我们提供了对地球整体进行观察和测绘的工具。卫星航天观测技术能采集全球性、重复性、连续性地对地观测数据,数据的覆盖可达全球范围,因此这类数据可用于对地球整体的了解和研究,这就好像把地球放在实验室里进行观察、测绘和研究一样。现代测绘高新技术日新月异的迅猛发展,使得测绘学的理论基础、测绘工程技术体系、研究领域和科学目标等正在适应新形势的需要而发生深刻的变化。GPS等空间定位技术的引进,导致大地测量从分维式发展到整体式、从静态发展到动态、从描述地球的几何空间发展到描述地球的物理几何空间、从地表层测量发展到地球内部结构的反演、从局部参考坐标系中的地区性测量发展到统一地心坐标系中的全球性测量,大地测量学已成为测绘学和地学领域的基础性学科。摄影测量本身已完成了"模拟摄影测量"与"解析摄影测量"的发展历程,现正在进入"数字摄影测量"阶段。由于现代航天技术和计算机技术的发展,当代卫星遥感技术可以提供比光学摄影所获得的黑白相片更加丰富的影像信息,因此在摄影测量中引进了卫星遥感技术,形成了航天测绘。摄影测量学中由于应用了遥感技术,并与计算机视觉等交叉融合,因此,它已是基于电子计算机的现代图像信息学科。随着计算机地图制图和地图数据库技术的飞速发展,作为人们认知地理环境和利用地理条件的根据,地图制图学已进入数字(电子)制图和动态制图的阶段,并且成为地理信息系统的支撑技术。地图制图学已发展成为以图形和数字形式传输空间地理环境的学科。现代工程测量学也已远离了单纯为工程建设服务的狭隘概念,正向着所谓"广义工程测量学"方向发展,即"一切不属于地球测量、不属于国家地图集的陆地测量和不属于公务测量的应用测量,都属于工程测量"。工程测量的发展可概括为内外业一体化、数据获取与处理自动化、测量工程控制和系统行为的智能化、测量成果和产品的数字化。同样,在海洋测量中,广泛应用先进的激光探测技术、空间定位与导航技术、计算机技术、网络技术、通信技术、数据库管理技术以及图形图像处理技术,使海洋测量的仪器和测量方法自动化和信息化。测绘学科的这些变化从技术层面上影响到测绘学科由传统的模拟测绘过渡到数字化测绘,例如测绘生产任务由纸上或类似介质的地图编制、生产和更新发展到对地理空间数据的采集、处理、分析和显示,出现了所谓的"4D"测绘系列产品,即数字高程模型(DEM)、数字正射影像(DOM)、数字栅格地图(DRG)和数字线画图(DLG)。测绘学科和测绘工作正在向着信息采集、数据处理和成果应用的数字化、网络化、实时化和可视化的方向发展,生产中体力劳动得到解放,生产力得到很大的提高。现代的光缆通信、卫星通信、数字化多媒体网络技术可使测绘产品从单一的纸质信息转变为磁盘和光盘等电子信息,测绘生产产品分发方式从单一的邮路转到"电路"(数字通信和计算机网络、传真等)。测绘产品的形式和服务社会的方式由于信息技术的支持发生了很大的变化,表现为以高新技术为支撑和动力,测绘行业和地理信息产业正成为21世纪的朝阳产业。它的服务范围和对象正在不断扩大,已经从原来单纯从控制到测图、为国家制作基本地形图扩大到国民经济和国防建设中与地理空间数据有关的各个领域。

一、卫星导航定位

(一)现代测绘基准建设

现代测绘基准(又称地理空间信息基准),是确定地理空间信息的几何形态和时空分布的基础,是反映真实世界空间位置的参考基准,它由大地测量坐标系统、高程系统/深度基准、重力系统和时间系统及其相应的参考框架组成。近年来,我国现代测绘基准的建设取得了重要进展,基于现代理念和高新技术的新一代大地坐标系已进入实用阶段。经国务院批准,我国自2008年7月1日起启用"2000国家大地坐标系(简称CCS2000)",并规定CCS2000与现行国家大地坐标系的转换,衔接过渡期为8~10年。关于我国的高程基准,除了建立新的一等精密水准网作为高程参考框架外,还可借助厘米级精度(似)大地水准面形成全国统一的高程基准。因此我国信息化测绘体系所要建立的现代测绘基准则是在多种现代大地测量技术支撑下的全国统一、高精度、地心、动态的几何物理一体化的测绘基准。

"5·12"汶川大地震将灾区原有维护测绘基准的国家平面与高程系统以及城市坐标系的控制点摧毁殆尽,已完全不能满足救灾、抢险和灾后家园重建的要求,为此国家测绘局编制了汶川地震灾后重建测绘保障工作实施方案,对灾区及周边地形进行分析,并采用现代测绘技术,快速、高效地恢复和建立了灾区应急测绘基准体系,为灾情评估、灾后重建规划和建设提供及时、可靠的测绘服务,此基准包含了24个GPS连续运行基准站和灾区厘米级精度(似)大地水准面。

(二)全球导航卫星系统(GNSS)的组建

当今世界上全球导航卫星系统除美国的GPS和俄罗斯的GLONASS之外,现在正在建设的有欧盟的GALILEO和中国的北斗二代(COMPASS)。近年来,后两者的建设有较大进展。2008年欧盟通过了GALILEO的最终部署方案,标志着为期6年的伽利略计划基础设施建设正式启动。它分两阶段实施,即2008—2013年为建设阶段,2013年后为正式运行阶段。2008年4月27日发射升空的第二颗在轨验证元素卫星GIOVE-B,目前已开始在轨检测,将继续验证未来GALILEO有效载荷的关键技术。GIOVE之后下一步计划就是2010年发射4颗运行卫星,验证GALILEO太空设备与相关的地面段设备。一旦在轨验证阶段结束,则将发射其余26颗卫星,部署一套具有完全运行能力的由30颗星组成的星座。中国的北斗二代导航系统已开始组建。2007年2月3日,中国用长3甲火箭将北斗系统4号星发射升空,现在卫星转入正常运行。2007年4月14日,我国又再次用长3甲火箭将一颗北斗MEO导航卫星送入太空。这标志着我国开始由区域导航卫星系统向全球导航卫星系统建设的过渡。[①]

(三)卫星定位技术的研究热点

网络RTK和精密单点定位技术仍是当前主要的研究热点。尤其是利用网络RTK技术在大区域内建立连续运行基准站网系统(CORS),为用户全天候、全自动、实时地提供不同精度的定位/导航信息。这里主要研究其技术实现的方法。现在比较成熟的方法有虚拟基准点技术(VRS)、主辅站技术(FKP)以及数据通信模式等。由于当前出现了多种卫星和多种传感器导航定位系统,因此产生了多模组合导航和多传感器融合导航技术,前者如GPS/GLONASS/GALILEO/BD的组合导航,后者则是将GNSS同惯性、天文、多普勒、地形、影像等相融合的导航系统。它们都是按某种最优融合准则进行最优组合,以实现提高目标跟踪精度的目的。

---

①王国庆. 新时期水利工程中GPS测绘新技术的发展及作用研究[J]. 吉林农业:下半月,2013(5):92-93.

(四)GPS/重力相结合的高程测量新方法

这种新方法是在GPS出现之后逐渐发展到比较成熟的测定地面海拔高程(正高或正常高)的一种技术方法。GPS可测出地面一点的大地高,如果能在同一点上获得高程异常(或大地水准面差距),那么就可将大地高通过高程异常(或大地水准面差距)很容易转换成正常高(或正高),即通常水准测量测出的海拔高程。这里的关键技术就是高精度、高分辨(似)大地水准面数值模型的确定方法。由于这种方法可以替代费时、费力、费财的几何水准测量,因此要求大地水准面数值模型达到同几何水准测量相当的厘米级精度水平,这就要在其确定理论和解算方法上不断地改进和完善,用于实际解算的各种观测数据不断丰富,例如,目前在我国出现的顾及地球曲率的严密重力归算方法,采用曲率连续张量样条算法的格网空间异常内插方法以及(似)大地水准面的第二类赫尔默特凝聚算法等。采用这些理论和方法大大提高了(似)大地水准面数值模型的精度。

二、航空航天测绘

(一)高分辨率卫星遥感影像测图

随着高分辨率立体测绘卫星数据处理技术的突破和我国民用测绘卫星"资源三号"的正式立项,如今卫星影像测图正在逐步走向实用化,呈现出航天与航空摄影测量并存的局面。高分辨率遥感卫星不断出现,成像方式也向多样化方向发展,由单线阵推扫式逐渐发展到多线阵推扫成像,更加合理的基高比和多像交会方式进一步提高了立体测图精度。

通过获取大范围同轨或异轨立体影像,已引起地形测量和地形测绘技术的变革。高分辨率遥感卫星数据处理技术的进展,主要包括高精度的有理函数模型求解技术、稀少地面控制点的大范围区域网平差技术、基于多基线和多重匹配特征的自动匹配技术等。高分辨率卫星遥感影像已成为我国西部1:5 000地形图测图困难空白区的基础地理信息的重要数据源之一。在地面无控制条件下自动网平差技术可以使大范围边境区域和境外地形图测绘成为现实。

(二)航空数码相机的摄影测量数据获取

随着传统胶片式航测相机相继停产,航空数码相机已逐渐取代此类相机,成为大比例尺地理空间信息获取的主要手段,以适应信息化测绘的需求。我国自主研发的SWDC系列航空数码相机结束了国外数码航空相机的垄断局面,已经应用于我国基础航空摄影。该系统基于多台非量测型相机构建,经过严格的相机检校过程,可拼接生成高精度的虚拟影像,其大幅面航空数码相机的高程精度高达1/10 000。2008年我国自主研制的另一个型号TOPDC4数码航空摄影仪试验成功,并应用于我国第二次全国土地调查。而在国外又推出了新型号的UitraCamXP和ADS80以及新的大幅面DiMAC、WiDE、RliMetricAICX4、中幅面ApplaniX DSS439和三线阵Wehrli3-DAS-2等数码相机,使其硬件性能进一步得到提高。在"5·12"汶川特大地震中,利用中型通用航空飞机搭载ADS40等数码航影仪,在中高空获取大区域影像,实践证明,POS系统支持的高分辨率机载三线阵数码航空相机具有很好的快速反应能力。

（三）轻小型低空摄影测量平台的实用化作业

轻小型低空摄影测量平台分为无人驾驶固定翼型飞机、有人驾驶小型飞机、直升机和无人飞艇等。由于其机动灵活、经济便捷等优势得到了迅速发展,并逐步进入实用阶段。低空摄影测量平台能够实现低空数码影像的获取,可以满足大比例尺测图、高精度城市三维建模以及各种工程应用的需要,目前已完成部分大比例尺测图。特别是无人机可在超低空进行飞行作业,对天气条件的要求较宽松,且无须专用机场,在"5·12"汶川特大地震灾害应急响应的应用中,展现出巨大的潜力。

（四）数字摄影测量网格的大规模自动化快速数据处理

随着航空数码相机、机载激光雷达等新型传感器的迅猛发展,为了有效解决海量遥感数据处理时遇到的瓶颈问题,将计算机网络技术、并行处理技术、高性能计算技术与数字摄影测量技术相结合,开发了新一代航空航天数字摄影测量数据处理平台,即数字摄影测量网格DP Grid。该平台实现了航空航天遥感数据的自动快速处理,建立了人机协同的网络全无缝测图系统,革新了现行摄影测量的生产流程,既能发挥自动化的高效率,又能大大提高人机协同的效率。目前DP Grid已进入实用化阶段,满足了超大范围摄影测量数据快速处理的需要。另外,像素工厂PF、INPHO等国外数字摄影测量平台逐步引入我国,提高了多源航空航天影像的处理能力和正射影像、数字高程模型等测绘产品的生产效率。DP Grid在"5·12"汶川特大地震的抗震救灾影像处理中发挥了重要作用,在110个小时内成功制作了4000余幅航空数码影像的 DSM,与 DOM 产品一起为抗震救灾决策提供了重要资料。

三、数字化地图制图与地理信息工程

(一)地图制图的数字化与一体化

地图制图生产全面完成了由手工模拟方式到计算机、数字化方式的转变,构建了地图制图与出版一体化系统,特别是结合地理信息系统软件和图形软件,形成了以符号图形为基础的地图制图系统。其技术手段主要采用全数字摄影测量技术、基于地图数据库或多种地图数字化的数字地图制图技术和数字印刷与电子出版技术。而产品形式主要有数字地图、电子地图和纸介质地图等多样产品,其服务方式能按照用户的不同需求提供多样化的产品服务。例如除了可提供以上地图产品服务之外,还可提供基于数字地图的各种应用信息系统。

(二)系列比例尺空间数据库的构建

目前在我国已构建了 1:50 000 比例尺空间数据库、各种比例尺的海洋测绘数据库、1:300 000 中国及周边地图数据库、1:50 000 000 世界地图数据库,另外正在建设中的还有政府大规模数字影像数据库和各省、区、直辖市的 1:10 000 数据库以及各城市的基础地理信息数据库。这些数据库为数字中国、数字省区、数字城市等的建设奠定了坚实的基础空间数据框架。此外,还深入研究了空间数据库的更新技术,有效地支持了数据库的更新机制,保持了它的时限性和可用性。

(三)可量测的实景影像产品

在机动车上装配 GPS、CCD、INS 或航位推算系统等传感器和设备,可在车辆行驶中快速采集道路及两旁地物的空间位置和属性数据,如道路中心线、目标地物的坐标、路宽、桥高、交通标志等。数据同步存储在车载计算机系统中,经事后编辑处理,形成内容丰富的道路空间信息数据库。它包含了街景影像视频及其内外方位元素,将它们与一般二维城市地图集成在一起,生成众多的与老百姓衣食住行相关的兴趣点(POI),形成城市居民服务的新的地理空间信息产品。

（四）基于网格服务的地理信息资源共享与协同工作

网格是利用高速互联网把分布在不同地理位置的计算机组织成一台"虚拟超级计算机"，是在高速互联网上实现资源共享和协同工作的一种计算环境。代理是处于某种环境中的一个封装好的计算实体，它能在该环境中灵活、主动地活动，以达到为它设计好的目的。网格和代理的集成能实现真正意义上的跨平台、互操作、资源共享和协同工作。网格地理信息系统对政府跨部门的综合决策，特别是应急综合决策尤其重要，无论用户在何种服务终端上都能为政府综合决策提供综合集中的地理空间信息服务和协同解决问题的功能。在"5·12"汶川特大地震中，利用灾区震前基础地理信息和灾后遥感影像，快速开发了抗震救灾综合服务地理信息平台，对灾区房屋倒塌、道路交通等基础设施损毁以及泥石流、滑坡、堰塞湖等次生灾害进行分析解释。

（五）基于"一站式"门户的地理空间信息网络自主服务系统

它是一个建立在分布式数据库管理与集成基础上的"一站式"地理空间信息服务平台，面向公众提供空间信息的自主加载、查询下载、维护、统计信息及其他非空间信息的空间化、公众信息处理与分析软件的自动插入与共享等一系列服务。它是基于网络地图服务和空间数据库操作等新技术开发而成，将分布在各地不同机构、系统的空间数据库在统一标准和协议下连成一个整体，采用相同的标准和协议，进行互操作，使信息共享从数据交换提升到系统集成的共享。

四、精密工程与工业测量

（一）基于卫星定位的工程控制测量

由于卫星定位具有速度快、精度均匀、无须站间通视、对控制网图形要求低等特点，已广泛应用于建立各种工程控制网，并且同高精度、高分辨率（似）大地水准面数据模型相结合，使工程控制网从二维发展到三维一体化建设，彻底改变了传统工程测量中将平面和高程控制网分别布设和多级控制的方法。

（二）城市GPS连续运行基准站系统的多用途实用化服务

城市GPS连续运行基准站系统是一个将空间定位技术、现代通信技术、计算机网络技术、测绘新技术等集成，并与测绘学、气象学、水利学、地震学、建筑学等多学科领域相融合的实用化综合服务系统,可为城市规划、市政建设、交通管理、城市基础测绘、工程测量、气象预报、灾害监测等多种行业提供导航、定位和授时等多种信息服务,实现一网多用。

(三)三维测绘技术的工程应用

三维测绘技术就是测量目标的空间三维坐标,确定目标的几何形态、空间位置和姿态,对目标进行三维重建,并在计算机上建立虚拟现实景观模型,真实再现目标。目前有多种三维测量仪器,其中三维激光扫描仪是近年发展起来的新型三维测绘仪器。

(四)精密大型复杂工程的施工测量新技术

近年来我国完成了许多世界建筑史上具有开创意义的建筑工程。这些工程建筑物造型独特、设计新颖、结构复杂、施工困难。这对建筑施工测量技术与精度要求提出严峻的挑战,因此针对这些建筑的施工测量必须开展一系列技术开发,创造出相应新方法,攻克大量施工技术难关。如在国家大剧院施工测量中研制了一套复杂曲面计算程序与放样、检核方法;在奥运建筑工程"鸟巢"的施工测量中研制了超大型弯扭钢构件数据采集、三维拼装测量和高空三维定位测量等一整套测量方法;在国家游泳中心"水立方"施工测量中创造了空间无规则球形节点快速定位测量方法。这些新的施工测量技术和方法对提高测量质量、满足施工要求、保证施工周期等方面起到突出的保障作用。

(五)精密工业测量系统的建立与应用

工业测量已成为现代工业生产不可缺少的重要生产环节。工业测量的技术手段和仪器设备主要以电子经纬仪或全站仪、投影仪或显微投影仪、激光扫描仪等为传感器,在电子计算机和软件的支持下形成三维测量系统,按其传感器不同分为以下几类:工业大地测量系统、工业摄影测量系统、激光扫描测量系统、基于莫尔条纹的工业测量系统、基于磁力场的三维量测系统和用于空间抛物体运动轨迹测定的全球定位系统等。工业测量系统归纳起来主要应用于众多工业目标的外形、容积、运动状态测量,现在工业生产流水线上产品的直径、厚度、斑痕、平整度等的快速检测,动态目标的运动轨迹、姿态等的测定。工业测量技术设备正向着自动化、智能化和信息化的方向发展。

五、海洋与航道测绘新技术

(一)海洋与航道中的卫星定位测量

在海洋测量中,目前着手探讨将提高定位精度后的北斗二代卫星定位系统的应用范围扩展到海上。研究的问题有:北斗二代卫星定位系统用于船只姿态测量的可行性、利用多频观测消除电离层折射误差的方法、模糊度的三频和矩阵变换的解算法以及利用姿态矩阵的正交特性进行模糊度的有效分析等。经仿真计算证明,利用北斗多频观测进行船只姿态测量具有很高的精度和效率。另外,基于GPS测速的基本原理,采用单点定位、无线电信标/差分GPS和RTK GPS等模式,研究运动物体速度测量的方法和精度,可为声学多普勒海流剖面仪作业提供准确的位置信息。在航道测量中,GPS定位技术的应用,根本改变了原来传统经纬仪测量的人工操作方式,保证了水上(特别是洪水期)测量的安全和效率。目前长江航道已全部采用空间定位技术,将GPS与测深仪结合进行水上测量,不仅极大地提高了航道测量的生产效率,且成果精度高、质量好。

(二)水深测量

在运动平台上进行水深测量时,由于受到测量船与仪器噪声、海况和测深仪参数设置等因素影响,会导致异常深度和虚假地形现象,因此对单波速或多波速测深技术的研究,主要集中在提高测量效率、精度以及测深数据的处理。例如航测线数据跳点的剔除、海洋表层声速对多波速测深的影响、统计滤波估算检测海洋测深异常数据以及利用趋势面滤波法进行粗差标定等方法。采用这些方法可以消除不同水下地形测量的粗差,较好地保留了真实水下地形信息。

(三)海洋与航道的遥感遥测技术

海洋与航道的遥感遥测技术的研究同陆地航空航天测绘技术相似,研究主要集中在该技术在海洋与航道测绘中的应用上。如水域界限的提取、海岸带监测、浅海障碍物探测、声呐图像处理、影像制图以及航道水下地形和水文因子的实时更新、助航标志的动态变化监测等。不同的对象则有不同的技术方法,例如采用基于IKONOS卫星影像面向对象的信息提取技术,获取红树林、其他植被和非植被覆盖分类结果,依据合成孔径雷达(SAR)成像机理分析水下障碍物SAR成像数字物理模型,依此模型设计水下障碍物的通用仿真计算流程,由此模拟仿真水下沙波、沙丘、暗礁、沉船等典型障碍物。另外,声呐探测及其图像分析与判读也是海洋测绘技术的重点研究方向之一。

(四)基于"数字海洋"与"数字航道"的测绘信息化服务

海洋地理信息系统是在海洋测绘、海洋水文、海洋气象、海洋生物、海洋地质等学科研究成果的基础上建立起来的面向海洋的地理信息系统。它集合了 GIS、数据库和实用数字模型等技术,可以为遥感数据、海图数据、GIS 和数字模型信息提供协调坐标、数据存储、管理和集成信息的系统结构。要在海洋地理信息系统上实现海洋信息服务,还必须建立统一的海洋信息管理网络系统,在现有相关部门局域网的基础上,进行统一规划,实现网络互联,建立集成化的海洋信息服务门户网站,提供海洋信息的社会化、网络化的应用服务。同样,为了提供航道信息服务,则必须建立"数字航道"。它是以航道为对象,以地理坐标为依据,将江河干流航道及相关的附属设施,以多维、多尺度、多分辨率的信息进行描述,实现真实航道的虚拟化、数字化、网络化、智能化和可视化的规划、设计、建设、养护、管理和综合应用。

第二章 国土资源概述

第一节 国土资源的概念与分类

一、国土资源的概念

"国土"指一个国家主权管辖的地域空间,也就是全国人民赖以生产和生活的场所,包括领土、领海、领空以及海洋专属经济区、大陆架等具有开发其资源权利的区域。国土对于一个国家来说极其重要,它既是人们生活的场所,进行各项经济建设和文化活动的基地,也是发展生产所需要的各种原料和能源的发源地。从国土与人的关系看,国土既是资源,也是环境:作为社会经济发展的物质前提,国土是资源,其包括自然资源和人文资源;作为人们生存、生活和生产的活动场所,国土又是环境,其包括自然环境和人文环境两个方面。

国土资源的概念有广义和狭义之分,从广义角度看,国土资源是一个国家领土主权范围内所有自然资源、经济资源和社会资源的总称,自然资源主要指土地资源、矿产资源、海洋资源、水资源、生物资源、能源资源、旅游资源等;经济资源是指在一定生产条件下形成的具有经济意义的各种固定资产,如:工业资源、农业资源、建筑资源等;社会资源主要指人力资源以及为人力资源服务的教育、文化、科技等基础设施。狭义的国土资源指一个国家主权管辖范围内的一切自然资源的总称。

国土资源既是一个政治的概念,也是一个经济、技术和自然的概念,由此看出国土资源的实质是一个系统的概念,是在一定的地域空间范围内,由若干个相互作用、相互依赖、相互影响的资源要素有规律地组合而成,并具有稳定结构的功能的有机整体。

二、国土资源与自然资源的区别

国土资源与自然资源两个概念在外延和内涵上都有区别。外延上的区别不仅表现在范围上,还表现在数量和种类上。自然资源是无限的,不受国界、洲界、星球界的限制,但每个国家的国土资源的绝对量和相对量(人均占有量)都是有限且各不相同的。一个国家无论其疆土有多大,其主权管辖范围内的自然资源种类有多丰富(尤其是亚种),也不可能囊括自然资源的全部种类和亚种,一些内陆国家甚至缺少海洋资源这种大类自然资源。

两个概念在内涵上的差别主要在于国土资源概念增加了"主权管辖范围"的内容。首先,这个"主权管辖范围"是符合国际法规定的范围;其次,这一范围的划定是得到国际公认的,尤其是邻国认可的;再次,那些主权关系未定或不明确的资源,如公海、南极大陆、宇宙空间等资源不能列入国土资源;最后,那些流动于两个及两个以上国家的资源,如国际河流的水资源,对这类资源进行管理,就不能仅依据一国的法律行政,还必须依据国际法和国际条约,否则就会产生国际纠纷。

三、国土资源的分类

从国土资源内涵看,国土资源可以分为自然资源、经济资源和社会资源;从狭义的国土资源内涵看,国土资源分类就是自然资源分类。本书主要阐述狭义的国土资源,重点是土地资源和矿产资源。1972年联合国环境规划署(UNEP)指出:"所谓自然资源,是指在一定时间、地点条件下,能够产生经济价值的、以提高人类当前和未来福利的自然环境因素和条件。"因此,国土资源具有广泛的内容,包含的种类很多。按照不同的研究需要,可将国土资源进行不同的分类。①

(一)按存在的形态分类

按自然资源存在的形态不同,可将其分为土地资源、水资源、矿产资源、森林资源、牧草资源、物种资源、海洋资源、气候资源、旅游资源和自然信息资源10种。我们将再现物质运动时空差异的自然信息(如生物遗传密码、大地测量、大气测量和空间观测获得的信息等)也归于自然资源行列,是因为自然信息具有自然资源的基本属性,而且还为将自然信息纳入自然资源的统一管理提供理论依据。

---

①陈铁雄.国土资源管理[M].杭州:浙江大学出版社,2017.

(二)按功用分类

按自然资源功用分,可将其分为物质资源、空间资源、能量资源、环境资源、时间资源、信息资源。有的资源既可成为物质资源又可成为空间资源(如土地等)或能量资源(如石油、煤等)。任何资源在开发利用中都存在时间价值问题,因此,它们都具有时间资源属性。

1.物质资源

物质资源是指作为经济活动中的基础原材料出现并在经济活动中被消耗的各种资源,如森林、水、矿产等。有的物质资源是再生性的,如森林、水等;有的物质资源是耗竭性的,如金属矿产和非金属矿产。

2.空间资源

空间资源是指与国土面积相匹配的各维度空间总和,是人类活动的空间区域,从下到上包括地下空间、土地、水系、大气层等。此类资源在一定国土上是有限的,可以被重复利用的,一定意义上说是非消耗性的。

3.能量资源

能量资源是指在经济活动中以动力、能量等作用出现的资源。有的是矿产能源,如石油、煤、天然气等,是耗竭性的;有的是清洁能源,如风能、太阳能等,是非消耗性的。

4.环境资源

环境资源是指影响人类生存和发展的各种天然和经过人工改造的自然因素。包括大气、水、海洋、土地、矿藏、森林、草原、野生生物、自然遗迹、人文遗迹、自然保护区、城市和乡村。

5.时间资源

时间是一种资源,这种资源对每个人都是公平的,时间资源分配的不同能显示出一个人的价值观和生活观,时间作为资源,其在不同领域的投资效果是不同的。

6.信息资源

国土信息资源是指存在于国土环境上的能为人类福利创造各种经济价值的资源数量、质量、储存条件、开发利用环境,分布特征等的数字、文字、声音、影像、图像、图件,等等均称为国土信息资源。

(三)按资源的固有特征分类

自然资源的固有特征主要包括可更新性、耗竭性、可变性、重新使用性等。按是否可耗竭的特征将其分成耗竭性资源与非耗竭性资源两大类。

1.耗竭性资源

在目前的生产条件和技术水平下,利用过程中明显消耗的资源即为耗竭性资源。按其是否可以更新和再生,又分成可更新性资源和不可更新性资源两类。

（1）可更新性资源

主要是指各种生物与生物、生物与非元素组成的生态系统。可更新性资源在正确的管理和维护下,可以不断更新和利用,反之,可更新性资源就会退化、解体并有耗竭之忧。对于可更新性资源必须做到开发利用与保护管理相结合,以保持基本的生态过程和生命维持系统,保持遗传的多样性,并保持物种和生态系统的持续利用。

（2）不可更新性资源

主要是指各种矿物和化石燃料。其中一些非消耗性金属如黄金、铂,甚至铁、铜、锡、锌等,它们虽不像太阳能等非耗竭性资源那样能源源不断地供给人类,但却是可以重复利用的。另一些不可更新性资源如化石燃料（石油、煤炭、天然气等）,当它们作为能源进行利用时,遵循热力学第二定律,除部分可继续传递和作功外,总有部分能量耗散。虽然从物质不灭定律来看,地球上元素的数量并没有变,但它们的形式和位置都发生了变化。尽管从理论上看它们是可以合成的,但不论从经济还是技术条件来看,几乎不存在可能性。因此,对不可更新性资源要注意节约使用,并应尽量避免或减少其在开发利用过程中对环境造成的污染。

2.非耗竭性资源

在目前的生产条件和技术水平下,利用中导致明显消耗的资源,即为非耗竭性资源。其中又可分为恒定性资源和易误用及污染性资源两大类。对于这种非耗竭性资源要加以充分利用,同时要发展低污染或无污染技术。

（四）土地资源和矿产资源分类

1.土地资源分类

（1）按《中华人民共和国土地管理法》分类

按《中华人民共和国土地管理法》（以下简称《土地管理法》）规定,我国土地分为三大类,即农用地、建设用地和未利用地。

农用地是指直接用于农业生产的土地,包括耕地、林地、草地、农田水利用地、养殖水面等。

建设用地是指建造建筑物、构筑物的土地,包括城乡住宅和公共设施用地、工矿用地、交通水利设施用地、旅游用地、军事设施用地等。

未利用地是指农用地和建设用地以外的土地。

(2)按《土地利用现状分类》分类

2017年国家质量监督检验检疫总局、国家标准化管理委员会批准发布并实施《土地利用现状分类》,这标志着我国土地资源分类有了统一的国家标准。《土地利用现状分类》国家标准采用一级、二级两个层次的分类体系,共分12个一级类,73个二级类。其中一级类包括耕地、园地、林地、草地、商服用地、工矿仓储用地、住宅用地、公共管理与公共服务用地、特殊用地、交通运输用地、水域及水利设施用地、其他土地。二级类是依据自然属性、覆盖特征、用途和经营目的等方面的土地利用差异,对一级类进行具体细化。

2.矿产资源分类

根据国家发展和改革委员会(原国家计划委员会)颁布的《矿产储量表填报规定》中所提出的矿产名称表和《矿产资源法实施细则》的附件《中国矿产资源分类细目》,将我国已发现的矿产资源分为能源矿产(如煤、石油、地热)、金属矿产(如铁、锰、铜)、非金属矿产(如金刚石、石灰岩、黏土)和水气矿产(如地下水、矿泉水、二氧化碳气)四大类。一般情况下,我国矿产资源分为能源矿产和非能源矿产两大类。

第二节 国土资源的主要特点与管理法规

一、国土资源的特点

国土资源尽管类型多样,各有特点,但也有明显的共同点,充分了解其特点,我们就能更好地保护、开发利用这些资源。

(一)生态的整体性

国土资源是个整体概念,它是地球生态系统重要的组成部分,在生态系统中占据着不可替代的位置(如大气、水、森林、野生生物等),如果对其过度索取和利用,增加生态系统的负担,超出环境承载力,就会对整个生态系统产生影响,轻则导致生态系统紊乱,重则造成整个生态系统崩溃。

(二)分布的不均衡性

自然资源的空间分布受太阳辐射、大气环流、水分循环、地质构造和地表形态结构等因素的制约,在地理分布上往往是不均衡的,其种类、数量、质量都具有明显的区域差异。比如我国南方地区水多、耕地少,而北方地区则水少、耕地多,煤炭主要集中在华北和东北,而磷矿则主要集中在西南和中南地区。从世界范围看,加拿大、澳大利亚拥有肥沃的土地资源,中东、俄罗斯拥有丰富的石油资源,南非拥有大量的黄金资源,北欧拥有繁茂的森林资源等。

(三)数量的无限性和有限性

有些资源属于可再生资源,如太阳辐射能、风能、水能、潮汐能及地热能等,这些资源数量可以说是无限的,但是受到时间、空间以及社会经济技术水平的限制,人类利用这些自然资源的能力和范围是有限的;有些属于数量有限的不可再生资源,如矿产资源;有些资源现有数量虽有限,但可在短期内繁殖、再生和发展,如动植物、地下水、劳动力等。中国正处于工业化、城镇化快速发展时期,经济保持着较高的增长速度,对国土资源的需求和开发强度不断增大,优质的资源不断减少,有限性表现得越来越明显。同时,资源分布的地域性加剧了资源的有限性,如水资源的分布不均,导致一些地区严重缺水、干旱,而同时部分地区洪水泛滥成灾。

(四)用途的多样性

国土资源是经济发展的基础,它们多以原料、载体的形式出现,在多样性的社会经济领域发挥着不同的作用。如水,既是人类生活所必需,又是农业以及电子、纺织、化工等众多产业必不可少的。资源的多用性决定了人们在开发利用资源时,必须根据其可供利用的广度和深度,实行综合开发、综合利用和综合治理,以达到社会、经济、环境的最佳效益。

(五)开发利用的可变性

有些资源在不同地区、不同历史时期和不同生产力发展水平下,其开发利用程度差异也会较大。

（六）利益公共性

国土资源对一个国家乃至全世界人类具有共同的环境利益。土地是粮食之源泉,水为生命所必需,矿产等能源乃经济发展之血液,只有充分保护和合理有效地利用这些资源,才能使整个国家和社会健康稳步地向前发展。

二、国土资源管理法规

（一）国土资源法律法规体系

1.国土资源法律法规渊源

国土资源法律体系是指由有关国土资源开发、利用、保护的法律、行政法规、地方性法规和规章等所组成的,系统规范与调整国土资源保护和合理利用中所产生的各种社会关系和行为规范的有机统一体。作为一个历史的范畴,它是一个动态的结构,随着社会和经济的发展而变化。从渊源上分,国土资源法律体系由五个层次构成:宪法、法律、法规、规章和政策性规范文件。[①]

（1）宪法

宪法是根本大法,在整个国家的法律体系中具有最高的法律地位和法律效力,其他一切法律、法规都不得同它相抵触,国土资源立法要受宪法的指导。

宪法对我国国土资源的产权关系和利用都做出了明确规定。宪法第九条规定:"矿藏、水流、森林、山岭、草原、荒地,滩涂等自然资源,都属于国家所有,即全民所有""国家保障自然资源的合理利用……禁止任何组织或者个人用任何手段侵占或破坏自然资源。"宪法第十条规定:"城市的土地属于国家所有,农村和城市郊区的土地,除由法律规定属于国家所有的以外,属于集体所有""任何组织和个人不得侵占、买卖或者以其他形式非法转让土地,土地使用权可以依照法律规定转让。"这些规定构成了我国国土资源立法的根本依据。

（2）法律

法律是指由全国人民代表大会和全国人民代表大会常务委员会制定颁布的规范性法律文件,即狭义的法律,其法律效力仅次于宪法。法律分为

---

①地质出版社.中华人民共和国国土资源法律法规全书[M].北京:地质出版社,2017.

基本法律和一般法律两类。基本法律是由全国人民代表大会制定的调整国家和社会生活中带有普遍性社会关系的规范性法律文件的统称,如物权法、行政诉讼法、行政处罚法等法律。一般法律是由全国人民代表大会常务委员会制定的调整国家和社会生活中某种具体社会关系或其中某一方面内容的规范性文件的统称。其调整范围较基本法律小,内容较具体,如土地管理法、城市房地产管理法、矿产资源法等。这些法律是我国国土资源进行法制管理的主要依据。

（3）法规

国土资源法规包括两部分:一是行政法规,二是地方性法规。

行政法规是由国务院颁布的有关国土资源法律实施细则,以及针对国土资源行政管理过程中的一些具体问题制定的规范性文件,如《矿产资源法实施细则》《矿产资源勘查区块登记管理办法》《矿产资源开采登记管理办法》《采矿权探矿权转让管理办法》《土地管理法实施条例》《基本农田保护条例》以及《矿产资源保护条例》等。

地方性法规,即地方权力机关,如省、自治区、直辖市及省级人民政府所在地的市和经国务院批准的较大的市的人民代表大会及其常务委员会,结合本地实际情况依照宪法、法律所制定的有关国土资源开发利用和保护的规范性文件,其效力低于宪法、法律和行政法规,如《浙江省国有土地上房屋征收与补偿条例》《浙江省海域使用管理条例》《浙江省土地监察条例》等。

（4）规章

国土资源规章包括部门规章和地方政府规章。

部门规章,是国务院各部委根据法律、行政法规在各自的权限范围内发布的有关国土资源管理的命令、决定,其效力低于行政法规,它规范国土资源主管部门日常活动中的具体行为,如《地质勘查市场管理暂行办法》《地勘单位资格管理办法》《违反土地管理规定行为处分办法》《国土资源行政处罚办法》《划拨土地使用权管理暂行办法》等。

地方政府规章,是指省、自治区、直辖市及省级人民政府所在地的人民政府、经国务院批准较大市的人民政府制定的规范性文件,其效力低于法律、行政法规和地方性法规,也不得与部门规章相冲突,如浙江省人民政府发布的《浙江省实施(地质资料管理条例)办法》《浙江省水资源费征收管理办法》等。

林荒地开发利用难度大。根据调查,我国现有可利用荒地资源大部分分布在土地贫瘠的偏远地带,约1.25亿公顷,包括宜林荒地7 600万公顷和宜农荒地3 500万公顷,开发利用难度系数巨大。第三,我国后备土地资源的分布不利于发展。全国耕地、林地和水域约90%分布在湿润、半湿润的东南部地区,占全国土地面积的32.2%,其余10%的耕地、林地和水域分布于全国67.8%的其他地区。这种分布格局对我国农业生产的发展不利,形成了东南以农用地为主,西北以特用地为主的两大区域。

(二)矿产资源

矿产分布不均,优势矿产大多用量不大。一些重要的支柱性矿产多为短缺或探明储量不足,需要长期依赖进口。

矿多富矿少。低品位难选冶矿石所占比例大,如我国铁矿石平均品位为33.5%,比世界平均水平低10个百分点以上;锰矿平均品位仅22%,离世界商品矿石工业标准(48%)相差甚远;铜矿平均品位仅为0.87%;磷矿平均品位仅16.95%;铝土矿几乎全为一水硬铝石,分离提取难度很大。

大型—超大型矿床少、中—小型矿床多。以铜矿为例,我国迄今发现的铜矿产地900余处,其中大型—超大型矿床仅占3%,中型矿床占9%,小型矿床多达88%。

单一矿少,共生矿多。据统计我国的共、伴生矿床约占已探明矿产储量的80%。目前,全国开发利用的139个矿种,有87种矿产部分或全部来源于共、伴生矿产资源。[①]

(三)海洋资源

我国海洋资源虽然丰富,但开发利用的程度很低(我国陆地开发利用程度较高)。人类面临着日益严峻的人口问题、粮食问题、环境问题等,人类赖以生存的陆地空间已不堪重负。据研究,地球上生物资源的80%分布在海洋里,海洋给人类提供食物的能力是陆地的1 000倍,在海洋生态不受破坏的情况下每年可向人类提供30亿吨水产品。因此,海洋的开发利用潜力巨大,前景广阔。

---

①张照志. 中国边境少数民族地区国土资源综合开发与保护战略[M]. 北京:地质出版社,2014.

三、我国土地资源利用现状及特征——以浙江省为例

(一)土地资源利用现状

根据国务院部署,浙江省于2018年9月起全面开展了第三次全国国土调查(以下简称"三调")工作。"三调"以2019年12月31日为标准时点,汇集了789万个调查图斑,全面查清了浙江省国土利用状况,数据如下。

第一,耕地129.05万公顷(1935.70万亩)。其中,水田106.28万公顷(1 594.23万亩),占82.36%;旱地22.76万公顷(341.47万亩),占17.64%。耕地面积全省前三位的设区市为温州、华、宁波,占全省耕地的34.67%。

第二,园地76.03万公顷(1140.45万亩)。其中,果园37.33万公顷(559.88万亩),占49.09%;茶园17.11万公顷(256.71万亩),占22.51%;其他园地21.59万公顷(323.86万亩),占28.40%。园地面积全省前三位的设区市为杭州、绍兴、金华,占全省园地的36.52%。

第三,林地609.36万公顷(9 140.36万亩)。其中,乔木林地459.04万公顷(6 885.65万亩),占75.33%;竹林地90.63万公顷(1 359.50万亩),占14.87%;灌木林地23.19万公顷(347.86万亩),占3.81%;其他林地36.49万公顷(547.35万亩),占5.99%。林地面积全省前三位的设区市为丽水、杭州、温州,占全省林地的52.93%。

第四,草地6.35万公顷(95.31万亩)。草地面积全省前三位的设区市为宁波、台州、温州,占全省草地的45.55%。

第五,湿地16.52万公顷(247.84万亩)。湿地是"三调"新增的一级地类,包括7个二级地类。中,红树林地0.01万公顷(0.18万亩),占0.07%;森林沼泽、灌丛沼泽、沼泽草地和沼泽地面积微小,计不足0.01万公顷(0.11万亩),占0.04%;沿海滩涂15.43万公顷(231.38万亩),占93.36%;内陆滩涂1.08万公顷(16.17万亩),占6.53%。湿地面积全省前三位的设区市为温州、宁波、台州,占全省湿地的85.70%。

第六,城镇村及工矿用地1 14.68万公顷(1 720.18万亩)。其中,城市用地25.66万公顷(384.96万亩),占22.38%;建制镇用地26.60万公顷(399.03万亩),占23.20%;村庄用地57.83万公顷(867.46万亩),占50.43%;采矿用地2.61万公顷(39.09万亩),占2.27%;风景名胜及特殊用地1.98万公顷(29.63万亩),占1.72%。城镇村及工矿用地面积全省前三位

的设区市为杭州、宁波、嘉兴,占全省城镇村及工矿用地的41.53%。

第七,交通运输用地24.69万公顷(370.33万亩)。其中,铁路用地1.07万公顷(16.12万亩),占4.35%;轨道交通用地0.18万公顷(2.69万亩),占0.73%;公路用地13.55万公顷(203.29万亩),占54.89%;农村道路8.95万公顷(134.20万亩),占36.24%;机场用地0.31万公顷(4.58万亩),占1.24%;港口码头用地0.62万公顷(9.25万亩),占2.50%;管道运输用地0.01万公顷(0.20万亩),占0.05%。交通运输用地面积全省前三位的设区市为杭州、宁波、金华,占全省交通运输用地的37.24%。

第八,水域及水利设施用地70.25万公顷(1 053.79万亩)。其中,河流水面30.35万公顷(455.29万亩),占43.21%;湖泊水面0.82万公顷(12.27万亩),占1.17%;水库水面13.41万公顷(201.18万亩),占19.09%;坑塘水面21.36万公顷(320.40万亩),占30.40%;沟渠1.84万公顷(27.54万亩),占2.61%;水工建筑用地2.47万公顷(37.12万亩),占3.52%。水域及水利设施用地面积全省前三位的设区市为杭州、宁波、湖州,占全省水域及水利设施用地的42.80%。

(二)土地资源特征

1.耕地资源少

浙江省耕地保护形势十分严峻,耕地资源呈现"三少"的特征耕地总量少、人均耕地少、耕地后备资源少。浙江省现有人均耕地仅0.55亩,为全国平均水平的40%左右,仅为世界平均水平的16%;优质耕地资源少,6°以上的坡耕地约910万亩,占耕地总面积的31%,25度以上约96万亩,耕地质量差,产量低;耕地减少的速度惊人,耕地增加的潜力有限。

随着经济社会的快速发展,国家基建、地方基建和城镇扩张占地大幅度增加,耕地有减少趋势,使人口和耕地的矛盾更加突出。同时,耕地粗放经营,甚至抛荒等现象仍不断出现。

2.土地集约利用水平逐年提高,但仍有很大的提升空间

浙江土地利用效率较低的主要原因是土地投入水平与同类地区相比差距较大,土地产出效率普遍低于平均水平,而土地利用结构两极分化趋势比较严重。虽然随着浙江省各地积极的探索,大力推进空间换地和低效用地再开发,促进土地节约集约利,不断在提高土地集约利用的水平,但浙江省土地集约利用水平仍有很大的提升空间。

3.土地后备资源短缺

全省未利用地资源中,其他草地面积95 663公顷、河流水域面积313 276公顷、湖泊水面面积7 288公顷、沿海滩涂面积183 123公顷、内陆滩涂面积29 100公顷、盐碱地面积915公顷、沼泽地面积23公顷、沙地面积33公顷、裸地面积32 257公顷。具有开发利用价值的后备土地资源很少,耕地占补平衡压力巨大。

4.土地污染影响农业生产和人民健康

乡镇企业、工业污染源、生活污染物、农药和化肥以及塑料薄膜的大量使用,污染了土地,不同程度地破坏了生态系统的平衡,造成土壤板结,不利于微生物生长,引起土壤肥力衰退,危害土壤、水源和农产品,对农业生产和人民健康负面影响大。

5.耕地经营规模较小,经营管理仍较粗放

近些年来,浙江省土地流转和适度规模经营发展较快。但总体看,农户耕地经营水平仍然较低,耕地面积在0.2公顷以下的农户占总农户数的72%,农户兼业经营现象比较普遍,由于兼业户的经营重点偏向非农产业,耕地集约化程度较低而粗放经营较为明显。土地所有权与土地经营权分离,使基本农田水利建设、病虫害防治、机械耕作、品种搭配和轮作倒茬等现代集约经营技术措施难以大面积应用。

四、矿产资源利用现状与特征

(一)矿产资源与矿产资源利用现状

浙江省矿产资源特点是非金属矿产丰富,金属矿产不足,能源矿产匮乏。非金属矿产主要有普通萤石、叶蜡石、明矾石、石灰石、硅藻土等,多数矿床规模大,埋藏浅,开采条件好。金属矿产点多面广,主要有铁、铜、铝、铅、锌、金、银、钨、锡等,多数为小型矿床或矿点,且矿石组成复杂,共伴生元素较多,仅少数达到大中型规模。能源矿产有煤炭、地热和石煤,省域成煤地质条件差,煤炭资源贫乏,陆域尚未发现油气资源;地热有一定前景;石煤量大质差,含硫量较高;海域油、气前景看好。从浙江省经济社会发展需求来看,我省大宗能源、金属矿产基本依赖省外、国外供应,资源保障程度较低;普通萤石、石灰岩、叶蜡石、明矾石等部分优势非金属矿产基本能够满足下游产业需求,保障程度相对较高。2018年,浙江省纳入统计矿产

93种。煤炭资源贫乏,陆域尚未发现油气资源,金属矿产地较少,铁、铜、铅、锌、钼、金、银、钨、锡等矿产虽然矿产地较多,但多为小型矿床;非金属矿产方面,沸石、高岭土、硅灰石等25个矿种居全国前十位,其中叶蜡石、明矾石查明资源储量居全国之冠,普通萤石、硅藻土居全国第二,多数矿床规模大,埋藏浅,开采条件好。

2018年,全省开发利用的矿产有51种,矿石采掘量5.3亿吨,实现矿业总产值221.4亿元,利润23.4亿元,税金18.7亿元,从业人员31 484人,人均矿石采掘量1.7万吨/人·年,人均矿业产值70.3万元/人·年,人均利税13.4万元/人·年。与2017年相比,2018年矿石采掘量减少10.4%,矿业总产值增加19.9%,利润增加53.2%,税金增加36.4%;人均矿石采掘量基本持平,人均矿业产值增加28.6%,人均利税增加055.6%。

(二)矿产资源与矿产资源利用特征

浙江省矿产资源贫乏。浙江省矿产资源种类少,特别是能源矿产和金属矿产极其贫乏。全省矿产资源总储量仅占全国矿产资源总储量的0.19%,位列全国倒数第4,仅比上海、天津和宁夏多。

矿产资源分布不均衡。全省矿产开发区域分布不平衡,湖州市、舟山市、宁波市、杭州市开发强度大,其矿业总产值分别占全省的25.72%、15.53%、9.36%、12.43%。矿山数金华市最多,达299个;嘉兴市最少,仅13个。

矿产资源开发利用成效明显提高。全省矿山规模化、集约化水平有了明显提高,全省有大型矿山916个(其中建筑石料矿山849个),中型矿山175个,小型矿山663个,小矿146个。矿山生产效率稳步提升、矿业经济效益略有上升、矿产利用效率大幅提升、矿业投资大幅减少、矿山生态环境持续改善。

矿产资源保护力度和综合利用水平有待提高。经过近年来的努力,矿业秩序虽已实现全面好转,但矿产资源保护力度仍有加强的必要。不少矿山的资源综合开发利用、尾矿综合利用、优势矿产的深加工水平和全社会资源二次利用水平总体不高。矿产资源综合利用水平和开发深度有待提高。

第二篇

在国土资源领域应用的测绘新技术

第三章 全球卫星导航定位系统

第一节 全球卫星导航定位系统的发展概况

一、第一代全球导航卫星系统的贡献与不足

第一代全球导航卫星系统主要有美国的子午卫星（TRANSIT）导航系统、苏联的CICADA卫星导航系统、法国的DORIS星载多普勒无线电定轨定位系统和欧洲空间局（ESA）的PRARE精确距离及其变率测量系统。

（一）子午卫星导航系统

1957年10月4日,苏联成功发射了世界上第一颗人造地球卫星,开创了空间技术造福人类的新时代。这颗苏联卫星入轨运行后不久,美国约翰斯·霍普金斯（Johns Hopkins）大学应用物理实验室（APL）的韦芬·巴赫（G. C. Weiffenbach）和基尔（W. H. Guier）等学者,在地面已知坐标点位上,用自行研制的测量设备捕获和跟踪到了苏联卫星发送的无线电信号,并测得了它的多普勒频移,进而用它解算出了苏联卫星的轨道参数。依据这项实验成果,该实验室的麦克雷（F. T. Meclure）等学者,设想了一个"反向观测方案":若已知在轨卫星的轨道参数,地面上的观测者又测得该颗卫星发送信号的多普勒频移,则可测得观测者的点位坐标。这个设想,成了第一代卫星导航系统的基本工作原理。它将导航卫星作为一种动态已知点,利用测量卫星信号的多普勒频移,实现海洋船舶等运动载体的导航定位。1958年12月,美国约翰斯·霍普金斯大学应用物理实验室在美国海军的资助下,开始用上述原理研制一种导航卫星系统,叫做美国海军导航卫星系统（Nary Navigation Satellite System, NNSS）。因为这些导航卫星沿着地球子午圈的轨道运行,故又称之为子午卫星（TRANSIT）导航系统。1959年9月,第一颗试验性子午卫星入轨运行,截至1961年11月,先后发射了9颗试验性子午卫星。

经过几年的试验研究,解决了卫星导航的许多技术难题,而于1963年12月发射了第一颗子午工作卫星。此后,陆续发射了工作卫星,形成了由6颗工作卫星构成的子午卫星星座。在该星座信号的覆盖下,地球表面上任何一个观测者,至少每隔2 h便可观测到该星座中的一颗卫星。这些卫星的轨道绕过地球的南北两极上空,以使卫星的星下点轨迹与地球子午圈一致;卫星轨道距离地面约为1 070 km,每一个近圆形轨道上分布着一颗子午卫星;轨道椭圆的偏心率很小,近于圆形;子午卫星沿轨道运行的周期约为107 min。每一颗子午卫星均用400 MHz和150 MHz的微波信号作为载波,向广大用户发送导航电文。子午卫星星座运行初期,导航电文是保密的。1967年7月29日,美国政府宣布,解密子午卫星所发送的导航电文部分内容供民间使用。此后,利用子午卫星所发送的导航信号和导航电文进行导航定位测量,迅速普及到世界上许多国家。

卫星多普勒导航技术自20世纪60年代问世以来,随着导航电文的部分解密,在许多国家获得了较广泛的应用。例如,22家卫星多普勒接收机制造厂商的销售情况表明,1974年仅销售了860台卫星多普勒接收机,1978年却销售了5 820台,1980年销售额达16 255台,1982年销售额达45 555台。卫星多普勒接收机的销售量如此迅速递增,其主要原因是卫星多普勒导航定位精度随着子午卫星定轨误差的显著减小而提高,单机导航定位精度可达米级,多机联测定位精度可达亚米级。特别值得指出的是,子午卫星信号不仅能够用于海洋船舶等运动载体的精确导航定位,而且能够用于三维大地测量地心坐标的测定、陆地与海洋大地测量控制网的建立等许多大地测量作业。例如,素称千岛之国的印度尼西亚,用常规的大地测量技术无法建立全国统一的大地测量控制网,但借助卫星多普勒定位技术,在"千岛"之上共测设了200多个多普勒控制点,建成了全国统一的大地测量控制网。再如,1984年12月至1985年2月,在我国南极长城站上,用MX-1502型卫星多普勒接收机进行了卫星多普勒定位测量,共观测了210次子午卫星通过,从而精确地测定了设在南极乔治岛上长城站的地理位置:南纬62°12′59.811″±0.015″,西经58°57′52.665″±0.119″,高程为43.58±0.67 m,南极长城站至北京的距离为17 501 949.51m。在狂风雪雾的南极乔治岛上,能够如此精确地测得点位坐标,这是卫星多普勒定位技术做出的历史贡献。

（二）DORIS 星载多普勒无线电定轨定位系统

上述卫星多普勒导航定位原理，也被现代在轨作业的星载多普勒无线电定轨定位系统（Doppler orbitography and radio positioning integrated by satellite，DORIS）所采用。20世纪80年代中期，法国国家空间研究中心（CNES）、法国国家大地测量研究所（GRGS）和法国国家地理研究所（IGN）共同研发了 DORIS 系统。

该系统是一个与 TRANSIT 系统相反的"信标上行"系统，它不像 TRANSIT 系统那样由子午卫星发送导航定位信号，而是由地面播发站向卫星播发无线电信标，星载 DORIS 接收机接收该无线电信标，进而测得 2036.25 MHz 和 401.25 MHz 双频多普勒频移，依此而解算出该颗卫星的在轨实时位置。DORIS 系统是由下列部分组成的。

全球地面定轨播发网。该网是若干地面播发站组成的，各地面播发站以 2 036.25 MHz 和 401.25 MHz 两种射电频率向星载 DORIS 接收机播发无线电信标，作为定轨信号。

星载 DORIS 接收机。现已在下述卫星上装备了 DORIS 接收机：SPOT2、SPOT4、SPOT5、Topex/Poseidon、Jason-1、Envisat、Cryosat 和 Jason-2。

DORIS 控制中心。它的主要功能是系统监测、设备管理、数据处理及其编档保存。

在 Topex/Poseidon 海洋测高卫星上的 DORIS 定轨实用表明，DORIS 定轨的轨道径向误差在 ±3 cm 以内。如果地面上的用户使用 DORIS 定位接收机，还可以进行精确的 DORIS 多普勒定位。实用表明，1 天测量的定位精度，可达 ±（20~30）cm；5 天测量的定位精度，可达 ±10 cm；15 天测量的定位精度，可达 ±4cm。因此，DORIS 系统占有卫星导航定位市场的一定份额。

2011 年 8 月 16 日，在太原卫星发射中心成功发射了我国的 HY-2A 海洋二号卫星。该颗卫星除了采用星载 GPS 测量定轨和装备了星载激光反射器以外，还装备了星载 DORIS 定轨接收机，实施 DORIS、GPS 和激光三种技术的协同定轨，使我国用三、四年走过了国际上三四十年的发展道路，一举达到国际领先水平。

（三）PRARE 精确距离及其变率测量系统

PRARE 的全称为 Precise Range and Range Rate Equipment，笔者译作精确距离及其变化率测量设备系统。PRARE 是欧洲空间局（ESA）为了测定 ERS 欧洲遥感卫星轨道而建立的微波定轨系统。PRARE系统包括星载微波收发机、地面微波转发站、地面主控站和地面标校站。图3-1表示PRARE系统的基本工作原理。

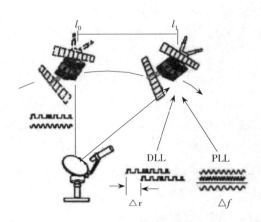

图3-1　PRARE系统的基本工作原理

从图3-1可见，星载微波收发机向地面微波转发站发送8 489 MHz和2 248 MHz两种已调波。8 489 MHz载波的调制波分别为10 Mbit/s的伪噪声码、16 bit/s低速率的数据码和2/4/10 kbit/s高速率的数据码；2248 MHz载波的调制波分别为1 Mbit/s的伪噪声码、16bit/s低速率的数据码和2/4/10 kbit/s高速率的数据码。地面微波转发站，则以7225.296 MHz（=749×8489 MHz÷880）向星载微波收发机转发10 Mbit/s的伪噪声码、16 bit/s低速率的数据码和1 kbit/s高速率的数据码。星载微波收发机用DLL时延锁定环路测评出伪噪声码的传播时间，用PLL相位锁定环路测量出多普勒频移。依据这两种观测值，求解出卫星的在轨实时位置。ERS卫星已经成功地用PRARE进行了定轨测量，获得了令人满意的定轨成果。[①]

（四）卫星多普勒导航系统的功勋与不足

在美国子午卫星导航系统的诱导下，苏联海军于1965年也开始建立了一个卫星导航系统，称之为CICADA。它与NNSS系统类似，也是基于测量多普勒频移的第一代卫星导航系统。目前系统有12颗所谓宇宙卫星，从而构成CICADA卫星星座。它的轨道高度为1 000 km，卫星沿轨道运行的周期为105 min，初期的宇宙卫星重达680 kg，近期的宇宙卫星重约700 kg。每

①陈刚．全球导航定位技术及其应用[M]．武汉：中国地质大学出版社，2016．

颗宇宙卫星发送频率为 150 MHz 和 400 MHz 的导航定位信号,但只有频率为 150 MHz 的信号作为载波用来传送导航电文;频率为 400 MHz 的信号仅用于削弱电离层效应的影响。宇宙卫星每分钟发送 3000 bit 的导航电文,每 50 bit 构成一个导航字码。尽管苏联没有公开这些导航电文的内容,但是已经被人们破译了。CICADA 卫星导航系统虽已投入使用 20 余年,但对我国用户而言,它的许多技术资料和用户设备至今鲜为人知。

卫星多普勒导航系统(TRANSIT 和 CICADA),是用户只需接收卫星信号而实现导航定位的一种"被动式"导航系统,它开创了被动式无线电导航的新时代。在做卫星多普勒导航定位测量时,卫星导航电文实时地告诉用户卫星的精确在轨点位(动态已知点),开创了卫星在轨位置参与导航解算的技术新途径。地球表面任何一个点位上的用户,只要在其视界"见到"了子午卫星,都可以进行卫星多普勒导航定位测量,开创了全球性无线电导航的新纪元。上述"被动式""全球性"和"动态已知点"的科学创立,为后续全球导航卫星系统的建立奠定了坚实的科技基础,提供了成功的实践范例,这就是卫星多普勒导航系统所创立的历史功勋。子午卫星和 CICADA 卫星导航系统,虽将导航和定位技术推向了一个新的发展时代,但它们仍然存在着一些明显的不足。对于一个卫星导航系统而言,它用下述四项技术指标衡量其性能优劣。

可用性(availability):用户使用该系统做导航定位的正常运行时间。

精度(accuracy):该系统用于测得的运动载体在航位置与其真实位置的差异性。

完好性(integrity):该系统不能用于导航定位时的告警能力。

连续性(continuity):该系统在一个导航周期内出现间断导航的概率。

依上述指标衡量,子午卫星和 CICADA 卫星导航系统主要具有下列不足。

第一,卫星少,不能实行连续导航定位。子午卫星导航系统一般采用 6 颗工作卫星,并且都通过地球的南北极而运行,以致地面上任一点位所见到的子午卫星通过间隔时间较长,而且随着纬度的不同而变更。例如,按 5 颗子午卫星估算,在低纬度地区,每天共通过 15 次左右(仅对仰角在 15° 以上而言);而在高纬度地区,每天共有 30 次左右的卫星通过。两次子午卫星通过的间隔时间为 0.8 ~ 1.6 h。对于同一颗子午卫星,每天通过次数最多为

13次,间隔时间便更长一些。由于采用多普勒定位原理,一台卫星多普勒接收机一般需要观测15次合格的卫星通过,才能达到10 m的单点定位精度。当各个测站观测了公共的17次合格的卫星通过,联测定位的精度才能达到0.5 m。子午卫星导航系统不仅因精度较低而限制了它的应用领域,而且因间隔时间和观测时间都较长,而不能为用户提供实时定位和导航服务。

第二,轨道低,难以精密定轨。当进行卫星多普勒定位测量时,子午卫星是作为一种已知点,只不过它按一定规律而快速地运动着,称之为动态已知点。卫星多普勒定位精度是随着子午卫星定轨误差的显著减小,从十几米提高到零点几米(至少观测50次卫星通过)。子午卫星的飞行高度平均仅达到1 070 km,它属于低轨道卫星。在此情况下,地球引力场模型的误差,大气密度、卫星质面比和大气阻力系数等摄动因素的误差,以及大气阻力模型自身的误差都将限制子午卫星定轨精度的提高。换言之,难以提供一种高精度的动态已知点,致使卫星多普勒定位精度局限在米级水平。

第三,频率低,难以补偿电离层效应的影响。子午卫星的射电频率分别为400 MHz和150 MHz,用这两种频率信号进行双频多普勒定位时,只能削弱电离层效应的低阶项影响,难以削弱电离层效应的高阶项影响。计算表明,在地磁赤道附近,电离层效应的高阶项将导致测站高程±1 m以上的偏差。因此,采用较高的卫星射电频率,能较好地削弱电离层效应的影响,提高卫星定位精度。

卫星定位技术,是利用人造地球卫星进行点位测量的。在它问世之初,人造地球卫星仅仅作为一种空间的观测目标,由地面测站对它进行摄影观测,称之为卫星三角测量。它虽能解决用常规大地测量技术难以实现的陆地、海岛联测定位的问题,但仍旧费时、费力,不仅定位精度低,而且不能测得点位的地心坐标。因此,卫星三角测量很快就被卫星多普勒定位所取代。后者虽较卫星三角测量有了长足的进步,致使卫星定位技术从卫星仅仅作为空间观测目标的低级阶段,发展到了卫星作为动态已知点的高级阶段。但是,当用子午卫星信号进行多普勒定位时,不仅间隔时间过长,而且需要一两天的观测时间,既不能进行连续定位,又达不到厘米级的定位精度,因此子午卫星导航系统的应用受到较大的限制。为了突破子午卫星导航系统的应用局限性,实现全天候、全天时、全球性和高精度的连续导航与定位,第二代卫星导航系统——GPS卫星全球定位系统便应运而生。卫星导航定位技术也随之兴起而发展到了一个辉煌的历史阶段。从现行的GNSS发展计划可知,2020年已有140余颗导航卫星在轨运行,卫星导航产业将成为供水、供电、供气和电信之后的第五大公用事业。其发展空间之大、市场之广,是我们难以想象的。

二、GPS卫星全球定位系统及其新贡献

1973年12月,美国国防部批准其陆、海、空三军联合研制一种新的军用卫星导航系统——Navigation by Satellite Timing and Ranging（NAVSTAR）Global Positioning System（GPS）。近年来,美国个别学者将它定义为GPS卫星全球定位导航系统。它是美国国防部的第二代卫星导航系统。该系统由三大部分构成:GPS卫星星座（空间部分）、地面监控系统（控制部分）和GPS信号接收机（用户部分）。三者的关系如图3-2所示。为管理GPS系统,美国国防部还专门设立了一个联合办公室。该办公室设在洛杉矶的空军航天处司令部内,其组成人员包括美国陆军、海军、海军陆战队、国防制图局（现已更名为国家地理空间情报局, National Geospatial-Intelligence Agency, NGA,曾经更名为美国国家影像制图局, National Imagery and Mapping Agency, NIMA）、交通部、北大西洋公约组织和澳大利亚的代表。GPS系统的全部投资为300亿美元,分配在方案论证、工程研制和生产作业三个阶段。工程研制阶段,主要发射GPS试验性卫星,检验GPS系统的基本性能,为生产作业阶段发射GPS工作卫星做好全面的技术准备。

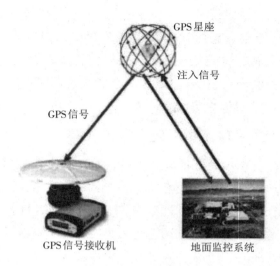

GPS星座

注入信号

GPS信号

GPS信号接收机 地面监控系统

图3-2 由三大部分构成的GPS卫星全球定位系统

1978年2月22日,第一颗GPS试验卫星的发射成功,标志着工程研制阶段的开始。1989年2月14日,第一颗GPS工作卫星的发射成功,宣告GPS系统进入了生产作业阶段。GPS系统经过16年来的发射试验卫星,开发GPS信号应用和发射工作卫星,终于在1994年3月建成了覆盖率达到98%的GPS工作星座。它由9颗Block Ⅱ卫星和15颗Block Ⅱ A卫星组成。1985年11月以前发射的11颗Block Ⅰ GPS试验卫星已完成了它们的历史使命,而于1993年12月31日全部停止了工作。美国国防部研发GPS系统的主要目的是,GPS系统能够用L1、L2、L5三种信号在陆、海、空三个领域内提供实时、全天候和全球性的导航服务,并用于核爆监测、情报收集和应急通信等一些军事目的与卫星灾害报警。它们分别采用L3、L4、L6信号,其载波频率分别为$f_1=1\,381.050$ MHz、$f_2=1\,379.913$ MHz、$f_3=1\,544.000$ MHz。Block Ⅱ卫星所载的核爆探测系统(NDS)所探测的核爆信息,通过1 381.050 MHz载频下传到地面信息分析中心,同时L3信号还用于传输导弹预警信息和其他信息。Block Ⅱ卫星增加L4信号,也用于修正由太阳辐射电离产生的大气层延迟误差,进一步减小用户等效测距误差,提高导航定位精度。Block Ⅱ卫星通过L6(1544 MHz)信号及时播发遇险呼救信息至地面搜救中心,将增强现有的国际COSPAS/SARSAT全球卫星搜救系统的搜救能力。

广大用户对GPS试验卫星的应用开发表明,不仅GPS系统能够达到上述军用目的,而且用 GPS 卫星发送的导航定位信号(以下简称 GPS 信号)能够进行厘米级甚至毫米级精度的静态定位、米级甚至亚米级精度的动态定位、亚米级甚至厘米级精度的速度测量和毫微秒级精度的时间测量。因此,GPS 系统展现了极其广泛的应用前景。

GPS 系统的广泛应用,不仅吸引着一些不同行业科学家们的热心研究和开发,而且激起了 GPS 信号接收机制造厂商们的激烈竞争。对于世界各国的广大用户而言,使用 GPS 信号的关键设备是,能够接收、跟踪、变换和测量 GPS 信号的接收机,称之为 GPS 信号接收机。它已成为一些电子仪器厂家竞相生产的高技术电子产品。据报道,在 1991 年初春的海湾战争中,以美国为首的多国部队购买了用于陆、海、空三军的 17 000 多台 GPS 信号接收机,5 000 多台手持式 C/A 码商品接收机,8 000 多台轻小型接收机(也叫助击器),4 000 多台军用接收机。他们使用后的结论是:GPS 是作战武器的效率倍增器,GPS 是赢得海湾战争胜利的重要技术条件之一。至于 GPS 信号接收机在民间的应用,则是一个难以用数字预测的广阔天地。例如,日本人已将 GPS 景点导游系统安设在旅游汽车上,实时地为游客们介绍已入景区的风光和景点;英国人成功研制了 GPS 联合收割机系统,它的 GPS 信号接收机不仅用于引行收割,而且辅助监测农田作物的产量,因此深受农场主们的青睐。根据美国《GPS World》期刊于 2014 年第一期的统计报告可知,受访的 47 家生产厂商生产了 380 种 GNSS 信号接收机。其中,Trimble 公司所生产的仅重 1.75 kg 的 NetR9 TI-1 基准接收机具有 440 个波道,能够接收 GPS、GLONASS、Galileo、北斗、QZSS、WAAS 和 EGNOS 导航信号,以及 Omni-STARVBS、HP 和 XP 差分改正信号,且其 GNSS 定位精度能够达到毫米级。

纵观现况,GPS 卫星导航定位技术能够准确地回答下列问题:我在哪里? 你离我有多远? 现在为何时? 我走得有多快? 是否倾斜? 因此,GPS 信号接收机的应用,上至航空航天器,下达捕鱼、导游、摄影、通信和农业生产,已经"无孔不入"。相对于第一代卫星导航系统(TRANSIT 和 CICADA)而言,GPS 卫星全球定位系统做出了下述新贡献。

(一)GPS 系统能够实施全球性、全天候、全天时的连续不断的三维导航定位测量

GPS 卫星工作星座分成 6 个轨道平面,且均匀分布着 24 颗卫星,它有 4 倍于子午卫星的数量。在两万千米高空的 GPS 卫星,从地平线升起至没落,持续运行 5 h 左右。它们向广大用户发送的导航定位信号,通过大气层到达地面,每一个用户无论在任何地方都能够同时接收来自 4~12 颗 GPS 卫星的导航定位信号,用于测定它的实时点位及其他状态参数,实现全球性、全天候的连续不断的导航定位。依据 2013 年 5 月在轨工作的 31 颗 GPS 卫星的历史数据可知,2013 年 5 月 11 日,全天 24 h 内,在中国南沙全天最少能够见到 10 颗 GPS 卫星,全天最多能够见到 14 颗 GPS 卫星。这有利于我国广大用户进行全天候和全天时连续不断的导航定位测量。

(二)GPS 信号能够用于运动载体的七维状态参数和三维姿态参数测量

GPS 卫星发送的导航定位信号,不仅携带着内容丰富的导航电文,而且调制着两个用于测量距离的伪随机噪声码。换言之,GPS 信号的两个载波、两个伪噪声码和导航电文,为运动载体的多参数和广用途测量奠定了坚实的技术基础。例如,在对地摄影的飞机上,若安设了 GPS 信号接收机,在其对地摄影的同时开展机载 GPS 测量,就可以测定飞机在飞行摄影时的实时点位。1994 年 5 月至 2002 年 8 月,先后利用里尔、俄制"米"171 型直升机和"运"8 等 10 种飞机,在我国境内为航空对地摄影测量、航天测控设备的精度鉴定和机载惯性导航系统校验性测量,成功地进行了 300 余架次飞行的机载 GPS 动态载波相位测量,且将其机载 GPS 测量结果经过一定的计算,得到用经纬度表述的在航飞机的三维点位坐标、三维速度及其相应时间。

(三)GPS 卫星能够为陆地、海洋和空间的广大用户提供高精度、多用途的导航定位服务

GPS 卫星所发送的导航定位信号,是一种可供无数用户共享的空间信息资源。陆地、海洋和空间的广大用户,只要持有一种能够接收、跟踪、变换和测量 GPS 信号的接收机,就可以全天候和全球性地测量运动载体的七维状态参数和三维姿态参数。其用途之广、影响之大,是任何其他无线电接收设备望尘莫及的。不仅如此,GPS 卫星的入轨运行,还为大地测量学、地球动力学、地球物理学、天体力学、载人航天学、全球海洋学和全球气象学提供了一种高精度和全天候的测量新技术。纵观现况,GPS 技术在民间就有下述用途。

1.GPS 技术的陆地应用

各种车辆的行驶状态监测,旅游者或旅游车的景点导游,应急车辆(如公安、急救车等)的快速引行和探寻,高精度时间比对和频率控制,大气物理观测,地球物理资源勘探,工程建设的施工放样测量,大型建筑和煤气田的沉降监测,板内运动状态和地壳形变测量,陆地、海洋大地测量基准的测定,市镇、工程、区域、国家等各种类型大地测量控制网的测设,请求救援在途实时报告,引导盲人行走,平整路面的实时监控,精细农业。

2.GPS技术的海洋应用

远洋船舶的最佳航程和安全航线测定,远洋船队在途航行的实时调度和监测,内河船只的实时调度和自主导航测量,海洋援救的探寻和定点测量,远洋渔船的结队航行和作业调度,海洋油气平台的就位和复位测定,海底沉船位置的精确探测,海底管道敷设测量,海岸地球物理勘探,水文测量,全球GPS验潮网的测设,GPS海底大地测量控制网的布测,海底地形的精细测量,船运货物失窃报警,净化海洋(如海洋溢油的跟踪报告),海事纠纷或海损事故的点位测定,浮鼓抛设和暗礁爆破等海洋工程的精确定位,港口交通管制,海洋灾害监测。

3.GPS技术的航空应用

民航飞机的在途自主导航,飞机精密进近着陆,飞机空中加油控制,机群编队飞行的安全保护,航空援救的探寻和定点测量,机载地球物理勘探,飞机探寻灾区大小和标定测量,摄影和遥感飞机的七维状态参数和三维姿态参数测量。

4.GPS技术的航天应用

低轨通信卫星群的实时轨道测量,卫星入轨和卫星回收的实时点位测量,载人航天器的在轨防护探测,星载GPS的遮掩天体大小和大气参数测量,对地观测卫星的七维状态参数和三维姿态参数测量。

当航天器载着GPS信号接收机时,器载GPS测量能够实现下述功能:①能够精确测定航天器在轨飞行的实时位置与速度。②能够实现在轨航天器的自主精确导航。③能够为航天器上的其他设备提供高精度的时间基准。

由此可见,GPS已成为名副其实的跨学科、跨行业、广用途、高效益的综合性高新技术。

（四）GPS技术能够达到毫米级的静态定位精度和厘米级的动态测量精度

近年来，美国的试验表明，对于3 000 km以内的站间距离，GPS相对定位数据经过精细的处理，可达到±（5 mm+1×10⁻⁸D）距离精度、±3 cm左右的三维位置精度。用Trimble4000SST双频率接收机测量了由16个点位构成的崇阳试验网，以检验Trimble4000SST的外部符合测量精度。试验结果表明，通过GEOLAB网平差的GPS点位与整体大地测量平差点位相比较，二维位置的最大较差也不过0.00037"，最小较差为0.0000"。正高的较差稍大一些，其最大值为42.57 mm，其最小值为1.9 mm，但未发现系统性的偏差。22个GPS站间距离（平均长度为1.9 km）与ME-5000光电测距边相比较，平均外部符合精度达到了1/（31万），且未发现系统偏差。这充分说明，GPS卫星定位测量能够获得厘米级的点位精度。21世纪初，GPS卫星定位精度达到了毫米量级。在未来，GPS卫星导航定位技术，既可大为缩短数据采集时间，又可显著提高定位精度。

（五）GPS技术具有广泛的军事应用天地

GPS技术，是一种大幅提升军事力量的重要手段，它所具有的三维位置、三维速度、三维姿态和时间的测量能力，可以在军事作战的各个方面起到重要的作用。GPS技术独一无二的特性是：在地球上任何时间，任何地点，任何光照、气候或在其他资源无法看清目标的条件下，能在目标与瞄准该目标的动态武器系统之间建立起四维空间的唯一相关性。GPS技术的这一特点增强了精确武器的杀伤力，提高了军事任务策划者指挥军队作战的效率，使执行任务的战士或部队减少风险。其优越性甚至达到这种程度：利用GPS信号精确测定的目标点和制导的武器，无论在何种条件下，其击中目标的概率远高于任何其他目标瞄准和定位相结合的技术。此外，由于GPS技术的应用不需要发射电磁波信号，因此，GPS技术可在要求不会产生无线电波的情况下，实现安全、高效和精确作战。由于GPS技术的这种性能特点，美国国防部和国会都始终强令军事作战使用GPS技术。GPS技术的功能已经或正在被装备、集成到美国国防部运行的几乎所有重要军事作战系统及其通信、数据等支持系统中，其作用可概述如下。

1.能够为空中平台作战提供全球精确制导

GPS技术可为所有载人和不载人空中平台作战提供全球精确制导。在整个飞行段，包括精密进近和着陆，GPS技术无须依赖地基导航或地面控制，就能够在全球任何地方提供点到点的空中导航。在飞机上，GPS技术与惯性导航联合使用效果最好。在GPS/惯性制导组合系统中，GPS技术为惯性制导系统提供初始化数据，为惯性制导系统漂移提供补偿。同时，惯性制导系统也为GPS技术改善高加速度运动和方向改变时的跟踪性能。在许多应用中，GPS/惯性制导组合系统可以使用低成本的惯性系统，而单独用的惯性系统成本高。通过联合战术信息分发系统(JTIDS)通信网络转发的GPS位置数据，可为航空指挥官连续提供空中战机部署的三维精确图像。无论是飞机还是机载武器都可使用GPS技术。但是，由于目前只有少数类型的飞机能直接向机载GPS武器传输初始化数据，从而使它们从机翼下或弹舱中释放出来时能迅速捕获和跟踪GPS信号。由此可见，机载GPS武器的效能尚未充分发挥。

2.能够为舰船提供全球无缝海事导航

GPS技术能为公海、沿海区域、海港和内陆水道上航行的舰船提供全球无缝海事导航。GPS技术已经取代了以前公海上舰船和潜艇导航常用的两种无线电导航系统，取消了飞机从公海返回航空母舰时所需要的高功率无线电通信要求。GPS技术也改善了在夜间和可视条件很差的情况下极近距离操作的安全性。

3.能够提升部队的全球陆地作战能力

GPS技术使全球陆地作战更有效和更安全。GPS技术与带有栅格的地图相结合，能使地面部队在无特征地形条件下实施协同作战。与激光测距仪联合使用时，可精确测定GPS制导武器的远距离攻击目标。GPS技术与战术安全通信设备联合使用，指挥官能够连续地知道部队所在位置和行进方向，从而提高作战效率和减少误伤。至于GPS技术在森林、高山和城市地区应用的局限性，可以通过GPS现代化增强军用信号等方法予以解决。

4.能够取代地基雷达而精确测定卫星轨道

GPS技术能够连续高精度地测定地球同步轨道(GEO，约35 400 km)高度以下的卫星轨道，从而使GPS技术取代了地基雷达。这类地基雷达应用不方便，必须提前预报卫星过天顶时间，无法连续跟踪单颗卫星，而且许多地基雷达还必须建在国外。GPS星座运行于中圆轨道（MEO，约20 350 km），因此GPS技术对运行在低于7 400 km轨道上（而低地球轨道远低于这一高度）的卫星，能像对飞机导航那样提供连续的点位测量。对于高轨卫星（如地球同步卫星），应用星载GPS测量定轨时，则需要利用在地球另外一面与该卫星相对的GPS导航定位信号。

5.能够实现武器的全球精确投放

利用GPS技术可以实现从全球任何地方全天候、全天时的武器精确投放任务。GPS技术已提高了各种炸弹、巡航导弹和火炮的命中率和准确度。GPS技术能使武器从距目标越来越远的射程外进行远距离投放，从而提高了武器投放机组人员的安全。巡航导弹在缺少地形特征或缺少预知任务计划资料情况下，通常难以执行攻击任务，但GPS技术却为巡航导弹完成这类攻击任务提供了多种部署选择。采用GPS技术精确制导炸弹或GPS技术锁定目标坐标的火炮对敌攻击，为近距离接近敌方的地面支持部队提供了更高的安全性。

6.能够实现目标的精确瞄准

在使用GPS制导武器攻击固定目标时，目标位置误差（TLE）是系统总误差中的单一最大贡献者。如果能采用GPS技术来精确测定这些目标的坐标，就可大大增强精确攻击这些目标的能力。地面部队和前进航空管制人员通常把GPS技术与激光测距仪结合起来使用。GPS技术与机载合成孔径雷达结合使用，也可获得与飞机位置相关联的目标精确瞄准信息。

7.能够为特种部队实现日夜隐蔽和准确会合

GPS技术除了对陆、海、空导航定位，以及目标瞄准和武器投放贡献巨大外，还在特种部队行动中发挥作用。GPS技术在任何天气条件下都能使特种部队人员实现陆地、海洋和空中的日夜隐蔽、准确会合。特种部队只需利用GPS技术了解各自的精确位置和时间信息就可实现会合，而不需要发射无线电信号或其他容易暴露自己的必要标识。

8.能够增强后勤补给工作的安全与效率

GPS技术增强了各种后勤保障和补给工作的安全与效率。它能为军事规划、作战行动事先提供在隐蔽地点配置军用补给品的精确位置。即使不能事先确定补给品的位置，GPS技术也能精确测定所需补给品的投放位置。GPS技术可在任何天气条件下，精确、隐蔽、全天时地实现对舰船的海上补给和加油交会操作,以及飞机在空中加油的交会操作。

9.能够提高扫雷、清除爆炸物的安全性

GPS技术与机载激光扫描测高系统相结合,能够精确地绘制出地下或水下雷区的分布图,为建立安全航线和提高清除爆炸物操作的安全性做出贡献。

10.能够提高搜索与救援能力

GPS技术能精确测定被击落飞机逃逸飞行员的位置,从而提高救援的成功率。美国目前投产的作战遇险脱逃者定位器(CSEL)手机,已将GPS技术融合到低截获、低探测概率(LPI、LPD)的超视距和直接通信装置中,从而大大提高了搜索与救援能力。

11.能够为通信系统提供精确的时间源

GPS技术为有线、无线通信和数据网络提供时间和频率同步。对于加密的通信和数据传输,特别是保持不同网络之间节点的有效沟通,同步化是必不可少的。美国海军天文台(USNO)负责国防部的授时任务,USNO的任务之一是管理维护GPS主控站的互为备份主钟(AMC),并提供校准GPS时间与USNO标准时一致所必需的数据。GPS卫星星座的授时信号也就是USNO时间的传输版,并且已被美国参谋长联席会议正式指定为军队作战使用的时间源。

12.能够为情报、监视和侦察系统提供精确的地理坐标

GPS技术能增强有关情报、监视和侦察(ISR)数据的地理坐标效能,同时提供各类ISR系统所用的精确授时信息。

13.能够为网络中心战提供所需要的授时和同步化

GPS技术为网络中心战开展支援或攻击行动,提供所需要的授时和同步化,也能为在网络中心战中可能使用的各种无人驾驶飞行器提供短期或长期的精确导航。

14.能够为战场感知能力提供基础的三维空间与时间信息

GPS技术能为有效的战场感知能力提供基础的三维空间与时间信息。三维空间信息通过联合战术信息分发系统(JTIDS)和增强定位报告系统(EPLRS)等战术通信、导航网络传输,为美国各级指挥机构连续的战场感知奠定基础。精确的三维空间和时间信息也是"蓝军跟踪"和"联合蓝军态势感知"能力的重要组成部分。这种能力有利于减少误伤和协同作战。

GPS 动态测量精度,特别是只用一台 GPS 信号接收机(单机)的测量精度,因是否为特许用户而显著不同。由于美国国防部对 GPS 工作卫星实施人为降低精度的 SA 技术,以致非特许用户(如中国人)的单机测量精度,至少比特许用户单机测量精度低一个数量级,三维位置精度只能达到±120 m。但是,当非特许用户采用差分 GPS 动态测量技术时,可以达到米级甚至更高的实时点位测量精度。1994 年 5 月 10 日,在山西太原用 Trimble4000SST 双频接收机所做的(飞)机载 GPS 动态载波相位测量的飞行试验表明,经过地面上 131 个已知坐标点位的检核,机载 GPS 测量的飞机二维点位坐标达到了±7.9 cm 的测量精度,高程测量精度为 18.1 cm。美国的(卫)星载 GPS 测量实践表明,在卫星飞行速度为每秒七八千米的情况下,用星载 GPS 测量数据解算出的卫星轨道参数达到了亚米级的定轨精度。因此,许多拟入轨运行的航天器均将安设 GPS 信号接收机,用于精确定轨和自主导航。

GPS 现代化,不仅使全球广大用户能够用 GPS 动态载波相位测量获得厘米级精度的三维实时点位坐标,而且能够用 L1-C/A 码和 L1-C 码伪距测量解获得米级的单点定位精度。此外,第四代 GPS 卫星——Block Ⅱ 也在研制之中。Block Ⅱ 卫星除了具有现行 GPS 卫星的全部功能以外,还增强下列作用:维护航空飞行、火车行驶的安全、提供飞机精密着陆导航服务、跟踪货物安全运输、精细农业、城市规划、矿藏开采。

值得一提是,在物联网时代,GPS 技术具有更广阔的应用空间。只不过它是重要的支柱技术之一,不是独立使用的"单干户",而成为与物联网 RFID 射频识别等多种技术集成使用的"合作伙伴",以致物联网时代的 GPS 卫星导航产品,将是信息高集成、智能多渠道、信息标识与感知做基础、无线通信做向导、互联网络做桥梁的"大家庭成员"。

第二节 北斗导航定位技术的发展历程

中国北斗卫星导航系统(BeiDou Navigation Satellite System,BDS)(以下也可简称北斗系统)是我国自行研制的全球卫星定位与通信系统,是继美国全球卫星定位系统(Global Positioning System, GPS)和俄罗斯全球卫星导航系统(GLONASS)之后第三个成熟的卫星导航系统。系统由空间端、地面端和用户端组成,可在全球范围内全天候和全天时为各类用户提供高精度和高可靠的定位、导航、授时服务,并具短报文通信能力,已经初步具备区域导航、定位和授时能力,定位精度优于20 m,授时精度优于100 ns。2012年12月27日,北斗系统空间信号接口控制文件正式版1.0正式公布,北斗导航业务正式对亚太地区提供无源定位、导航、授时服务。

自1957年10月4日苏联第一颗人造卫星上天,约翰斯·霍普金斯大学应用物理研究所的弗兰克·T·麦柯卢尔利用乔治·C·韦范巴赫和威廉·H·吉尔发现的多普勒效应,发明了第一个卫星导航系统。美国1960年发射第一颗子午仪卫星,1963年系统建成,由6颗卫星组成,1964年服役,1967年向民用开放,1996年正式退役,为美国海军和民用用户服务了33年。苏联于1967年11月27日发射了第一颗导航卫星,1979年系统交付使用,由4颗卫星组成,位于高度在1 000 km的圆轨道上,倾角83°,沿赤道均匀分布。根据当时情况,我国在20世纪60年代末也有过一个类似于"子午仪"的研制计划,但直到1984年初,才开始酝酿利用地球静止轨道卫星进行导航定位的技术方案。首先,由陈芳允院士提出利用两颗地球静止轨道卫星测定用户位置的卫星定位系统的概念,可见,这个概念与美国和苏联的"子午仪"卫星系统相差很大,难度也可想而知。与此同时,美国Gerard K. O'Neill博士也进行了同样的研究。1985年7月,美国联邦通信委员会(FCC)以导航和个人通信为目标,命名为卫星无线电测定业务(RDSS)。1986年6月,FCC批准了这个标准,并得到国际电信联盟的认可。中国的"北斗一号"卫星导航系统就是在RDSS基础上开始研制的。这种导航系统的特点是,由用户以外的中心控制系统通过用户对卫星信号的询问、应答获得距离观测量,由中心控制系统计算用户的位置坐标,并将此信息传送给用户。这种具有导航和通信功能的系统,有效地将导航定位与通信相结合,为用户提供极大方便。1994年,"双星导航定位系统"正式立项。2000年10月31日、12月21日,成功发射了两颗北斗卫星,建成了中国第一代卫星导航定位系统。2003年5月25日,发射了第三颗北斗导航卫星,使系统进入稳定运行阶段。

在经历了第一代卫星导航系统研制与应用后,各国在不同条件下,开始了第二代卫星导航系统的研制与建设。1964年,美国在第一代导航系统投入使用不久,就着手进行新一代卫星导航系统的研究工作。1973年美国国防部正式批准美陆、海、空三军共同研究国防卫星导航系统——全球定位系统(GPS),由24颗高度为20 200 km的卫星形成空间部分卫星星座。自1978年开始,美国共成功发射了10颗试验卫星(BLOCK I)。在试验成功的基础上,1989年开始发射正式导航卫星BLOCK II和BLOCK II R,并于1995年发射完毕。

1982年10月12日,苏联发射了第一颗GLONASS卫星。1996年1月18日,宣布GLONASS建成,空间部分由24颗卫星组成。

一、北斗卫星定位发展历程

20世纪70年代,中国开始研究卫星导航系统的技术和方案,但之后这项名为"灯塔"的研究计划被取消。1983年,中国航天专家陈芳允提出使用两颗静止轨道卫星实现区域性的导航功能;1989年,中国使用通信卫星进行试验,验证了其可行性。1994年,中国正式开始北斗卫星导航试验系统("北斗一号")的研制;2007年4月14日4时11分,我国在西昌卫星发射中心用"长征三号甲"运载火箭,成功将第一颗北斗导航卫星送入太空;2009年4月15日零时16分,中国成功将第二颗北斗导航卫星送入预定轨道。2010年1月17日零时12分,将第三颗北斗导航卫星送入预定轨道,这标志着北斗卫星导航系统工程建设迈出重要一步,卫星组网正按计划稳步推进。

2004年,中国启动了具有全球导航能力的北斗卫星导航系统的建设("北斗二号")。2007年2月3日,"北斗一号"第四颗卫星发射成功,该卫星不仅作为早期三颗卫星的备份,同时还将进行北斗卫星导航定位系统的相关试验。至此,"北斗一号"已有4颗卫星在太空遨游,组成了完整的卫星导航定位系统,确保全天候、全天时提供卫星导航资讯。

2009年起,后续卫星陆续发射。2010年4月29日,军用标准时间正式启用,并通过北斗导航系统进行发播。2011年12月28日起,开始向中国及周边地区提供连续的导航定位服务。2012年10月1日,"长河二号"授时系统开始发播军用标准时间。2012年12月27日起,形成区域服务能力,"北斗二号"正式运行,系统在继续保留北斗卫星导航试验系统有源定位、双向授时和短报文通信服务的基础上,向亚太大部分地区正式提供连续无源定位、导航、授时等服务,民用服务与GPS一样免费。

（一）系统规划

北斗卫星导航试验系统(也称"双星定位导航系统")为我国"九五"项目,其工程代号取名为"北斗一号"。结合我国国情,科学合理地提出并制定自主研制实施北斗卫星导航系统建设的"三步走"规划。第一步是试验阶段,即用少量卫星利用地球同步静止轨道来完成试验任务,为北斗卫星导航系统建设积累技术经验、培养人才,研制一些地面应用基础设施设备等。1994年,启动"北斗一号"系统工程建设;2000年,发射2颗地球静止轨道卫星,建成系统并投入使用,采用有源定位体制,为中国用户提供定位、授时、广域差分和短报文通信服务;2003年,发射第三颗地球静止轨道卫星,进一步增强系统性能。第二步是到2012年,发射14颗卫星,由5颗地球静止轨道卫星、5颗假倾斜轨道卫星和4颗中轨卫星组成,建成覆盖亚太区域的北斗卫星导航定位系统(即"北斗二号"区域系统)。"北斗二号"系统在兼容"北斗一号"技术体制的基础上,增加无源定位体制,为亚太地区用户提供定位、测速、授时、广域差分和短报文通信服务。第三步是建设北斗全球卫星导航定位系统。2009年,启动北斗全球卫星导航定位系统建设,继承北斗有源服务和无源服务两种技术体制;计划2018年,面向"一带一路"沿线及周边国家提供基本服务;截至2020年已完成35颗卫星发射组网,为全球用户提供服务。

（二）实现目标

北斗卫星导航系统致力于向全球用户提供高质量的定位、导航和授时服务。包括开放服务和授权服务两种方式。开放服务是向全球免费提供定位、测速和授时服务。定位精度20 m、测速精度0.2 m/s、授时精度10 ns。授权服务是为有高精度、高可靠卫星导航需求的用户,提供定位、测速、授时和通信服务以及系统完好性信息。

二、北斗卫星导航系统定位技术的特点

（一）定位方式

北斗定位系统定位方式有有源定位和无源定位两种。

1.有源定位

用户终端通过导航卫星向地面控制中心发出一个申请定位的信号,之

后地面控制中心发出测距信号,根据信号传输的时间得到用户与两颗卫星的距离。除了这些信息外,地面控制中心还有一个数据库,为地球表面各点至地球球心的距离。当认定用户也在此不均匀球面的表面时,交会定位的条件已经全部满足,控制中心可以计算出用户的位置,并将信息发送到用户的终端。北斗的试验系统完全基于此技术,而之后的北斗卫星导航系统除了使用新的技术外,也保留了这项技术。

2.无源定位

用户终端不需要向控制中心发出申请,而是接收4颗导航卫星发出的信号,可以自行计算其空间位置。此即为GPS所使用的技术,北斗卫星导航系统也使用了此技术来实现全球的卫星定位。[①]

根据导航卫星的信号覆盖范围,卫星导航系统还可分为区域卫星导航系统和全球卫星导航系统。区域系统有中国的北斗导航试验系统、印度的区域导航卫星系统(IRNSS)等。全球系统有美国的全球定位系统(GPS)、俄罗斯的全球导航卫星系统(GLONASS),以及欧洲的"伽利略"(GALILEO)系统和中国的北斗卫星导航系统。

(二)码分多址技术

北斗卫星导航系统使用码分多址技术,与全球定位系统和伽利略定位系统一致,而不同于GLONASS的频分多址技术。两者相比,码分多址有更高的频谱利用率,在L波段的频谱资源非常有限的情况下,选择码分多址是更妥当的方式。

码分多址技术允许所有使用者同时使用全部频带,每个用户分配一个特殊的地址码,在接收端只有用与发射信号相匹配的接收机才能检出与发射地址码相符合的信号。

频分多址是将可以使用的总频带分割为若干互不相交的频带(子频带),将每个子频带分配给一个特殊的用户使用,在接收端使用带通滤波器滤出其他频率信号,从而获取自身频率信号。

在技术发展上,先有频分多址方式,后来出现码分多址方式,可以说后者比前者更先进。设计一个技术比较先进的导航星座,选择码分多址方式调制导航信号,在很多方面比频分多址方式更具优越性,如抗干扰性能、与

①刘天雄.卫星导航系统概论[M].北京:中国宇航出版社,2018.

其他导航系统的兼容、接收机的设计等。而且，在相同指标约束下，使用频分多址的方式调制导航信号，无论对空间段还是用户机而言，实现起来的技术复杂度都要高一些。

另外，从系统设计的角度，码分多址对频谱的利用率更高。由于目前 L 频段的频谱资源极其有限，已经不能像 GLONASS 设计的年代那样"奢侈"地使用频率资源了。因此，北斗和 GPS、伽利略一样采用了码分多址方式。

（三）北斗信号频率

北斗卫星导航系统的官方宣布，在 L 波段和 S 波段发送导航信号，在 L 波段的 B1、B2、B3 频点（B1 频点为 1 559.052～1 591.788 MHz，B2 频点为 1 166.220～1 217.370 MHz，B3 频点为 1 250.618～1 286.423 MHz）上发送服务信号，包括开放的信号和需要授权的信号。

国际电信联盟分配了 EI（1 590 MHz）、E2（1 561 MHz）、E6（1 269 MHz）和 E5B（1207 MHz）4 个波段给北斗卫星导航系统，这与伽利略定位系统使用或计划使用的波段存在重合。然而，根据国际电信联盟的频段先占先得政策，若北斗系统先行使用，即拥有使用相应频段的优先权。2007 年，中国发射了北斗之后，在相应波段上检测到信号：1 561.098±2.046 MHz，1 589.742 MHz，1 207.14±12 MHz，1 268.52±12 MHz，以上波段与伽利略定位系统计划使用的波段重合，与全球卫星定位系统的 L 波段也有小部分重合。

（四）北斗卫星组成

"北斗二号"卫星导航系统由空间段、控制段和用户段 3 个部分组成。空间段由 14 颗工作卫星组网，其中有 5 颗静止地球同步轨道卫星（GE0）、5 颗倾斜地球同步轨道卫星（IGSO）和 4 颗中圆轨道卫星（MEO）。所有卫星均提供无线电导航业务，GE0 卫星还提供无线电测定业务。采用 3 种轨道卫星的组合，其好处在于，通过较少的卫星数量，就能使"北斗"区域系统实现对覆盖区服务性能的保证。实际上，在目前的"北斗"区域系统中，通过地球静止轨道卫星和倾斜地球同步轨道卫星，就能保证区域内服务性能的要求，可以不需要 4 颗中圆轨道卫星。但是，从未来北斗全球系统的整个发展和规划来讲，主要还是依赖于中圆轨道卫星来保证全球覆盖。

从北斗系统"三步走"的发展战略部署来看，先解决区域问题，然后再全球覆盖。所以在区域系统中必须要部署地球静止轨道卫星和倾斜地球同步轨道卫星,同时,又要考虑下一步的全球系统建设。因此,在目前的区域系统中开展了必要的技术验证,包括对这种混合星座进行评估。

具体来说,中圆轨道卫星所起的作用主要有三个方面:第一,可以验证混合星座的可行性,看看是否能达到预先设计的指标。第二,从系统的可靠性和稳定性上来说,4颗中圆轨道卫星可以对"5+5"的星座部署起到周期性的改善作用。如果有一两颗在轨的倾斜地球同步轨道卫星发生故障,那么中圆轨道卫星可以通过轨道调整,起到替代失效卫星的作用,中圆轨道卫星具有在轨备份的功能。第三,为未来部署全球导航系统提供经验。

(五)北斗系统的发展特色

北斗系统的建设实践,实现了在区域快速形成服务能力、逐步扩展为全球服务的发展路径,丰富了世界卫星导航事业的发展模式。

北斗系统具有以下特点:一是空间段采用3种轨道卫星组成的混合星座,与其他卫星导航系统相比,高轨卫星更多、抗遮挡能力强,尤其低纬度地区性能特点更为明显;二是提供多个频点的导航信号,能够通过多频信号组合使用等方式提高服务精度;三是创新融合了导航与通信能力,具有实时导航、快速定位、精确授时、位置报告和短报文通信服务五大功能。

(六)持续提升北斗系统性能

为满足日益增长的用户需求,北斗系统将加强卫星、原子钟、信号体制等方面的技术研发,探索发展新一代导航定位授时技术,持续提升服务性能。

1.提供全球服务

发射新一代导航卫星,研制更高性能的星载原子钟,进一步提高卫星性能与寿命,构建稳定可靠的星间链路;增发更多的导航信号,加强与其他卫星导航系统的兼容与互操作,为全球用户提供更好的服务。

2.增强服务能力

大力建设地面试验验证系统,实现星地设备全覆盖测试验证;持续建设完善星基和地基增强系统,大幅提高系统服务精度和可靠性;优化位置报告及短报文通信技术体制,扩大用户容量,拓展服务区域。

3.保持时空基准

北斗系统时间基准(北斗时),溯源于协调时间时,时差信息在导航电文中发播;推动与其他卫星导航系统开展时差监测,提高兼容与互操作性能。发展基于北斗系统的全球位置标识体系,推动北斗系统坐标框架与其他卫星导航系统的互操作,并不断精化参考框架(中国北斗卫星导航系统白皮书)。

三、北斗导航定位技术研究现状

GPS是目前最成熟的、运行时间最长的导航定位系统。围绕GPS,各项研究工作广泛展开。随着网络RTK定位、差分定位及广域差分定位等技术的产生,使得GPS的定位性能逐渐提高。我国北斗系统目前正在建设阶段,对其研究也才正式展开。在北斗系统提供服务之前,对其研究也仅限于实验仿真阶段。随着北斗系统的完善和北斗数据的广泛应用,北斗的性能分析研究将得到更多关注。

过去几年,施闯等人分析了北斗系统相对定位性能,得到了较高的精度;对于定位精度相对较高的载波差分定位技术的研究也愈来愈多;赵琳等研究了北斗载波相位差分精密的定位技术;王茜进行了基于载波相位差分的GPS/DR组合定位算法的研究,得知相位差分中整周模糊度的固定解的解算是定位的关键,可采用LAMBDA算法解决。在大量的理论基础中,经过多次实验,已经对北斗卫星系统GEO和IGSO的定位性能有了较多研究成果。

北斗卫星在B1(1 561.098 Hz)、B2(1 207.14 Hz)、B3(1 268.52 Hz)3个中心频段上播发信号。根据之前的调查,使用三频信号对于长基线的模糊度解算的效率及可靠性显著提高,并且在实时高精度定位应用中更加重要。目前,一些GPS和GALILEO卫星已经可以获取到三频观测值,但是在整个系统中,其卫星的数量仍然不足。相比较而言,北斗卫星已经实现每一颗卫星都能够播发三频信号,为三频模糊度解算提供很高的可靠性。北斗系统有着不同于GPS、GLONASS的混合轨道星座布局,基于GEO和IGSO卫星轨道的特殊性,高仰角卫星的数目逐渐增多,即使在恶劣的环境下,可以观测的可视卫星数也逐渐增加,具备更多可视卫星数的优点,各轨道卫星在参与定位时都有着重要的研究价值。

第三节 全球卫星导航定位系统在国土资源中的应用

一、大地测量中北斗卫星导航定位系统的运用分析

北斗卫星导航定位系统以"自主、开放、兼容、技术先进、稳定可靠、覆盖全球"为设计目标,希望为我国乃至全世界的卫星导航与定位工作做出应有的贡献。以下将会探讨北斗卫星导航定位系统在大地测绘中的应用。

(一)大地测绘的含义

大地测绘是指测绘以地球椭球体为基准的地面点的位置,测绘并确定地球椭球体的大小;获得一个地点在地球上的精确位置就是大地测绘的根本目的。为此,将地面点沿法线方向投影在地球椭球体表面上。该点的水平位置由椭球面上地球的纬度和地球的经度表示,该点的高程则可以由地面上的这一点与投影出来的这一点的距离来表示。以地球的正中心为原点可以建立一个空间直角坐标系,这样就能获得地球上任何一点的精确位置。大地测绘具有测绘学科基础学科的性质,而工程测绘直接应用在国家的各行各业的工作中。大地测绘与工程学科是这两门学科基础理论与实际应用的结合与发展。

(二)北斗卫星导航定位系统的组成和功能

北斗卫星导航定位系统是由中国独立开发和运营的全球卫星导航系统。它是世界四大卫星导航定位系统之一,其余还包括俄罗斯 GLONASS 卫星导航系统、美国 GPS 全球卫星导航系统、欧盟伽利略(GALILEO)卫星导航定位系统。北斗卫星导航系统由三部分组成:外太空空间部分、地面中心控制系统和用户终端。5 颗对地静止卫星和 30 颗对地静止卫星共同组成了空间部分。地面中央控制系统作为 BDS 系统的枢纽,包括主控站、注入站、监测站等几个主要地面站。用户终端由北斗用户终端和卫星导航定位系统终端组成,兼容 GPS、俄罗斯格洛纳斯、欧盟伽利略终端等,可为全球用户提供高精度、高可靠性的定位、导航和定时服务,在 24 h 内具有短消息通信功能。同时,北斗卫星导航定位系统也可用于商业用途,它可以为各行各业提供高精度的定位和逸度测量服务。

（三）北斗卫星导航定位系统在土地测绘中的应用分析

1.北斗卫星导航定位系统在地籍测绘中的应用

（1）地籍测绘的含义

地籍测绘主要是指利用现代测绘技术，以一定的准确度确定土地界线、土地所有权和土地面积，并反映土地利用的类型、分布和质量水平。它为国家的土地管理部门提供专门的测绘服务，形成详细的土地调查数据并为土地登记提供依据。地籍测绘和普通地形测绘有所不同，地籍测绘应随着测绘范围内的土地注册变化而不断更新，始终保证地籍材料的现状与实际一致。作为一项政府的技术，地籍测绘技术能够有机结合技术与法律。作为一项与行政事务相关的技术，地籍测绘技术可以帮助政府掌握国土资源的具体情况。地籍测绘在地籍调查的工作上进行，能够较为准确地获得地籍信息，为政府的地籍决策提供信息支持。因为具有勘察取证的法律特征，所以地籍测绘必须符合相关法律的要求，地籍测绘工作具有非常强烈的现实性倾向。

（2）地籍控制测绘中的应用分析

在建立以北斗卫星导航定位系统为基础的地籍测控网络时，按照国土局颁布的《城镇地籍测绘程序》的要求，可以将地籍测绘使用的网络分成很多种类，比如说二、三、四等的三角、三边、边角网。一、二级边角网，一、二级导线网也可以被具体使用在不同规模的监测地区，以及对所有级别的地籍平面控制出口进行主要控制。由于采用北斗卫星导航定位系统进行地籍控制，在常规三角测绘中无须采用近似等边三角测绘。且精度估计较低时，可以避免添加对角线或增加起始边等烦琐的要求，只需要准确度与分级控制精度相匹配，控制点的选取符合选点要求，四级网络中最弱相邻点的相对误差率小于或等于5 cm，四等以下网络最弱点相对于起点误差≤5 cm。因此，基于北斗卫星导航定位系统的地籍控制测绘网络的精度，能够完全符合地籍测绘的规范。

（3）动态监测在大地利用中的应用

常规现场监测一般采用简单补测法或平板仪补测法。其中，简单的辅助测绘方法利用变化的地物与周围地物之间的相对位置关系，采用卷尺和钢尺等简单的测绘工具，采用比较法、截距法等几何方法和延长线拦截方法。简单的补充测绘方法只适用于变化范围小，且变化特征周围有明显的目标点的情况。但是,如果变化范围大且目标物体较少,则通常使用平板仪测绘方法。由于速度慢、效率低,平板仪测绘方法在实施过程中受到客观因素的影响,导致精度低,严重影响监测质量。尽管近年来,遥感技术在土地利用监测中得到了广泛的应用,并且,其大规模使用的优势比较明显。但受到各种不利客观条件的制约,遥感技术不能及时、全面、准确地反映土地动态变化,所以仍然难以摆脱传统的技术手段。

由于北斗卫星导航定位系统的单向传输时间为100 ns,双向传输时间为20 ns,平面位置精度一般为100 m,校准表设置为20 m,高程控制精度为10 m,可以满足土地利用条件调查和动态监测的准确性的所有要求。将北斗卫星导航定位系统应用于地球监测,将大大地提高监测速度和精度,克服传统监测方法的弊端,适应各种复杂变化,实现动态监测的实时性和数值监测的准确性,并确保对土地使用的调查情况的及时性。

2.北斗卫星导航定位系统在工程测绘中的应用

(1)工程测绘的重要性分析

测绘学是一门历史非常久远的学科,为人类的发展做出了难以估量的贡献。各种项目的发展都离不开测绘技术,这与项目的大小和类型无关。工程测绘在各种项目中扮演着非常重要的角色,贯穿整个工程流程。在施工前,需要对施工地址进行调查,准备地貌信息、水文信息等,为设计提供尺度图和地形数据;施工阶段是将测绘的设计转换为物理对象的基础。项目计量从开始到结束,均与项目建设密切相关。任何工程项目的建设都需要预先规划、中期建设和后期检查。初步规划包括定位建筑物并测绘其地形和周围环境,以确保施工设备能够进入施工现场。施工结束后,对项目的各项指标进行评估,以确保施工工艺符合标准。在建筑运营阶段,工程测绘也起着巨大的作用。通过监测测绘建筑物的运行情况,如果出现异常现象,可以及时采取补救措施避免事故发生。

(2)北斗卫星导航定位系统在工程测绘中的应用

北斗卫星导航定位系统技术的使用应首先检查起始参考点的准确性,起点应该是一个高层控制点,并且在起点和观测点之间具有良好的位置分布。当使用动态北斗卫星导航定位系统进行观测时,根据《工程测量规范》(GB50026-2007)中规定的测绘精度和误差要求,参考站的精度必须通过3~5个高位控制点进行测绘和评估,以确保基站的坐标在所有方位角观测中具有一致的准确性。根据北斗卫星导航定位系统工作计划的安排，进行观察并采取静态相对定位测绘。卫星仰角为150°，时间为45 min，采样间隔为10 s。同时在3个点上放置3个接收天线（居中、水平、定向），测绘天线高度，测绘气象数据，并开始观测。当指标符合要求时，相关数据将在接收方的提示下输入。北斗卫星导航定位系统网络数据处理分为两个阶段：基线解决方案和网络调整。北斗卫星导航定位系统控制点的三维坐标是在基线分辨率、质量检查、现场重新测试和网络调整后获得的。

二、3S技术在水质动态监测中的应用

目前，GPS、遥感与GIS技术在水环境中的应用越来越广。随着遥感器几何与光谱分辨率的提高，使利用遥感技术进行水质研究和水污染研究宏观监测成为可能。其主要机理是被污染水体具有独特的光谱特征，这些特征体现在其对特定波长的光的吸收和反射，而且这些光谱特征能够为遥感器所捕获，并在遥感图像中体现出来。通过计算机图像处理的技术，能够将遥感图像上这些信息突出表达，而且通过特定时间的图像和结合地面监测的水质分析数据，建立比较准确的水质遥感模型，并利用该模型处理遥感数据，便可以取得较为准确的结果，这就是利用遥感数据进行水污染定量监测的主要方法。如果结合GIS技术，将所获得的水质遥感模型建立一个水质分析模块，利用GIS具有良好的图形显示、编辑功能和强大的数据统计、分析功能，可以对水质进行动态、实时的分析、监测和预警，并且可以对历年的水质情况进行专题分析、统计。在地理信息系统技术支持下，应用遥感手段研究水质动态监测问题是值得探索的。

（一）利用GPS实现动态水质数据采集

GPS是以卫星为基础的测时定位导航系统，主要用于实时快速提取目标物的空间位置等。目前，GPS的动态实时定位精度可达数十米，而运用差分技术可使其动态实时定位精度达1 m。在水质动态监测中，GPS主要用在实际研究区域动态获，取实测水质的地理位置，进而和遥感数据建立对应关系，为水质监测的遥感模型的建立提供可靠的依据。

（二）利用遥感数据建立水质监测模型

遥感的主要目的在于识别地物，其识别地物的机理在于不同地物具有不同的光谱特征。地物之间光谱特征差异越大，越容易为遥感器所识别。

对于水体而言,最常用、最敏感的波段为可见光波段和近红外波段。

清洁水体、自然水体和污染水体在可见光、近红外波段的光谱特性将直接影响到其遥感灵敏度。为了探讨不同水质水体的可见光、近红外光谱及其与水质指标的关系,利用在不同地区采集的水样进行了室内光谱测试(VINIR)和水中总有机碳(TOC)的分析。为了比较,同时进行纯净水和自来水的光谱测试和水质分析,其中室内可见光、近红外光谱采用 UV340 分光光度计(带自制水反射光谱测试装置)测定,总有机碳可由 Phoenx8000TOC分析仪测定。

为了定量探讨水中有机质含量与 TM 各波段反射率大小之间的关系,利用遥感图像中不同水样的光谱反射率数值计算了 TM 各波段的反射率积分值。这样就可反映出,随着水体有机污染程度的增加,水体的可见光、近红外光谱反射率变化的趋势,进而建立水质遥感数学模型。通过水体反射率的变化和水质模型,就可利用遥感技术区分和识别污染水体。

污染水体与清洁水组成之间的差别不仅反映在光谱上,也反映在遥感图像上。传统的方法多利用彩色合成方法、单波段灰度分割或多波段图像分类方法,并且在实际应用上取得了一定的效果。但在具体应用中,利用三波段彩色合成时,波段组合的选择至关重要。而在利用灰度分割和图像分类时,波段的选择也非常重要。

(三)利用 GIS 技术建立水质动态监测系统

GIS 作为信息处理和系统服务的用户界面,为用户提了系统各种功能实现接口。为了实现系统的目标,系统应采用多媒体计算机技术、网络技术、专家系统技术等,以增强系统的功能。在此项研究中,可以通过对最新遥感数据的处理,结合对区域或流域水污染的变化趋势和对污染源的研究,利用 GIS 系统建立区域或流域污染预警系统,为污染的宏观监测研究及水资源保护的决策提供新的信息。

三、GNSS 在林业中的应用

目前,在我国林业行业中应用的 GNSS 系统,主要是 GPS 全球定位系统和北斗导航定位系统。从林业业务角度来讲,主要是应用在森林资源调查、林业有害生物调查、森林火灾应急、造林规划、林业野外巡护等方面。

（一）森林资源调查

按照我国森林资源监测体系，森林资源调查主要分为国家森林资源连续清查、森林资源规划设计调查和作业设计调查，也简称为一类调查、二类调查和三类调查。GNSS系统在森林资源调查中可以辅助完成以下工作。

进行样地的定位和复位。例如，在我国森林资源清查中，通过在定位终端中输入样地的中心点坐标位置、终端，就能找到样地位置，结合导航进行样地的定位和复位。

利用定位终端对林区各种境界线实施精确勘界和区划落界等，如林地落界、行政区落界等。在二类资源调查中，利用地形图短距离折线导航，可以准确、高效地进行林班线伐开工作。[①]

面积求算。在外业调查需要进行面积计算或面积核实时，只要手持定位终端沿所要测量的地块走一个闭合轨迹，即可求得面积。

集地理信息系统、遥感、定位和移动通信等技术于一体的野外数据采集系统。刘鹏举等针对外业采集系统只适用于单一调查、集成性差、自动化程度低的技术难点，研发出多专题野外快速采集系统，实现了外业数据采集调查因子动态配置、数据动态加载、快速录入、实时传输等功能。

（二）林业有害生物调查

林业有害生物调查是林业资源监测的重要组成部分，也是制定林业有害生物防治策略的重要依据。能够及时、准确地掌握林业有害生物（如病虫害等）的分布、数量、发生等情况的主要手段是林业有害生物野外调查。在进行有害生物野外调查时，GNSS应用主要有以下几种情况。

手持GPS进行导航和定位最为普遍，无论调查地是固定样地（固定踏查样线）或临时样地（临时踏查样线），调查人员通过手持GPS导航到目标地，即可记录调查位置和调查因子。

基于PDA有害生物调查软件系统，即采用PDA内置GPS模块和嵌入式GIS技术结合，实现可视化的数字导航和定位。调查时开启GPS，踏查点的经度、纬度和海拔自动从GPS获取，同时，有害生物调查因子直接在PDA软件系统中记录。显然，这种应用方式提高了调查效率，北斗森林病虫害防治系统就是基于桌面和移动端建立的。

---

① 庞丽峰，黄水生，李万里，唐小明. 全球导航卫星系统在我国林业中的应用[J]. 世界林业研究，2019，32(5)：41-46.

基于"GPS工具箱"的有害生物调查,通过免费下载"GPS工具箱"APP软件,到达调查样地,打开"GPS工具箱",通过标记位置功能自动记录样地位置,同时也可以打开拍照功能给样地病虫害拍照,还可以进行有害生物危害面积测量等。调查完成后可以导出KMIL格式文件,便于内业在GIS平台进行数据处理分析。"GPS工具箱"通常与常规有害生物调查法相结合。基层林业工作人员在野外执行采伐工作等,遇到偶发性森林病虫害时,"GPS工具箱"可以便捷地协助完成病虫害调查工作。

(三)森林火灾应急管理

在森林防火中通过GNSS进行火灾定位。例如我国的森林防火网(htttp://www.slh.gov.cn),通过卫星发现火灾或疑似火灾的地理位置点时自动报警,防火监控监测信息中心接收到信号后立即锁定位置,工作人员通过手持定位终端准确找到指定位置,确认是否是火灾,如果是火灾,准确找到火点。在火灾扑救与火灾现场指挥中,通过全球导航定位和跟踪系统进行火场定位、精准进行火场布兵、同时实时测量火场面积,灾后根据火灾周边记录位置数据等可以辅助灾后评估;另外把火灾的周边绘成图,为防火指挥部门提供决策依据。例如,陈俊等研建的基于北斗和GPS的森林防火人员调度指挥系统,把北斗定位导航系统和GPS结合在一起使用,增加了定位精度,避免了通信盲区,有效地发挥两者的定位导航和通信作用,有助于森林防火工作中的定位、导航、通信、指挥、调度的进行。借助全球导航定位系统,为防火指挥部门提供决策依据,已为国内外防火机构广泛采用。我国部分省市已经建立了集3S技术、网络技术、数据库技术于一体的森林防火与扑救指挥系统,如北京市已经建立了集成GPS技术森林防火与扑救指挥系统。

(四)造林作业设计

造林规划是造林的基础性工作,在造林规划的外业调查阶段,通过GNSS进行定位、导航协助完成外业调查工作。王兆龙、刘鹏举等人开发了基于PDA造林作业设计系统,可以提高造林作业设计过程中外业数据采集的精度和效率。在造林作业实施阶段,对于工作人员能够到达的位置,可通过定位终端进行精确定位和导航。对于大面积集中连片、交通不便、人烟稀少、不能或不便到达的荒山宜林荒地,往往采用飞播造林的方式。飞播造林时要预先设计飞播路线,在飞行中利用GNSS技术辅助飞机,按照预先设定好的航线完成飞播作业,在实际工作中结合航迹记录功能,可以有效避免重播和漏播。在造林作业核查验收阶段,如采用无人机进行造林核查验收,利用定位终端的精准定位、航迹记录和面积求算功能,林业工作人员很容易快速定位,找到目标地点,提高外业工作效率。采用GNSS能极大地提高工作效率,节省大量的人力、物力和资金。

(五)林业野外巡护

林业野外巡护,是巡护员在其管护责任区内巡逻、发现、报告和追踪林区内发生的各种影响森林健康现象的一种有组织的活动,具有涉及业务多、参与人员规模大等特点。在林业野外巡护过程中,巡护员与调度管理中心之间需要建立通信联系,以实现信息及时传输。北斗卫星导航系统提供北斗短报文功能不受地形条件和环境气候等影响,可用于解决偏远林区存在通信盲区情况下,巡护信息实时通信的问题。另外,在巡护人员进行野外巡护时,可以通过记录GNSS定位和巡护轨迹数据,监测巡护人员是否到达目标地巡护,从而实现对巡护人员、巡护路线的监管。GNSS系统在林业野外工作的广泛应用,减少了外业工作的时间和劳动强度,提高了野外工作效率。

随着GNSS信息技术的发展和林业精细化管理的需求,以森林精准监测、精准管理、精准采育、精准施肥、洒灭火为目标的精准林业,能最大限度地发挥森林的生态、社会和经济效益。精准位置服务技术在精准林业应用的需求也越来越迫切,利用3S技术、计算机网络技术、数据库技术进行林业集约化、精细化经营管理已展开了相应的研究和应用。

第四章 遥感技术

第一节 遥感的概念及特征

一、遥感的基础概念

遥感是20世纪60年代发展起来的综合性对地观测技术,通常有广义和狭义的理解。广义的遥感一词来自英语"remote sensing",即遥远地感知,泛指一切无接触的远距离探测,包括对电磁场、力场、机械波(声波、地震波)等的探测。实际工作中,重力、磁力、声波、地震波等的探测被划为物探(物理探测)的范畴,只有电磁波探测属于遥感的范畴。狭义的遥感是指应用探测仪器,不与探测目标接触,从远处把目标的电磁波特性记录下来,通过分析,揭示出物体的特征及其变化的综合性探测技术。

遥感过程是指遥感信息的获取、传输、处理,以及分析、判读和应用的全过程。这个过程主要是依赖于遥感系统,通过地物波谱测试与研究、数理统计分析、模式识别、模拟实验,以及地学分析等方法来完成。

(一)遥感的分类

按照遥感平台、探测波段类型、工作方式,以及研究和应用领域的不同,遥感可以划分成不同的类别。

1.按遥感平台分类

根据所采用的平台(或工具),遥感探测可以分为地面遥感、航空遥感、航天遥感、航宇遥感。地面遥感是将传感器设置在地面平台上,如车载、船载、手提、固定或活动高架平台等。航空遥感是将传感器设置在航空器上,如飞机、气球等。航天遥感是将传感器设置在环地球的航天器上,如人造地球卫星、航天飞机、空间站、火箭等。航宇遥感是将传感器设置在星际飞船上,是指对地月系外的目标的探测。

2.按探测波段分类

按照探测波段的不同,可以将遥感划分为紫外遥感、可见光遥感、红外遥感、微波遥感、多波段遥感等。其中,紫外遥感探测波段在 0.05 ~ 0.38 μm;可见光遥感探测波段在 0.38 ~ 0.76 μm;红外遥感探测波段在 0.76 ~ 1 000 μm;微波遥感探测波段在 1 mm ~ 1 m;多波段遥感是指探测波段在可见光波段和红外波段范围内,可再分成若干窄波段来探测目标。

3.按工作方式分类

按照工作方式,可以分为主动遥感和被动遥感。主动遥感是由探测器主动发射一定的电磁波能量,并接收目标的反射或散射信号,由传感器将接收的目标电磁辐射信号转换成数字或模拟图像。被动遥感的传感器不向目标发射电磁波,仅被动接收目标物自身发射的能量和自然辐射源的反射能量。

4.按研究和应用领域分类

从大的研究领域可分为外层空间遥感、大气层遥感、陆地遥感、海洋遥感等。从具体应用领域可分为资源遥感、环境遥感、农业遥感、林业遥感、渔业遥感、地质遥感、气象遥感、水文遥感、城市遥感、工程遥感及灾害遥感、军事遥感等。还可以划分为更细的研究对象,进行各种专题应用。

(二)遥感系统

遥感系统包括信息获取、信息记录和传输、信息处理和信息应用四大部分,具体组成如图4-1所示。

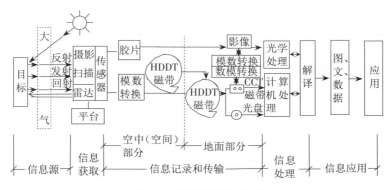

图4-1　遥感系统的组成

1.信息获取

遥感信息获取是遥感技术系统的中心工作,主要是通过遥感平台上的传感器来实现地物光谱信息的获取。不同物体,其反射、吸收或辐射电磁波的规律是不同的,这种特性称为物体波谱特性。如果事先掌握了各种物体的波谱特性,只要将传感器测到的波谱信息与标准信息进行比对,就可以识别相应物体类别。接收、记录目标物电磁波特征的仪器,称为传感器或遥感器,如扫描仪、雷达、摄影机、摄像机、辐射计等。搭载传感器的平台称为遥感平台,主要有地面平台(如遥感车、手提平台、地面观测台等)、空中平台(如飞机、气球、其他航空器等)、空间平台(如火箭、人造卫星、宇宙飞船、空间实验室、航天飞机等)。

2.信息记录和传输

传感器接收到目标物的电磁波信息,记录在数字磁介质或胶片上。胶片是由人或回收舱送至地面回收,数字磁介质上记录的信息则可以通过卫星上的微波天线传输给地面的卫星接收站。①

3.信息处理

地面站接收到遥感卫星发送来的数字信息,记录在高密度的磁介质上(如高密度数字磁带 HDDT、计算机兼容磁带 CCT 或光盘等),并进行一系列的处理,如信息恢复、辐射校正、卫星姿态校正、投影变换等。地面站或用户还可根据需要进行精校正处理、增强处理、专题信息处理、分类等。

4.信息应用

遥感获取信息的目的是应用。根据不同领域的应用需要,选择合适的遥感处理方法和技术流程,实现遥感信息的提取和应用。总之,遥感技术是一个综合性的技术,涉及航空、航天、光电、物理、计算机和信息科学,以及其他应用领域,它的发展与这些学科的发展紧密相关。

二、遥感技术的特点

(一)大面积同步观测

在地球上进行资源和环境调查时,大面积同步观测所取得的数据是最宝贵的。遥感观测可以为此提供最佳的获取信息方式,并且不受地形阻隔等限制。遥感平台越高,视野越宽广,可以同步探测到的地面范围就越大,

---

①李劲东等. 卫星遥感技术[M]. 北京:北京理工大学出版社,2018.

越容易发现地球上一些重要目标物空间分布的宏观规律,而有些宏观规律,仅依靠地面观测是难以发现或必须经过长期大面积调查才能发现的。如一帧美国的陆地卫星 Landsat 图像,覆盖面积为 100 nmile×100 nmile（185 km×185 km=3 4225 km²）,在 5～6 min 内即可扫描完成,实现对地的大面积同步观测;1 帧地球同步气象卫星图像可覆盖 1/3 的地球表面,实现更宏观的同步观测。

（二）时效性

遥感探测,尤其是空间遥感探测,可以在短时间内对同一地区进行重复探测,以发现地球上许多事物的动态变化。如地球同步轨道卫星可以每半个小时对地观测 1 次（如中国风云气象卫星 FY-2）;太阳同步轨道卫星（如美国气象卫星 NOAA 和中国风云气象卫星 FY-1）可以每天两次对同一地区进行观测。这两种卫星可以探测地球表面及大气在 1 天或几小时之内的短周期变化。地球资源卫星（如美国的 Landsat、法国的 SPOT,以及中国与巴西合作的 CBERS）则分别以 16 天、26 天,以及 4～5 天对同一地区重复观测 1 次,以获得在 1 个重访周期内某些事物的动态变化数据。

（三）数据的综合性和可比性

遥感获得的地物电磁波特性数据综合反映了地球上许多自然、人文信息。红外遥感昼夜均可探测,微波遥感可全天时、全天候探测,人们可以从中有选择地提取所需的信息。地球资源卫星 Landsat 和 CBERS 等所获得的地物电磁波特性均可以较综合地反映地质、地貌、土壤、植被、水文等特征,从而具有广阔的应用领域。由于遥感的探测波段、成像方式、成像时间、数据记录等均可按要求设计,使其获得的数据具有同一性或相似性。同时,考虑到新的传感器和信息记录都可向下兼容,所以获得的数据也具有可比性。与传统地面调查和实地考察相比,遥感数据可以较大程度地排除人为干扰。

（四）经济性和局限性

与传统的方法相比,遥感可以大大地节省人力、物力、财力和时间,具有很高的经济效益和社会效益。有人估计,美国陆地卫星的经济投入与所取得的效益之比为 1∶80,甚至更大。目前,遥感技术所利用的电磁波还很有限,仅涉及其中的几个波段范围。在电磁波谱中,尚有许多谱段资源有待进一步开发利用。此外,已经被利用的电磁波谱段对许多地物的某些特征还不能准确反映,还需要发展高光谱分辨率遥感及遥感以外的其他手段相配合,特别是地面调查和验证尚不可缺少。

第二节 遥感技术的发展概况

一、遥感发展简史

最早使用"遥感"一词的是美国海军研究局的艾弗林·普鲁伊特(Evelyn L.Pruit)。1961 年,在美国国家科学院(National Acadcmy of Sciences)和国家研究理事会(Nation Research Couneil)的资助下,于密歇根大学(University of Michigan)的威罗·兰(Willow Run)实验室召开了环境遥感国际讨论会。从此,在世界范围内,遥感作为一门新兴的独立学科获得了飞速的发展。

(一)遥感发展过程

1609 年,伽利略制作了科学望远镜,为观测远距离目标开辟了先河。1839 年,达盖尔(Daguare)第一次成功地把拍摄到的事物形象地记录在胶片上。1858 年,世界上获得了第一张航空相片。1909 年,莱特在意大利的森托塞尔上空用飞机进行了空中摄影。1913 年,利比亚班加西油田应用航空摄影测量,开始了飞机摄影测绘地图。

1957 年,世界上第一颗人造地球卫星发射成功,标志着人类从空间观测地球和探索宇宙奥秘进入了新的纪元。1960 年,美国发射 TIROS-1 和 NOAA-I 太阳同步气象卫星,从此,航天遥感取得了重大进展。这个时期,传感器技术长足发展,出现了多光谱扫描仪、热红外传感器和雷达成像仪等,使得获取信息所利用的电磁波谱的波长范围大大扩展,获取信息的能力增强。计算机技术的发展和应用,使海量卫星图像数据的处理、存储和检索快速而有效,尤其在图像的压缩、变换、复原、增强和信息提取方面,更显示了它的优越性。

美国 1972 年 7 月 23 日发射了第一颗地球资源卫星(ERTS-1),后改称陆地卫星(Landsat),卫星上载有多光谱扫描仪(MSS)和多光谱电视摄像仪

(RBV)两种传感器系统,空间分辨率80 m,是一颗遥感专用卫星,其发送下来的大量地表图像经各国科学家分析和应用,得到了大量成果,可称为遥感技术发展的第一个里程碑。从此,遥感技术进入发展的快车道。

(二)遥感发展成果

1.遥感平台方面

遥感平台由以遥感卫星、宇宙飞船、航天飞机为代表的有一定时间间隔的短中期观测,发展为以国际空间站、无人机为代表的多平台、多层面、长期的动态观测。在空间轨道卫星中,有地球同步卫星、太阳同步卫星,以及一些低轨和高轨卫星,有综合目标的较大型卫星,也有专题目标明确的小卫星群。不同高度、不同用途的卫星构成了对地球和宇宙空间的多度角、多周期观测。到21世纪,已有5 000余颗人造卫星升空。

2.传感器方面

1982年,美国发射的陆地卫星4号(Landsat-4)上装载的TM专题制图仪,将光谱段从MSS的4个波段增加到7个波段,空间分辨率提高到30 m。1986年,法国发射的SPOT卫星上装载的HBV线阵列推扫式成像仪,将空间分辨率提高到10 m,被称为第二代遥感卫星。目前,已发展到第三代遥感卫星,IKONOS卫星上遥感传感器空间分辨率达到1 m,快鸟(Quick Bird)卫星达到0.61 m。探测的波段范围也不断延伸,从单一谱段向多谱段发展。成像光谱技术的出现把感测波段从数百个推向上千个。目前,已在运行的有36个波段的MODIS成像光谱仪,未来的成像光谱仪的波段个数将达到384个,每个波段的波长区间窄到5 nm。

3.遥感信息处理方面

随着数字成像技术和计算机图像处理技术的迅速发展,大容量、高速度的计算机与功能强大的专业图像处理软件的结合成为主流,如PCI、ER-DAS、ENVI、ER-MAPPER和IDRISI等商品化软件。这些软件本身也在不断完善以适应遥感技术的发展,如可以读取多种数据格式,设置专门模块处理雷达图像,具有三维显示、贯穿飞行等功能,并与多种地理信息系统软件和数据库兼容。

4.遥感应用方面

随着遥感应用向广度和深度发展,遥感探测更趋于实用化、商业化和国际化。由遥感观测到的全球气候变化、厄尔尼诺现象及影响、全球沙漠化、绿波(指植被)推移、海洋冰山漂流等的动态变化现象已经引起人们广泛的重视。海洋渔业、海上交通、海洋生态等方面的研究中,遥感也已成为重要角色。矿产资源、土地资源、森林草场资源、野生动物资源,以及水资源的调查和农作物的估产,这些都缺少不了遥感手段的应用。遥感在解决各种环境变化,如城市化、沙漠化、土地退化、盐渍化、环境污染等问题时有其独特的作用。此外,在灾害监测,如水灾、火灾、震灾、多种气象灾害和农作物病虫害的预测、预报与灾情评估等方面,遥感都发挥了巨大的作用。在各种工程建设中,不同尺度、不同类型的遥感都在不同层次上发挥作用,如大型水利工程、港口工程、核电站、路网、机场建设、城市规划等,都从遥感图像取得重要的数据。必须指出的是,进入21世纪后,国际上几次重大的军事行动也都综合地运用遥感技术以获取重要的信息。[①]

二、中国遥感事业的发展

在20世纪30年代,我国只有个别城市进行过航空摄影。系统的航空摄影是从20世纪50年代开始的,主要应用于地形图的制图、更新,在铁路、地质、林业等领域的调查、勘测、制图等方面发挥了重要的作用。20世纪60年代,航空摄影工作初具规模,应用范围不断扩大,航空摄影与航空相片的应用已形成了一套完整的体系。20世纪70年代以来,航空摄影测量已进入业务化阶段,全国范围内的地形图更新已普遍采用航空摄影测量,并开展了不同目标的航空专题遥感试验及应用研究。

中国遥感事业大致经历了三个发展阶段。第一阶段为20世纪70年代至80年代初期,中国遥感事业开始起步,主要以学术探讨、调研学习、技术模仿为主。第二阶段为20世纪80年代至90年代末的试验应用阶段,主要以研究遥感基础、建设卫星接收系统、配套航空遥感系统、开展"三北"防护林综合遥感调查等试验应用为主。第三阶段是从21世纪开始的实用化与产业化阶段,在遥感技术系统、实用化应用系统、地理信息系统软件开发与产业化、人才培养和国际合作领域等方面取得了一系列新的成就。

(一)遥感卫星技术方面

我国自1970年4月24日发射"东方红1号"人造地球卫星以来,相继发

---

①汪金花,张永彬,宋利杰.遥感技术与应用[M].北京:测绘出版社,2015.

射了十几种不同类型的100多颗人造卫星。太阳同步轨道的"风云1号"（FY-1A、1B）和地球同步轨道的"风云2号"（FY-2A、2B）的发射、返回式遥感卫星的发射与回收，使我国在开展宇宙探测、通信、科学实验、气象观测等研究时有了自己的信息源。1999年10月14日，中巴地球资源遥感卫星CBERS-1的成功发射，使我国拥有了自己的资源卫星。"北斗1/2"定位导航卫星及"清华1号"小卫星的成功发射，丰富了我国卫星的类型。2002年5月15日，我国成功研制并发射了第一颗海洋卫星，开启了我国在海洋遥感领域的新篇章。2008年9月6日，我国第一颗环境卫星发射成功，该卫星成为我国遥感卫星的又一新系列。我国还发射了极轨和静止气象卫星（"风云"系列）、海洋卫星、资源环境卫星等，初步形成了对地观测体系，形成气象卫星、海洋卫星、资源卫星等三大类卫星系列。目前，机载遥感仪器几乎覆盖了遥感的所有波段，具有全波段的探测能力，其中既有被动遥感的光机扫描仪系列、高光谱分辨率、三维成像和多波段微波辐射计系统，又有主动遥感的激光高度计、激光雷达和成像雷达系统，并具有全天候和全天时获取遥感信息的能力。随着我国遥感事业的进一步发展，我国的地球观测卫星及不同用途的多种卫星也将形成对地观测系列，并进入世界先进行列。

（二）遥感信息接收方面

我国于1986年建立了专门用于接收、处理与分发国外民用对地观测卫星地面系统，并投入正式运行。经过20多年来的发展，我国负责接收、处理与分发国际上民用对地观测卫星的中国遥感卫星地面站，已成为国家关键的空间信息基础设施及国际对地观测陆地卫星地面站网的重要成员。接收与记录卫星数据分辨率覆盖2.5～250 m，数据类型从光学到雷达，卫星范围涉及美国、法国、加拿大、欧洲空间局、日本、印度等国际上主流的遥感卫星系列，以及我国自主发展的资源卫星系列。真正实现了一站多星、全天候、全天时、近实时、多种分辨率，成为世界范围内最成功的对地观测地面站之一。

2013年，中国科学院遥感与数字地球研究所的数据接收站成功接收"高分一号"卫星首轨成像数据，并成功实现实时记录和大数据量光纤传输，在6分钟内，共成功实现32.5CGB图像数据的接收。2014年8月，中国的数据接收的密云站、喀什站、三亚站,以及国家卫星海洋应用中心的牡丹江站负责承担"高分二号"卫星的数据接收任务,成功完成了卫星数据的可靠接收、卫星图像的实时快视显示、大数据量高速光纤数据传送等运行任务。

(三)遥感图像信息处理方面

目前,国内市场上主流的遥感图像处理软件主要有加拿大PCI公司开发的PCI Geomatica、美国ERDAS LLC公司开发的ERDAS Imagine,以及美国Research System INC公司开发的ENVI;而RSIES、IRSA、SAR INFORS、CASM Image Info等国产遥感图像处理软件也以其独特的本土化优势冲击着遥感图像处理软件市场。总体而言,国内遥感图像处理软件价格相对较低,操作流程和界面也容易被国内的客户所接受,但起步较晚,功能设计上尚未成熟,在短时间内还难以满足大型的地理空间研究需求。泰坦遥感图像处理软件(Titan Image)是在充分吸收了国内外优秀遥感软件优点的基础上,由北京东方泰坦科技股份有限公司研发的、具有完全自主知识产权的新一代优秀的国产遥感图像处理软件平台,是"国家'863'商用遥感数据处理专题"的重大科技成果的结晶。

(四)遥感应用方面

自20世纪70年代中后期开始,遥感技术广泛渗入各地区和各业务部门。涉及的领域广、类型多,既有专题性的,也有综合性的,包括农业生产条件研究、作物估产、国土资源调查、土地利用与土地覆盖、水土保持、森林资源、矿产资源、草场资源、渔业资源、环境评价和监测、城市动态变化监测、水灾和火灾监测、森林和作物病虫害监测、气象监测,以及港口、铁路、水库、电站等工程勘测与建设的遥感研究,涉及许多业务部门,从而极大地扩展了遥感的应用领域。

当前,我国遥感系列卫星的发展目标和主要任务是:按照国家整体规划,建立多种功能和多种轨道的、由多种卫星系统组成的空间基础设施,与卫星地面应用系统形成完善、连续、长期稳定运行的天地一体化网络系统。总之,我国遥感的未来具有广阔的发展前景,这是一个难得的历史发展机遇,会在部分领域接近或赶上国际先进水平。

第三节 遥感技术在国土资源中的应用

一、遥感技术在国土资源管理中的应用现状和发展趋势

(一)遥感技术在国土资源管理中的应用现状

遥感技术目前在国土资源管理中的应用广泛,现从优势与问题两方面对它在国土资源管理中的应用现状进行分析。

1.遥感技术在国土资源管理中的优势

遥感技术在国土资源管理中的应用广泛,主要从土地资源的调查、地质灾害的监测和预警、矿产资源的勘探和开采三个方面进行分析。

第一,遥感技术在土地资源调查中的应用。遥感技术在获取信息方面具有信息量丰富、获取信息的周期短等特性,因此在土地资源的利用和评估方面发挥着重要的作用。利用遥感技术建立一个土地利用的数据库,通过这个数据库就可以对各个土地的数据总量、土地的范围、土地的位置和面积进行实时的了解,还可以进行土地变更工作的调查,对于调查结果可以进行实时的分析然后汇总上报。利用遥感技术建立一个农田保护区信息系统可以对农田的使用进行实时的监测,防止农田不合理利用现象的发生。利用遥感技术建立一个土地利用规划系统,通过这个系统可以有效地指导工作人员对土地进行合理的利用、监测和评估,从而对不合理的行为做出实时的修正。

第二,遥感技术在地质灾害监测和预警方面的优势。在地质灾害监测和预警方面可以利用遥感技术中的地理空间数据,对可能发生地质灾害的区域进行实时的监测,将地质灾害造成的损失降到最小。例如,我国自然资源部利用遥感技术建立的地质灾害监测和预警示范站,在一年的时间里成功了规避了 1 000 多起地质灾害,有效地维护了人们的生命和财产安全。

第三,遥感技术在矿产资源勘探和开发方面的优势。遥感技术利用自己特有的高光谱,通过搭载在航空或者航天平台上的成像光谱仪可获取各种物体的光谱特性,从而可以有效地进行矿产资源的勘探和开采。从使用遥感技术以来,我国实现了对 900 km² 的土地的监测和调查,基本明确了不

同监测区不同矿种的开采位置,明确了开采区固体废弃物的分布以及无证开采等区域的分布。

2.遥感技术在国土资源管理中的问题

遥感技术在国土资源管理中的问题主要表现在两个方面,分别是数据源不完善、关键技术没有突破。

第一,数据源不完善,遥感技术的信息源在国土资源管理中发挥了巨大的作用,但是由于资金和技术的限制,我国目前的遥感技术信息源的质量和水平还有待进一步提高。我国通过遥感卫星来提供信息源,但是不能完全满足日益精细的国土资源管理的需要。因此,提高获取高质量、高水平的遥感数据源技术对遥感技术的完善具有重要的意义。

第二,遥感技术的关键技术没有突破。目前,我国遥感技术能够很好地实现中分辨率的数据的研究和分析,但是目前对于纹理的分类与信息化提取的技术仍不能满足管理和生产的需求,高分辨率的遥感影像的自动化提取水平有待提高。

(二)遥感技术在国土资源管理中发展趋势

1.遥感技术在土地资源调查中的发展趋势

第一,目前,国土资源部每年都要对人口在50万以上的城市进行土地资源利用情况的调查,但是随着国土资源管理的需要,有些省市调查的时间间隔日益缩短。对利用遥感技术进行土地利用情况调查的需求会使得调查的时间间隔越来越短,调查的次数会越来越多。第二,近年来,随着遥感技术的发展和进步,相关部门利用遥感技术实现了对国土资源管理的产业化经营,随着遥感技术的发展,将克服天气的限制,实现全天候穿透监测和管理,在未来的土地资源管理中发挥更大的优势。

2.遥感技术在地质灾害监测和预警方面的发展趋势

遥感技术在地质灾害监测和预警方面将实现由定性化到定量化的发展,逐步实现地震前的监测和预警。随着科技的发展,利用遥感技术进行地质灾害的监测和预警一般会在卫星系统的基础上,利用航空、地面等多种监测方法,对地质灾害进行全天候、多时相的监测,从而达到更好的监测和预警效果。

3.遥感技术在矿产资源的勘探和开采方面的发展趋势

遥感技术在矿产资源的勘探方面利用自己高光谱的特性,能够在勘探中反复演示某种矿物的丰富度,将成为矿产资源勘探和开发的重要手段。

二、遥感技术在国土资源调查中的应用

就实际情况而言,遥感技术使用便捷、成本较低且监测速度较快,可切实保障国土资源管理与调查工作开展质量,强化国土资源信息的获取。在国土资源调查中,遥感技术的应用主要包括:土地变更调查、矿产开发调查,详细分析如下。

(一)土地变更调查应用

土地变更调查中,遥感技术的应用,能够实时掌握土地情况,土地变更系统可及时更新并做出对应的影像图。工作人员通过对比不同时期的土地影像图,可实现土地使用情况的监测,制定针对性的利用策略,切实发挥出土地资源的价值。通过应用遥感技术,能够及时发现土地变更情况,并深入分析土地变更单合理性、科学性,一旦发现缺陷,通过及时整改,可保障地籍现势性,确保土地资源的有效性。总而言之,遥感技术在土地资源调查内的应用发挥着不可替代的作用,值得推广应用。[①]

(二)矿产开发调查应用

通过应用遥感技术,能够强化矿产资源调查、开发、利用,随着各类新技术出现在矿产资源调查中,加速了矿产开发速度,高光谱遥感技术在矿产开发调查内的应用,可实现开矿区域岩石、矿物质的识别,有效精准获取各项数据、信息。基于矿物诊断光谱特性基础上,可实现地表岩石、矿物质的精准识别,保障地质填土的精细化。

三、遥感技术在矿产资源开发预测中的应用研究

(一)遥感技术在矿产资源开发预测工作中的作用

遥感技术在矿产资源预测中的应用,主要在矿产遥感信息的形成机理和遥感成矿模式研究上。地质遥感信息形成机理研究是遥感理论研究的新领域,是遥感找矿方法具有科学性、针对性和有效性,促进遥感地质解译向规范化、模式化方向发展的必由之路。

这些信息的识别提取在许多地区已经有了初步应用,能取得较多的成矿信息,资源预测及其评价效果比较好。

---

① 巩秀莉. 浅析无人机航测在国土资源测绘中的应用[J]. 华北自然资源,2021(5):73-74.

具体应用主要是对遥感数据（ETM+SPOT5）进行辐射校正、PAN 波段数据与多光谱数据进行融合处理、天然假彩色合成、几何校正、大地配准与镶嵌等。然后制作国际标准分幅图像，对其格式转换后与地形数据进行叠加显示，以人机交互方式对各种矿山地质环境现象进行解译，最后将解译结果提供给野外验证。

1.几何校正与大地配准

在地形图上采集控制点对遥感数据进行几何校正，在 1∶100 000 地形图上采集控制点对 ETM+数据进行校正；在 1∶50 000 地形图上采集控制点对 SPOT5 数据进行校正。每帧图像采集控制点数 25～36 个，且均匀分布于图像内，控制点残差控制在 1 个像元以内，将图像配准至大地坐标。

2.数据融合

针对遥感图像不同光谱和不同分辨率的特点，融合处理主要集中于像素级与特征级融合，可将来源于不同传感器的遥感图像的优势集中起来，减少数据的冗余度，增强图像的清晰度，提高解译的精度和准确性。针对多分辨率遥感数据图像融合的方法比较多，主要有色彩空间变换如 HIS、Lab、CN 以及 KL 变换、小波变换等方法。对不同的数据组合、不同地形情况、不同区域及不同的研究目标使用的融合方法各异。针对本项目以突出矿山地质环境状况的特点，利用 HIS 融合方法，对 ETM+的 7、4、3 波段与PAN 波段组合，SPOT5 的 4、2、1 波段与 PAN 波段组合进行融合处理的结果图像能较好反映矿山地质环境各要素。

3.图像镶嵌

由于研究范围较大，跨 17 景 ETM+图像，部分矿区存在跨越多景遥感图像，给解译带来不便。需要对跨图幅影像进行镶嵌，镶嵌时需要满足以下条件：①信息丰富；②色调和谐；③镶嵌的几何精度高。

4.图像剪裁

为了方便解译、控制精度、解译成果的拼接等工作，在矿山比较连片的地区，需要将整景图像或镶嵌图像按 1∶100 000 或 1∶50 000 国际标准图幅制作分幅图像。

5.格式转换

将制作的国际标准分幅图像存储为 TIF 格式（*.TIF），然后转换为 MAPGIS 内部图像格式（*.MSI），以便于人—机交互解译。影像与 1∶100 000 或 1∶50 000

地形图能完全叠合,因此在上面解译的结果与地形图叠合比较好,给野外检查验证带来方便。

(二)遥感技术在贵州矿产资源开发找矿方面的应用实例

位于云贵高原东部的贵州,系隆起于四川盆地与广西、湘西盆地或丘陵之间的高原山区。在长达10多亿年的地质演变历史中,具有良好的成矿地质条件,造就了当今贵州矿产资源丰富、分布广泛、门类较全、矿种众多的优势格局。贵州素以"沉积岩王国"著称,是矿产资源大省。沉积矿产中以煤、磷、铝、锰为优势,具有"量大质优"的特点。

在发现的矿产中,有包括能源、黑色金属、有色金属、贵金属、稀有金属、稀土、分散元素、冶金辅助原料非金属、化工原料非金属、建材及其他非金属、水气等九大类矿产在内的76种,不同程度地探明了储量。在已探明的储量矿产中,依据保有储量统一对比排位,贵州名列全国前十位的矿产达41种,其中排第一至第五的有28种,居首位的达8种,列第二、第三的分别为8种与5种。尤以煤、磷、铝土矿、汞、锑、锰、金、重晶石、硫铁矿、稀土、水泥原料、砖瓦原料以及多种用途的石灰岩、白云岩、砂岩等矿产最具优势,在全国占有重要地位。而且人均与国土单位面积占有矿产资源潜在经济价值量,都高于全国平均水平,远高于邻近省区市占有水平。从开发利用角度论,贵州矿产资源具有资源比较丰富、优势矿产显著;分布相对集中、规模大、质量较好、主要矿产资源潜力大、远景好;共伴生矿产较多;资源丰歉不均;部分矿产短缺等五个方面的主要特点。

1.煤矿的遥感找矿模式

石炭系煤。含煤地层的识别:由于该套地层顶底板都是碳酸盐岩,因此,分布在喀斯特地貌区,呈条带状展布的非喀斯特地貌即流水侵蚀地貌,是快速、准确地判读大塘期含煤岩系的最直接标志;地貌标志:由于含煤岩性及其顶、底板岩层在物质属性及侵蚀作用上的差异,常常沿含煤岩系形成走向次成谷。

二叠系煤。含煤地层的识别:含煤岩系是间于上覆三叠系碳酸盐岩与下伏峨眉山玄武岩,及下二叠统碳酸盐岩中的一套地层,因此,分布在喀斯特地貌区,呈条带状展布的非喀斯特地貌——流水侵蚀地貌,是判断晚二叠世含煤岩系的标志;地貌识别标志:在山盆期地貌保存良好的地区,该套非可溶岩层除发育规模较小的走向次成谷外,还常常与其上下碳酸盐岩形成垄(脊)——槽(谷)组合地貌;在乌江期地貌发育区,该套非可溶岩层常形成规模不等的走向次成谷。

2.磷矿的遥感找矿模式

晚震旦世磷块岩。地层识别:首先,含磷岩系在空间上受岩相古地理控制,在省内主要分布于黔中地区。由于含矿的磷块岩层位于上震旦统碳酸盐岩系的下部,而这套碳酸盐岩系,上、下均为碎屑岩,故在参考区域地质资料基础上,可在TM影像上通过对碳酸盐岩的识别大致圈出其分布。地貌识别标志:由于含矿层与其上下岩层在物质属性及侵蚀作用上的差异,常常沿含矿地层形成走向次成谷。

早寒武世磷块岩。地层识别:同晚震旦世磷块岩一样,岩相古地理控制矿产的区域分布是明显的。含矿层识别主要依据地层层序的相互关系并结合影像特征予以区别。如在区域上下二叠统栖霞—茅口组碳酸盐岩影像上有较为突出的特征,岩溶地貌发育,碎斑状影纹图案,顺这套地层往下,一般可"清理"出下伏各组地层。如在织金一带,其下伏依次为下石炭统地层以及下寒武统和上震旦统含磷层位。地貌识别标志:典型的岩溶地貌区,常形成峡谷及峰丛,山体较尖棱。

3.铝土矿的遥感找矿模式

地层识别:含矿地层主要为下石炭统"九架炉组","九架炉组"分布于形态各异、大小不一的古喀斯特洼地中。

地貌识别标志:含铝岩系的底板、顶板均是主要由碳酸盐岩形成的喀斯特地貌,但其喀斯特微地貌仍有差异。顶板碳酸盐岩常常形成坡体相对高差较大的峰丛(林),且仍发育成走向比较清楚的山脊线;而底板碳酸盐岩则常常形成坡体相对高差较小的峰丛(林),且不存在山脊线。含铝岩系就产于这喀斯特微地貌的变化处。

四、遥感技术在国土空间规划中的应用

国土空间是保障人们健康、有序生存的重要土地资源,涉及内容相对广泛,例如林业用地、水域以及农业耕地等,而基于现代生活的发展趋势,对国土空间进行有效的规划与设计是新时代背景下建设生态文明的重要途径。对国有空间进行有效的规划能够最大限度地降低对土地资源的损耗,有效提升国土空间的利用效率,进而充分发挥遥感技术的优势和作用,能

够有效提升国土空间规划的完善性和合理性。

（一）无人机遥感技术航空摄影在国土空间规划中的应用

无人机是一种用无线电遥控或自动控制的不载人飞行器,其体积可大可小,其上可搭载摄像头、遥感设备、微型分光计、雷达等多种设备设施,以完成遥感技术在国土空间规划中主要应用的方式之一,即由无人机搭载遥感设备、摄像设备从低空或高空对目标国土空间进行遥感拍摄,向地面信息中心传递目标国土空间数据信息。根据无人机上搭载设备的功能、精确度不同,无人机航空摄影可以直接输出等高线图、地形图、空间三维图、曲面等不同的国土空间数据模型,可以完成地面信息中心指挥人员发出的全方位观察、多角度缩放等指令。无人机航空摄影的适用范围较大,可以用于识别面积较大的住宅用地、工业用地、商业用地、耕地、林地、荒地、湿地、道路,也可以用于识别目标面积较小的人口密集区域,如住宅、道路。从分辨率上来讲,无人机航空摄影的分辨率较高,且误差较小。根据实际使用可知,无人机航空摄影中分辨率为 2.5 m 的影像误差在 4.2% 左右,分辨率为0.5 m 的影响误差在 0.6%,其精度和准确性都十分优秀,能够承担国土空间规划对遥感成像的精度要求。

（二）辅助分析国土空间规划结构体系

遥感技术在国土空间规划工作中的有效运用常常会涉及三维空间坐标数据信息,还需要结合具体的测绘工作获取地表纹理的数据,最后根据所获得的数据信息构建模型,加强对国土资源的了解。除此之外,遥感技术还能够清晰地显示国土资源的三维立体模型,辅助分析国土空间规划结构体系。

（三）补充空间规划数据库的数据信息

遥感技术可以将收集到的目标物体的数据信息构建完整的三维模型,若是在实际测绘的过程中目标物体地势以及地理环境等相对较为复杂,便可以结合具体的情况采用自动建模的方式,采取这样的方式不仅能够大幅度提升建模的质量和效率,还能有效降低测绘工作的成本。另外,三维模型以及数据信息库是搭建完善的三维平台的重要前提和条件。在此过程中,相关的研究人员需要对数据信息进行有效的提取与分析,并结合数据信息对现有的规划方案进行分析和探究,保障国土空间规划方案的完善性以及合理性。

(四)卫星遥感技术在国土空间规划中的应用

与无人机航空拍摄不同,卫星遥感的拍摄范围更广,能够掌握的国土空间信息更多,能够从地表温度、生态要素、空间分布、时序演变等多个方面进行综合遥感监测和分析,能够满足不同比例尺成图要求,数据精度高,成本却大大低于航空相片。卫星遥感拍摄虽然数据更新周期长,容易受到云层遮挡,但自动化程度高,数据获取速度快且不受气候和时间的限制,能够为国土空间规划工作人员提供准确的数据。卫星遥感外业调查需要事先布置好图根控制点,实测控制点的坐标,采集地物的边界,提高国土空间规划的绘图效果。由于卫星遥感的实距非常远,绘图容易出现图斑信息误读的情况,比如将干涸的河流误读为砂石路,将干涸的沟渠误读为道路。因此,作业人员应当将卫星遥感的绘图与其他渠道获取的图像作对比,必要时可深入实地进行调查,不可仅凭主观推断,保证国土空间规划的质量和效果。

第五章 地理信息系统(GIS)

第一节 地理信息系统的概念与发展概况

一、地理信息系统的概念

(一)地理信息系统定义

地理信息一般用地图描述,地图是描述客观世界的一种方式,它把不同的地理事物抽象为不同的图形类型,提供对客观世界地理事物的表述。在现代计算机技术下,把地图通过计算机技术来表达。计算机用数据表达信息,对于地理信息,也被抽象为计算机数据。

1.地理信息

地理信息指地理事物的信息。地理事物有多种信息,在GIS中,对于地理事物的信息通过数据进行表达。为了准确应用地理信息,信息表达需要在对地理事物信息抽象的基础上,表达地理事物的特征信息。

(1)地理事物

地理事物指具有地理空间位置和形态的事物。所谓地理空间位置和形态指地理事物在地理空间中占据一定的位置,有一定的空间分布和延展性。

在GIS中,对于客观事物是否作为地理事物看待,主要取决于对问题的看待方式和应用手段,若研究应用需要从地理空间角度看待的,就是地理事物,否则可不作为地理事物看待。比如对于土地资源,虽然一般作为典型的地理事物,但若仅仅从数量分类统计角度看待,就无须作为地理信息表达;候鸟迁徙是生物学研究问题,但是若从迁徙路径角度看待其空间活动特征,也作为地理事物看待。通常,从地理事物研究和应用角度,把河流、居民地、境界、土壤分布等都作为地理事物对待。

重大疾病一般不认为是地理事物,但若考虑病例的地理位置,研究其地理分布特征,则可以视为地理事物。河流具有地理事物特征,但是若作为水资源统计,则可以不作为地理事物看待。

(2)地理事物特征

事物的特征一般指某事物本身具有的、他事物不具备的、能够作为该事物辨识标识的方面,或者具有与其他事物典型分别的方面。地理事物的特征是从事物的地理角度看待的特征或主要强调的特征,这个特征包括两个方面,一方面是地理事物的地理空间特征,包括位置、形态、分布、结构等。这里结构指在地理空间分布的空间组织,如河流的放射状结构、羽状结构;城市商业分布的聚散性特征等。另一种是地理事物的非地理空间方面的特征,如河流水位、流量,土壤类型,树种等。

(3)地理事物空间特征

在GIS中,对于地理事物的空间特征极为关注,由此对空间特征有更细的认识,把地理事物的空间特征分解为空间位置、空间形态、空间分布、空间延展、空间联系、空间结构等。河流具有的弯曲或直线形态,植物群落的插花分布,洪水淹没的延展范围,植物与土壤类型的空间关系等都是地理事物的空间特征。

(4)地理事物信息

信息概念比较复杂,从理解角度,可以把信息看作客观事物特征和属性的标识与表现。相应地,把对地理事物特征和属性的描述称为地理信息。从地理空间角度,地理事物的描述一般采用地图方式,地图上把地理事物抽象为图形符号体系予以表达。

地面上的事物,占据一定的地理空间,通过位置、形状等一类图形方式来描述,称为地理事物的图形信息。地理事物还有非图形方面的信息,如城市名称、河流水量、地块作物种类等,称为属性信息。把图形信息与属性信息合称为地理信息。

(5)数据

信息需要记录、传输、共享和存储,其中数据是较好的信息表达方式,尤其在计算机系统中。在计算机中,把数字、文字、图形图像以及声音等称为数据。

2.地理信息表达

地理信息表达有多种方法，在计算机中，一般用图形表达，即为地图；或者再结合用属性表达，并建立其间的连接，形成地理信息的数据体系。

（1）地图上的地理信息表达

在地图上地物用图形表达，属性用符号表达。对于点状事物，用点状符号来表达。点符号有不同的形状、大小、颜色等，用以反映事物的类别、量度等；对于线状事物，以线条的宽度、线型、结构等表达，反映线状事物的各种分类属性；面状事物用颜色、线条、纹理等进行填充，而用文字标注是地图中地物属性信息常用的一种表达方式。

由于地理实体的属性异常庞杂，这种符号方式对属性的表达反映极其有限。符号过多或过于复杂，会形成地图识读的干扰，而符号不多不复杂又不能充分反映地物个体属性。

由于地图对属性信息表达的限制，因此，在地图编绘时，通常根据观察角度和专业应用角度不同，只表达所需要的部分属性，形成专题图。也由此，一般地图信息不能充分满足专业应用需要。

（2）GIS中的地理信息表达

在GIS中，把地理事物的空间特征用图形来表达，把相应的属性信息用描述的方式来表达。由于图形与属性具有一定的对应性，因此针对图形中的每个图元有一条对应的属性描述。为了便于计算机表达，在属性描述中规定规则化描述，以适应计算机数据组织和处理需要，即规定描述的方面，进行简单的抽象。对于土地利用，可以规定描述面积、土壤类型、地形坡度、权属等方面。同时描述采用统一的简练的文字和数字，并且规定了文字长度。这样，属性描述可以组织成数据表。

在GIS中，用图形和属性表表达地理信息，这是对于地理信息表达中GIS区别于其他的图形图像系统的重要特征。

（3）属性信息和属性表

在地图中，除标注和符号外，还有图例、插图、说明等。例如，对于道路图，用不同颜色、不同粗细、不同结构（实线、虚线等）的线符号来表达，作为道路分类和识别的标识，表示分车道高速公路、主街道、居住区街道、未铺面道路和小路的线符号等。

在地图上，河流和水体通常使用表示水的蓝色来绘制，而对于城市街道标有名称,并通常标有一些地址范围信息,用特殊的点符号和线符号来表示特殊要素,例如铁路线、机场、学校、医院和各种类型的事物。

在 GIS 中,属性采用表的方式来组织和表达,称为属性表。对于属性表采用以关系代数为基础的关系数据库系统进行组织管理,因此属性表有特定的关系模型要求,具体为:①表包含行,一行为一条记录,记录一件事物所描述的各个方面情况;②表中所有行具有相同的列,列头称为字段,记录所有事物的某方面情况,如性别、年龄等;③每一列都具有一种类型,例如整型、小数型、字符型和日期型;④在关系数据库中,这些概念还包括一系列可用于处理表及其数据元素的关系函数和操作符。

3.地理信息表达特征

地理信息在表达时,鉴于人类认知和计算机数据表达特点,分为图形方面和属性方面。图形方面用空间点序列方式表达,而属性方面由于可以规范式表达,从计算机数据存取的方便性角度,采用表格形式。

(1)属性表中图形索引

在计算机中,对地理信息的数据表达十分复杂,因为要通过程序来识别、检索和存取数据,因此在数据组织时必须有充分的标识可用。由于图形的表达组织问题,因此需要有对图形中的每一个图元予以标识。在 Arc GIS 的前身 Arc Info 中,属性表分为两类,一种是内部属性表,即把图形建立索引,用数据表方式记录每一个图元在图形中的起始位置,把图形记录规范化。一种是外部属性表,是为应用建立的属性表。通过这两类属性表的连接,可以建立图形与属性记录的相互识别。

现代地理信息数据常见的一种格式是 shp 格式,在用 shp 格式表达的地理信息中,把内部表和外部表合成,在属性表中有一个 shape 字段,是对图元进行的记录标识。需要说明的是,在见到的表中,并不真实显示如图中的形状,即形状字段不允许用户操作,因此记录内部化,只给出一般标识如shape、shapeZ 等。

在 GIS 中,对于图形要素建立索引,把索引标记形成一张表,这张表为内部表,与其他属性进行连接。各要素以行的形式进行存储,要素属性以列的形式进行记录,"形状"列保存各要素的几何(点、线和多边形等)属性,Object ID 列保存各要素的唯一标识符。

需要说明的是,实际上,在文件系统中,属性表中这个字段是图形数据记录的一个入口标识,在地理数据库系统中,这个字段是数据本身。

（2）图形与属性连接

把图形和属性建立连接是GIS数据表达的一个特征,基于连接关系,图元与记录可以唯一相互识别,采用连接关系,属性表达的方面几乎无限制,即属性表字段数理论上不受限制,虽然数据表的字段数实际有限制,但通过连接关系可以进行无限扩展。

这种连接使GIS可以为应用提供所需的信息,而不受在传统的地图表达中用符号、标注手段和图面空间大小的限制。由于地理信息的一个实体的两个方面,所以把不同表达的两个方面通过链接,形成地理信息体系。

4.地理信息体系

在地图中,不同类型的地理事物,用不同的图形方式（点、线、面、注记、符号）表达。在GIS中,这个类别分为图层。地理信息脱胎于地图,由此地理信息表达也同地图一样,分为不同的图层。

（1）数据分类体系

在GIS中,点的图形数据包括点号、xyz坐标,可以像数据表一样规范表达,而线数据和面数据,用线段来表达,在数据记录中记录其折点坐标。由于不同线的折点坐标数量多寡相差极大,若要规范表达,会形成极大的存储空间浪费。同时,面虽然同线一样用折点坐标序列表达,但与对面的操作有一定区别,面制图符号用填充方式,因此有一些相应的操作程序。由此,为了便于程序简洁,在GIS中,把地理信息的图形部分分为点、线、面等不同类型。

从数据结构上,地理信息图形部分还有多面体、不规则三角网、栅格类型等。这些构成地理信息图形部分的数据分类体系。

（2）图层专题分类体系

图层的划分有主观和客观两个方面。客观上,不同的类型归于不同的图层。水系一般包括河流、井、泉、湖泊等,其中在GIS的数据分层中,井、泉一般被抽象为点类型,用点图层表达;河流、泉溪被抽象为线图层;大的湖泊、水库属于面图层。主观上,为了便于信息识别和应用,对于客观上可以作为同一图层的数据,分成不同的图层,如道路、河流作为不同的线图层。

需要强调一点,对于把水系分成点、线、面图层表达是GIS的一个不得已方法,因为这些属于不同的数据结构类型,这样划分使数据操纵程序简单化。在 GIS 中,因为强调对地理信息分析,需要清晰的数据表达;但是对于要素分析,同类要素处于不同图层,分析难度就增大。

在 CAD 中,由于不着重图形信息分析问题,对于数据不像在 GIS 中的情况进行图层分层。这里 GIS 数据分层与 CAD 的数据分层含义有所不同。

(二)地图投影与地理坐标

地面事物采用球面坐标系进行地理事物空间标识,地图是一个平面,表达地球表面事物采用数学投影方式把球面转换为平面,并建立以大地坐标为基础的地图坐标体。球面是不可展曲面,即在球面展成平面过程中,不可避免地会产生压挤或裂缝变形,产生误差。变形与投影方式、区域形状和位置有关。为了将误差限制在一定范围,在地图制图过程中采用了不同的投影方式,在一种投影环境下使用另外投影的图形数据,需要进行投影转换。

1. 关于地图投影

地球表面是一个曲面,地图是一个平面,用平面表达曲面上的事物,为了保持一定的数学几何关系,采用投影方式把地表曲面投影到地图平面上。地图投影涉及地球体的规范表达、地理坐标和投影方式等。

(1)地球椭球体

地球并不是一个标准的球体,而是表面高低起伏、形态不规则的几何体,但是由于这种起伏和形状不规则相对较小,因此地球被近似的看作球体。虽然这个近似度相当高,但是从测量和地图表达的角度,仍然不能满足应用要求,即误差很大。为此,把地球体用一个最近似的、能够用标准几何体进行描述的方式进行抽象,这就是旋转椭球体,其数学方程为:

$$\frac{x^2}{a^2} + \frac{y^2}{a^2} + \frac{z^2}{b^2} = 1$$

旋转椭球体与实际地球体有一定差别,这个差别主要是实际地球表面与旋转椭球体表面的差别,如果记录下这个差别,实际地球就可以通过椭球体表达(图 5-1)。在旋转椭球体上建立坐标系统,称为大地坐标系。对于不规则的地球表面,通过测量地面实际点位在旋转椭球体的差值,来记录地面点位坐标,称为大地大坐标。

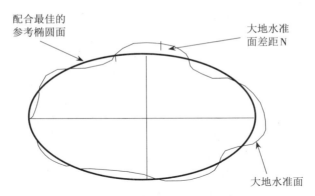

图5-1　地球表面与旋转椭球体表面关系示意图

（2）大地坐标系

对于球面坐标系一般用经纬网表达，一个地面点可以用经纬度和地面高程表示，这样就形成大地坐标系。大地坐标是大地测量中以参考椭球面为基准面的坐标。地面点 P 的位置用大地经度 L、大地纬度 B 和大地高程 H 表示。其中大地经度 L 为过 P 点的子午面与起始子午面间的夹角。起始子午线由格林威治子午线起算，向东为正，向西为负。大地纬度 B 指在 P 点的子午面上，P 点的法线与赤道面的夹角。由赤道起算，向北为正，向南为负。

在大地坐标系中，两点间的方位是用大地方位角来表示。例如 P 点至 R 点的大地方位角 A，就是 P 点的子午面与过 P 点法线及 R 点所作平面间的夹角，由子午面顺时针方向量起算。

大地坐标是大地测量的基本坐标系，它是大地测量计算、地球形状大小研究和地图编制等的基础，是以地球椭球赤道面和大地起始子午面为起算面，并依地球椭球面为参考面而建立的地球椭球面坐标系。

（3）地图投影

直观来看，地图投影就是以一个可展平面与椭球体接触，假设在球心有一个点光源，对于地面点设为透光点，则透光点位投影到可展曲面。可展曲面有圆形、锥形、平面，放置有正轴、横轴、斜轴，关系有相切、相隔等，形成不同的投影方式（图5-2）。

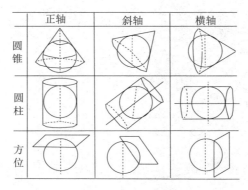

图5-2 地图投影

实际的地图投影是采用投影函数,而投影中心也不一定在球心,这样就形成各种各样的投影方式,也形成各种各样的投影结果,以适应不同精度、地表不同位置、不同应用的需要。

对于地面地理事物,可以抽象为图形表达,而任何图形都由点构成。有了地表点位的坐标表示方法,采用数学坐标转换,就可以建立地球表面与平面的数学关系,这个坐标转换称为地图投影。

虽然地图投影使用数学技巧,但是对于地图而言,对投影有特定的要求,因为对于通过地图反映地表事物,要求能够进行一定程度的度量,因此必须保持地图平面与地球表面的某种一致性,这种一致性一般是角度不变和面积不变两类。

地图通过投影生成和绘制,用大地坐标表达地表事物的形状、结构、分布等状况通常采用标准的坐标系统,通过地图进行地面量算。

2.高斯-克吕格投影

我国的主要比例尺地图投影为高斯投影,高斯投影又称高斯-克吕格投影,这种投影是在墨卡托投影基础上进行的一种改进,这种投影的变形较小,在大比例尺地图上满足精确量测需要。

(1)高斯投影特征

高斯投影是一种圆柱投影,从投影类别上称为横轴墨卡托投影,即用一个圆柱面做投影接收面,轴线与地球轴垂直,与特定子午线相切,相切经线称为中央经线,在中央经线上没有投影变形,随着离开中央经线越远,变形越大,为了限制变形在一定的范围内,投影只取中央经线一定范围,超出这个范围则移动中央经线形成另一个投影带。这种投影建立的地图具有很高

— 118 —

的地理精度,是我国基本比例尺地图的主要投影类型。高斯投影示意图如图5-3所示。

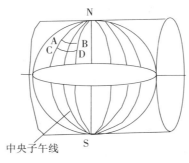

中央子午线

图5-3 高斯投影示意图

高斯—克吕格投影的坐标系将地球按经度分带,带宽为3°或6°,每个区域中央经线上比例尺为1.0,在我国范围投影纵坐标轴西移50 000 m,以保证投影带内横坐标不出现负值。第1带的中央子午线是东经3°。有些地点还将区域编号乘以100万添加到500 000东移假定值中。

（2）高斯投影分带

由于高斯投影具有离开中央经线越远精度越低的特征,因此在投影带确定中,分为6°带和3°带两种分带类型。在我国基本比例尺地形图中,1:50 000到1:25 000比例尺地图采用6°分带,1:10 000比例尺地图采用3°带投影。在使用高斯投影时,以下为关键参数,需要选择或填写。

（3）中央经线参数选择

中央经线指一个投影带中位于中间的经线,在高斯投影中,当确定了这条经线,坐标体系就确定了。在高斯6°带投影中,每带宽度跨经度6°,全球分为60个投影带,东西经各30个带,没有0°带。东经第1带范围从本初子午线到东经6°,中央经线为东经3°。高斯投影带带号与中央经线的计算公式为:

$$带号 = 经线度数/6$$

计算结果上入为整数,如第19带范围为108°~114°,除以6,商用n表示,范围为18<n≤19,对小数用上入法取整时,结果为19。

6°带的中央经线计算公式为:

$$中央经线 = 带号 × 6 - 3$$

对于3°分带,本初子午线为0°带中央经线,第1带范围为1°30′~4°30′,中央经线为3°,与6°分带时的中央经线重合,第2带范围从4°30′~7°30′,中央

经线为6°,是6°分带的两邻带分带线。3°带的带号与中央经线的计算公式是:

$$中央经线 = 带号 \times 3$$

$$带号 = (经线度数 - 1.5)/3$$

结果用上入法取整。

当3°带的中央经线与6°带重合时,3°带地图坐标与6°带相应的地图坐标完全一致。

中央经线上比例尺:用数值1。

西偏:为了避免投影横轴出现负值情况,高斯投影特别把纵轴从中央经线向西移动50 000 m,因此西偏一般选择此值。

北偏:0。

坐标单位:m。

两种分带的关系表示如图5-4所示。

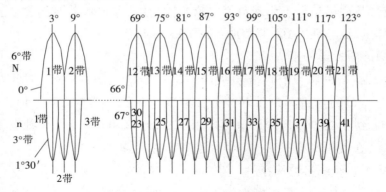

图5-4　高斯6°与3°分带关系图

3.地图投影和坐标选择

在GIS中,要建立一个新的图层,首先需要确定图层的坐标体系。虽然也可以用任意坐标,但是任意坐标图层在邻图拼接和某些应用功能方面受到限制。

(1)高斯投影横轴坐标值

高斯投影横轴坐标有两种表示方法,一种是地理投影坐标,另一种把投影带号附加在横轴坐标前。例如,有一点位于第19投影带,投影坐标为(234678,4242345),加上带号成为(19234678,4242345)。

虽然通过后一种坐标可以直接获得分带位置,但是这个带号仅作为标识意义,作为坐标,尤其作为坐标的数值使用会引起问题。例如,作为数字,在一个投影带不可能出现不带带号的横坐标值为99 999或0的情况,因此,这种坐标无法自动过渡到前一个带或后一个带。

另外,需要注意的是,在测量上,高斯投影坐标的X轴为纵轴,在数字地图中,一般仍然以X轴为横轴。

（2）投影带号选择

在Arc GIS中,高斯投影选择列出与我国地图有关的类型有:Beijing1954、Xian1980两种(2000坐标系暂未纳入)。两种下列出的可供选择的带号,其中有如下类型的选择(以北京1954为例):

Beijing1954 3 Degree GK CM 114E.prj

Beijing1954 GK Zone 19N.prj

Beijing1954 GK Zone 19.prj

这些选择的第一种针对3°带,后两种针对6°带。可以按前公式计算中央经线确定相应的带。对于6°带,带N的类型为使用不带带号的横坐标系统,不带N则在横轴坐标加带号。

另外,对于3°带选择,只要中央经线与6°带相同,也可以作为6°带投影选择。在投影选择外,还可以进行投影的自定义,即定义高斯投影的中央经线、中央经线的比例、西移值等。

4.投影及投影转换

在应用中经常面临多幅投影不同的地图,要进行地图拼接,拼接经常要考虑投影转换,这种转换可能是不同的投影类型之间,甚至同一投影下的不同形态的转换。

（1）投影转换原理

不同的投影,变形特征和变形分布不同,坐标系统也不同。对于同一区域不同投影类型的地图要合并使用,必须进行投影转换。另外,从计算机数据处理角度,地图拼合必须是同一坐标系统,也需要通过投影转换到同一坐标系。投影转换与投影一样,实质都是坐标变换。由于投影坐标由投影函数决定,所以投影变换实际是对投影函数施加的变换。

（2）高斯相邻跨带图的拼接

当工作区域的地图出现跨带现象时,由于跨带邻图坐标(主要是横坐标)不连续,不能用坐标进行直接拼接,在一般的应用中通过手工方式进行拼接,即把跨带邻图按图边线粘贴在一起,进行数字化。这种方式会形成如下问题。

整体图幅精度降低:邻接图不属于同一坐标系统,投影的非线性造成以某幅图的坐标系为依据,邻接图幅的量测精度不一致,整个图幅精度降低。

出现图边的分离或叠合现象:标准分幅图以经纬线为边界,经过高斯投影,经纬线不再保持直线,相邻带图幅的经向图边背凸相对,图边拼接形成分离或叠加。

在精度要求较高的情况下,上述现象不符合应用要求。

（3）GIS下的投影转换拼接

在GIS中,可以通过投影转换方式进行投影换带,使跨带相邻图幅处于同一坐标系统,通过坐标实现图幅拼接。

高斯投影分带宽度基于投影精度要求,而跨带拼接使分带加宽,加宽部分的投影精度较规定宽度内低。对于整体经差不大的区域,可以不使用标准中央经线,选用合适的中央经线使图幅完全位于一个高斯带内,以保证量算精度。另外,对于高斯投影,投影带宽度不能大于经差9°。

（三）地理信息与信息分析

GIS技术应用最为重要的一面是分析功能,分析以数据为基础,提取数据中的信息,作为对信息反映对象的认识和了解。

1.信息分析问题

信息分析顾名思义就是对信息进行的分析,由于信息以数据为载体,因此信息分析又转化为对数据的处理,对数据处理获得的结果仍然表现为数据,但是其中包含特定的信息,这些信息一般正是应用需要的特定信息。

（1）信息与数据

信息以数据为载体,进行存储、传输、表达。由此可以认为,信息存在于数据之中。在信息的数据表达中,对信息进行了抽象,使之适应数据表达的特征要求,这种抽象,有意无意间形成了信息的损失和理解的变异。在应用中需要的是信息,得到的是数据,因此,就需要通过对数据的分析获取信息。

在古代,前人用图画、文字、符号等来记录某种获得的知识、认识,在考古时,需要对这些图画、文字、符号(相当于数据)进行分析解译,例如,进行多种资料的对比等,获取其中的信息。

信息需要表达、存储、传递,其中最好的表达是数据,把信息抽象为数据，但是，信息含义的广泛性，导致数据表达得不充分；另一方面，人脑对数据的联想性又导致仁者见仁、智者见智的情况。

虽然文字是信息表达的最好方式，但是，对文字的认识和理解是另外的问题，如甲骨文、象形文字，一般人不认识这种文字，也就难以获取其中包含的信息。

（2）信息的作用

GIS 不同于一般的图形处理体系，它着重于地理信息分析，即通过地图进行地理事物、行为、现象、特征等分析，以期发现地理事物的空间分布、结构、关联、演化等规律或特征，用于规划设计、监测监控、预测预报、对策决策等方面。

例如，应用 GIS 技术，在地形、暴雨、河流水文信息的基础上，进行洪水淹没状况分析，确定淹没区、淹没范围水深、淹没区的居民地和设施，抗洪抢险的人员组织、物资分布和数量，进入抢险区域的优化路径，负责人姓名和电话号码。

通过地形进行水文地理状况分析，提供防洪、修建水流设施方面的数据和信息生成抢险组织指挥方案。[①]

（3）隐性信息

数据中表达的信息如果是简单、清晰、直接的，可称为显性信息，而复杂、模糊、间接的信息，称为隐性信息，例如在等高线形式表达的地形中，坡度、坡向等都是隐性信息。显性信息由于其显见性，容易被大众化认识理解，而隐性信息则需要通过一定的数据分析获取。由于其隐藏性以及获取的复杂性（需要特别的数据处理过程），因此这类信息更加珍贵，具有更重要的应用意义。

隐藏信息需要揭示，需要显化，才能够为通常使用。数据处理是揭示隐形信息的基本途径。可以认为，一切数据处理，都是某种程度的揭示隐形信息。

2.地理信息分析

通过分析才能获得直观的具体信息，这也就意味着，在进行分析之前，这些信息是存在着的，但是是一种隐藏的状态。例如，地形高程点、等高线隐藏着地形坡度、水文流域、点位观察遮蔽等状况的信息，但是这些信息在等高线、高程点中很难识别和提取，通过对等高线的分析，可以得到具体的

①冯增才.地理信息系统 GIS 开发与应用[M].天津：天津大学出版社，2016.

坡度、水文流域等。这一点隐含一个道理:信息分析本质是对数据进行处理得到的某种结果。

(1)什么是分析

分析是什么?从字面上讲,分析就是解析、解剖。对一件事物的解析、解剖就是分析。那么,为什么要进行分析?从系统论观点,系统由部分构成,每个部分都有其自身的功能、作用和特征,并且部分之间还有复杂的关系和联系,通过解析,了解这些功能、作用和特征,这是分析的第一个原因和含义。虽然系统有整体和部分的组织关系,但是这个关系是错综复杂的,不是简单的堆积,因此需要调查、考察、试验、估计、评判来把部分从整体中分离出来,就是说,分析是复杂的过程,这是分析的另一个含义。

那么为什么要解析、解剖?简要的答案是要了解内部更深更细的东西。对于一个事物,作为整体包含部分,每一部分在某一方面起作用的有一个中心因素,这个因素制约、控制、引导和决定事物在这一方面的特征。另一方面,整体和部分之间的关系、联系,也是分析的对象。通过分析了解这个核心因素以及因素之间的关系,在此基础上,可以干预这个核心因素,使事物向需要的方向发展。

"赌石"的猜测是一种分析,锯开是一种解剖,发现和得到宝石是在排除石头各种杂质和干扰因素后获取期望的东西。当然,赌石赌错,是知识、经验的不足。这个事例是分析本质的缩影。

(2)信息分析

信息分析顾名思义就是以信息为对象进行的分析,分析的结果是信息、数据。人类是通过信息认识客观世界,信息是事物本质的描述和抽象。因为信息和事物的这种关系,可以通过对事物的信息分析来了解、认识事物,并从信息角度来影响、改造、改变和干扰事物的形态、特征、变化。

上述哲学化的论述有点抽象,那么从比较具体的事例来表述,以地形为例,对于地形,它本身包含了坡度、坡向、水流、特定位置可见性等这样的信息,但是这些信息在地形中并不是直接、明确地表现出来,因为对这些具体信息来说,是隐含在地形之中的,要具体了解某方面,需要解析,即提取某一类特定的信息。

对于信息分析,本质上是数据处理,通过对数据的某种处理,生成另一种数据,而这另一种数据含有特定的信息。

（3）关于 GIS 的信息分析

管线碰撞涉及三维缓冲问题，但在 Arc GIS10.0 以前版本，没有三维缓冲功能，然而可以通过软件存在的有关功能，实现管线碰撞分析。

从这个事例可以有如下几点认识：第一，GIS 提供了强大的数据处理功能，这些处理功能是信息分析的基础，对于一些没有直接解决工具的问题，仍然可以通过其他方法来解决；第二，熟能生巧，只要熟练掌握 GIS 技术，并且有深的专业基础，就能用 GIS 在专业方面发挥很大作用；第三，虽然 Arc GIS 不断进行新的功能开发，但是由于 GIS 技术应用的广泛性，因此对于专业问题很难有合适的直接的工具，但可以通过已有的工具解决复杂的问题。

Arc GIS 的数据处理和分析有很多工具条，从地理信息分析角度，这些是重要的工具资源。由于每一种工具都能用来生产一种"产品"，因此，了解和使用工具会产生很大的"效益"。

对于地理信息，通过信息分析，为特定应用提供具体、显性的信息，作为地理环境条件的认识、环境改造以及事物发展控制的依据。

GIS 最重要的特征就是对于地理信息进行分析，这是因为，地理问题十分复杂，并且具有地理空间特征，而社会经济的发展对地理问题的认识需要具体和有一定的深度，分析是实现这一要求的重要方法和途径。

二、地理信息系统的发展概况

社会发展的需要、研究技术的进步、应用方法论的提高，以及有关政府、学校、组织机构的建立等因素，极大地推动着地理信息系统的发展。

（一）国际 GIS 发展状况

纵观 GIS 发展历程，具体表现为以下几个特征阶段。

1.20 世纪 60 年代为 GIS 探索和初步发展时期

20 世纪 50 年代末和 60 年代初，在计算机获得广泛应用以后，很快就被应用于空间数据的存储与管理。在这些基础上 1963 年诞生了世界上第一个地理信息系统——加拿大地理信息系统（CGIS）。但是由于当时计算机技术水平不高、存储量小、磁带存取速度慢，使得 GIS 带有更多的机助制图色彩，地学分析功能极简单。

2.20 世纪 70 年代是 GIS 发展和巩固时期

20 世纪 70 年代以后，由于计算机软硬件迅速发展，特别是大容量存储功能磁盘的使用。为地理空间数据的录入、存储、检索、输出提供了强有力的手段,使 GIS 朝实用方向发展。美国、加拿大、英国等发达国家先后建立了许多不同专题、不同规模、不同类型、各具特色的地理信息系统。例如,从 1970 年至 1976 年,美国地质调查局就建成了 50 多个信息系统,分别作为处理地理、地质和水资源等领域空间信息的工具。期间许多大学和研究机构也开始重视 GIS 软件设计及应用的研究。

3.20 世纪 80 年代是 GIS 普及和推广应用的大发展阶段

由于新一代高性能的计算机的普及和迅速发展,GIS 也逐步走向成熟。GIS 的软硬件投资大大降低而性能明显提高,并且已进入多个学科领域,系统建设由功能单一、简单的分散系统向共享型、综合性的系统发展。随着 GIS 与卫星遥感技术的结合,GIS 已用于全球变化的研究与监测。如对气象灾害及对国土资源的动态变化监测。所以,80 年代是 GIS 发展具有突破性的年代,一些具有代表性的 GIS 软件也陆续出现。如 ARC/INFO、GE-NAMAP 等。

4.20 世纪 90 年代是 GIS 技术步入全面应用的阶段

20 世纪 90 年代以来,随着地理信息产业的建立和地球数字化产品的普及应用,GIS 的发展进入用户时代。这期间,社会对 GIS 的认识普遍提高,需求大幅度增加,GIS 已成为许多机构(特别是政府决策部门)必备的工作系统。国家级乃至全球级的地理信息系统已成为公众关注的问题,地理信息系统已被列入"信息高速公路"计划,也是曾任美国副总统的戈尔提出的"数字地球"战略的重要组成部分。

(二)我国 GIS 发展状况

中国的地理信息系统研究与应用始于 20 世纪 70 年代末 80 年代初,虽然历史较短,但发展很快,大体分四个阶段。

1.准备阶段

此阶段开始组建队伍,组织实验研究。主要开展了计算机在地图和遥感领域的应用研究与实验。这个阶段的发展为地理信息系统的研制和开发做了技术上的准备。

2.起步及实验阶段

主要对 GIS 进行理论探索和区域性实验研究,制定国家 GIS 的规范,并进行信息采集、数据库模型设计。1985年国家资源与环境信息系统实验室成立。

3.发展阶段

20世纪80年代末到90年代初期,随着社会经济的高速发展,社会各行业都急需GIS技术的参与。地理信息系统技术逐步与国民经济建设各行业紧密结合,其间取得的主要成果包括:国家与地方级的地理信息系统相继投入运行与应用;开发了一系列信息处理和制图软件;有关高校与研究机构设立了地理信息系统学科与相关专业,培养并形成了一支地理信息系统的教学与科研队伍。这都标志着我国地理信息系统进入了新的发展阶段。

4.产业化阶段

1996年以来,我国GIS技术在技术研究、成果应用、人才培养、软件开发等方面进展迅速,GIS已从初步发展时期的研究实验局部应用走向产业化发展道路,成为国民经济建设普遍使用的工具,并在各行各业发挥了重大作用。

（三）当代GIS发展动态

近年来地理信息系统技术高速发展,其主要原动力来自应用领域对地理信息系统不断提出的要求。另外,计算机科学的飞速发展也为地理信息系统的发展提供了先进的工具和手段。下面对当前地理信息系统的发展动态做一个介绍。

1.真三维GIS和时空GIS

三维GIS是许多应用领域对GIS的基本要求。例如,采矿、地质、石油等领域都需要有真三维GIS技术的介入。近年来,随着计算机技术特别是计算机图形学的发展,使得显示和描述三维实体的几何特征和属性特征成为可能,因此,真三维GIS的应用成为GIS发展的一个热点。时空GIS(TGIS)是一种采集、存储、管理、分析与显示地理实体随时间变化信息(也称时空信息)的计算机系统。它不但包含传统地理信息系统的空间特性,而且涵盖时间特性;它不但反映事物和现象的存在状态,而且表达了其发展变化过程及规律。虽然时空GIS在理论和实践等环节的研究还不十分成熟,但它是未来GIS发展的一个必然趋势。

2.GIS应用模型的发展

通用GIS的空间分析功能对于大多数应用问题是远远不够的,因为这些问题都涉及自己独特的专用模型。要解决这类问题,最好的方式是GIS本身能支持建立专业应用模型,支持与用户交互式地进行分析与决策。

3.互联网与GIS的结合

互联网和地理信息系统的结合,即互联网地理信息系统。它不仅为全球用户提供分布式地理信息数据,而且还提供在线分布式地理信息处理与分析的工具。

4.智能GIS

智能GIS是指与专家系统、神经网络、遗传算法等相结合的GIS,它实际上是基于知识的专家系统在GIS中的应用,它将在解决诸如城市规划与管理、交通运输管理、生态环境管理等问题时起到重要作用。

5.GIS与虚拟现实技术的结合

虚拟现实从本质上说就是一种先进的计算机用户接口,通过该接口,用户可以如同在真实世界那样"处理"计算机系统所产生的虚拟物体。将虚拟现实技术引入GIS将使GIS用户在客观世界的虚拟环境中能更有效地管理、分析空间实体数据。

当前,GIS发展的动态除以上几点外,GIS与CAD的集成、并行处理技术在GIS中的应用等都是GIS研究和发展的热点。GIS的这些发展并不是孤立的,而是相互影响、相互促进的,其目的都是让GIS能更好地为人类管理和保护赖以生存的地球服务。

第二节 数据结构与数据模型

一、地理空间及其表达

(一)地理空间的概念

地理信息系统中的空间概念常用"地理空间"来表达。一般说来,地理空间被定义为绝对空间和相对空间两种形式。绝对空间是具有属性描述的空间位置的集合,它由一系列的空间坐标值组成。相对空间是具有空间属性特征的实体集合,它是由不同实体之间的空间关系构成的。地理空间上至大气电离层、下至地幔莫霍面,是地球上大气圈、水圈、生物圈、岩石圈和土壤圈交互作用的区域。

地理空间一般可以理解为：包括地理空间定位框架及其所连接的特征实体。地理空间定位框架即大地控制测量网，由平面控制网和高程控制网组成。大地控制测量网为建立所有的地理数据的坐标位置提供了一个通用参考系，利用该通用参考系可以将全国范围使用的平面及高程坐标系与所有的地理要素相连接。控制测量网由大地控制点组成，这些控制点的平面位置和高程被精确地测量，并用于其他点位的确定。

1.平面控制网

我国以往常用的两个国家大地坐标系是1954北京坐标系和1980西安坐标系。根据《中华人民共和国测绘法》，经国务院批准，我国自2008年7月1日起启用2000国家大地坐标系。

（1）1954北京坐标系

该坐标系可以认为是苏联1942年普尔科沃坐标系在我国的延伸，其原点位于苏联的普尔科沃，采用克拉索夫斯基椭球，主要参数如下。

长半轴 α=6 378 245 m

扁率 α=1:298.3

1954北京坐标系在我国的测绘生产中发挥了巨大的作用，但存在一些缺点和问题。例如，椭球参数有较大的误差，定位有较大偏斜，东部地区高程异常较大等。

（2）1980西安坐标系

鉴于1954北京坐标系的弊病，1978年4月经全国天文大地网平差会议决定，建立1980西安坐标系。该坐标系大地原点设在我国中部陕西省泾阳县永乐镇，采用1975年国际大地测量协会推荐的国际椭球，其具体参数如下。

长半轴 α=63 78 140 m

扁率 α=1:298.257

（3）2000国家大地坐标系

2000国家大地坐标系是全球地心坐标系在我国的具体体现，其原点为包括海洋和大气的整个地球的质量中心。2000国家大地坐标系采用的地球椭球参数如下。

长半轴 α=6 378 137 m

扁率 f=1:298.257222101

地心引力常数：$GM=3.986004418\times10^{14}$ m³/s²

自转角速度：$\omega=7.292115\times10^{-5}$ rad/s

2.高程控制网

高程指空间参考的高于或低于某基准水准面的垂直位置,主要用来提供地形信息。为了明显而稳固地表示高程起算面的位置,必须建立一个与平均海水面相联系的水准点,以此作为推算国家高程控制网高程的起算点,这个水准点就叫水准原点,我国水准原点设在青岛市观象山上。我国于1950~1956年推求出黄海平均海水面,即"1956年黄海平均海水面",并以此作为我国当时高程起算面,推算出水准原点高程为72.289 m,名为1956黄海高程系统,该系统使用至1987年。

废止1956黄海高程系统后,我国启用了1985国家高程基准。该基准以1952~1979年推求的黄海平均海水面推算出国家水准原点高程为72.260 m,沿用至今。

(二)空间实体的表达

空间实体的表达是地理数据组织、存储、运算、分析的理论基础。尽管地理空间中的空间对象复杂多变,但通过抽象和归类,其表达方法主要可分为矢量、栅格、不规则三角网、面向对象等。

1.矢量表达法

矢量表达法主要表现了空间实体的形状特征,不同的空间特征具有不同的矢量维数。

(1)0维矢量

0维矢量为空间中的一个点(point)。点在二维、三维欧氏空间中分别用(x,y)和(x,y,z)来表示。在数学上,点没有大小、方向。点包括如下几类实体。

实体点(entity point):代表一个实体,如钻孔点、高程点、建筑物和公共设施。

注记点(text point):用于定位注记。

内点(label point):存在于多边形内,用于标识多边形的属性。

节点(node):表示弧段的起点和终点。

角点(vertex)或中间点:表示线段或弧段的内部点。

（2）一维矢量

一维矢量表示空间中的线划要素，它包括线段、边界、弧段、网络等。在二维和三维欧氏空间中分别用有序坐标对式表示：

$$(x_1,y_1),(x_2,y_2),\cdots,(x_n,y_n)(n>1)$$

$$(x_1,y_1,z_1),(x_2,y_2,z_2),\cdots,(x_n,y_n,z_n)(n>1)$$

结合具体的应用，一维矢量自身的空间关系主要有如下几种（这里只介绍二维欧氏空间，三维欧氏空间相似）。

坐标序列中的首点(x_1,y_1)和末点(x_n,y_n)统称为节点，且分别为首节点和末节点。

位于首尾节点间的点$(x_2,y_2),(x_3,y_3),\cdots,(x_{n-1},y_{n-1})$为拐点或中间点或角点（见图5-5（a））。

首尾节点可以重合（见图5-5（b）），即弧段首尾相接。相应的数学表达式为：

$$x_1=x_n$$

$$y_1=y_n$$

弧段不能与自身相交。如果相交，需以交点为界把弧段分为几个一维矢量（见图5-5（c））。在图5-5（c）中，弧段数为3，而不是1。三个弧段分别为AK、KBCDEFGHK、KIJ。

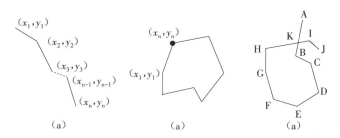

（a）　　　　　　（a）　　　　　　（a）

图5-5　一维矢量

此外，一维矢量有折线和曲线之分，其特征如下。

长度：从起点到终点的总长。

弯曲度：弯曲的程度。如道路与河流的弯曲程度。

方向性：开始于首节点，结束于末节点。如河流中的水流方向、高速公路允许的车流方向等。

（3）二维矢量

二维矢量表示空间的一个面状要素,在二维欧氏平面上是指由一组闭合弧段所包围的空间区域。所以,二维矢量又称多边形,是对岛、湖泊、地块、储量块段、行政区域等现象的描述(见图5-6(a))。在三维欧氏空间中二维矢量为空间曲面。目前,通过二维矢量对空间曲面的表达主要有等高线和剖面法两种(见图5-6(b)、图5-6(c))。前者通过设置等间距,把具有相同高程值的点连接起来形成等高线(一维矢量),这些等高线就可完成对空间曲面的描述。后者是按一定的间距和剖面方向切割空间曲面,切割而成的多组剖面就完成了对空间曲面的描述。

二维矢量的主要参数如下。

面积:指封闭多边形的面积。对于三维欧氏空间中的空间曲面而言,还包括其在水平面上的投影面积。

周长:如果形成多边形的弧段为折线,周长为各折线段长度之和;如果多边形由曲线组成,则计算方法较为复杂,如积分法。

凹凸性:凸多边形的内角均小于180°,凹多边形有一个或多个内角大于180°。

走向、倾角和倾向:在描述地形、地层的特征要素时常使用这些参数。

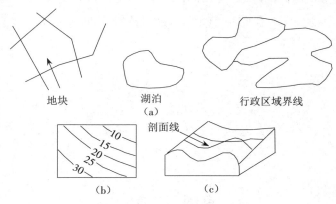

图5-6 二维矢量

（4）三维矢量

三维矢量用于表达三维空间中的现象和物体,是由一组或多组空间曲面所包围的空间对象,它具有体积、长度、宽度、高度、空间曲面的面积、空间曲面的周长等属性(见图5-7)。

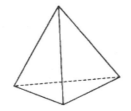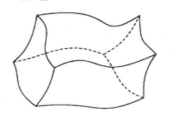

图5-7　三维矢量

2.栅格表达法

栅格表达法主要描述空间实体的级别分布特征及其位置。栅格类似于矩阵。在栅格表达中,对空间实体的最小表达单位为一个单元(cell)或像素(pixel),依行列构成的单元矩阵叫栅格(grid),每个单元通过一定的数值表达方式(如颜色、纹理、灰度级)表达现实世界点、线、面状等不同的地理实体(见图5-8)。

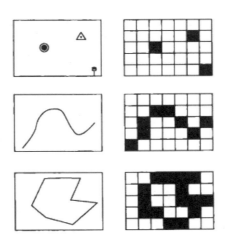

图5-8　栅格表达法

除了航空、航天技术获取的影像资料可以直接通过栅格加以表达外,通过矢量到栅格的转换算法,栅格表达法同样可以表达0维、一维、二维等矢量图形或地理现象。此时0维矢量表现为具有一定数值的栅格单元,一维矢量表现为按线性特征相连接的一组相邻单元,二维矢量则表现为按二维形状特征连续分布的一组单元。

栅格表示法的精度与分辨率有关。在图5-9(a)、图5-9(b)、图5-9(c)中,栅格的分辨率分别为7×5、15×11、24×13。分辨率的大小与下面两个问题有关。

记录和存储栅格数据的硬件设备的性能。近几十年的发展证明,随着技术的进步,硬件设备的分辨率会越来越高,能够满足实际应用的需求。

与实际应用需求有关。对于那些研究程度较低或者无须精确研究的地理现象而言,栅格表达法的分辨率可以相对较低;反之,分辨率高。实际上,分辨率越高,其影像就越能表达地理空间现象的细微特征。

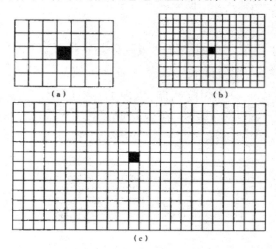

图5-9　栅格表达法分辨率

3.其他方法

(1)不规则三角网的表达方法

不规则三角网(Triangulated Iirregular Network,TIN)采用不规则多边形拟合地表。利用Delaunay三角剖分准则就可完成对TIN的自动生成。单个三角形的顶点就是原始数据点或其他空间信息的控制点。TIN的表达方法主要有以下特点。

第一,能够表达不连续的空间变量。TIN处理逆断层、悬崖峭壁等特殊空间对象时相对容易。

第二,由于三角形顶点(vertex)就是实际的控制点,所以,它对空间对象的表达精度较高。

第三,能够精确表达河流、山脊、山谷等线性地形特征。

TIN的空间几何要素构成如下。

三角形顶点(vertex)。

三角形边(edge)。

三角面(triangular facet)。

(2)面向对象的表达方法

实际上,矢量表达方法中的点、线、面也是对象(object),但它们是简单对象。面向对象(Object Oriented,00)的表达方法是近年来发展起来的一种新的程序设计方法。面向对象方法的基本含义是无论多么复杂的空间实体,都可以用一个对象来准确表示,而无须把复杂对象分解为单一的对象实体(如点、线、面、体),然后利用矢量表达方法加以表示。结合程序设计方法,通过分类、概括、联合、聚集四种数据处理技术就可以实现面向对象的各种表达方法。

分类(Classification):把一组具有相同结构的实体归纳成类(class),而这些实体就属于这个类的对象。例如,对于地图,无论是等高线还是等值线,都可以把它们定义为等值线类。

概括(Generalization):把一组具有部分相同结构和操作方法的类,归纳成为一个更高层次、更具一般性的类。前者称为子类,后者称为超类。例如,无论是何种建筑物,都可以形成以结构类型、高度、层数等参数的基础的超类。

联合(Association):把一组类似的对象集合起来,形成一个更高级别的集合对象(Set Object)。集合中的每个对象称为它的成员对象(Member Object),成员和集合对象间的关系是成员隶属关系(member of)。例如,无论是线状地物还是面状地物,都可以看成是弧段类的有序集合。

聚集(Aggregation):与联合相似,但它是把一组不同类型的对象组合起来,形成一个更高级的复合对象(Composed Object),每个不同类型的对象是该复合对象的一部分,称为组件对象(Component Object)。组件对象和复合对象间的关系是组件隶属关系(Part Of)。例如,与某一城市有关的空间实体类型包罗万象,从建筑物、道路、河流到污水、煤气到通信管网工程。可以把它们聚集成为一个复杂对象,利用面向对象的表达方法。

二、地理空间关系

近年来,空间关系的理论与应用研究在国内外都非常多。究其原因,一方面是它为地理信息系统数据库的有效建立、空间查询、空间分析、辅助决策等提供了最基本的关系;另一方面是将空间关系理论应用于地理信息系统查询语言,形成一个标准的SQL空间查询语言,可以通过应用程序接口(Application Program Interface,API)进行空间特征的存储、提取、查询、更新等。

空间关系是指地理空间实体对象之间的空间相互作用关系。通常将空间关系分为三大类:拓扑空间关系、顺序空间关系和度量空间关系。

(一)拓扑理论

1.拓扑属性和非拓扑属性

拓扑(topology)一词来源于希腊文,原意是"形状的研究"。拓扑学是几何学的一个重要分支,它研究在拓扑变换下能够保持不变的几何属性——拓扑属性。拓扑变换在各种类型的空间研究中有着广泛的应用。

为了更好地理解拓扑变换和拓扑属性,下面举例说明。如图5-10所示,假设一块高质量的橡皮,它的表面为欧氏平面,而且表面上有由节点、弧段、多边形组成的任意图形。如果只对橡皮进行拉伸、压缩,而不进行扭转和折叠,那么,在橡皮形状变化的过程中,图形的一些属性将继续存在,而一些属性则将发生变化。例如,当橡皮在拉伸的时候,如果多边形B中有一点A,那么,点A和多边形B的空间位置关系不会改变(点A在多边形B内),但多边形B的面积会变大。这时,称点A位于多边形B内具有拓扑属性,而多边形B的面积则不具有拓扑属性。拉伸和压缩这样的变换称为拓扑变换。

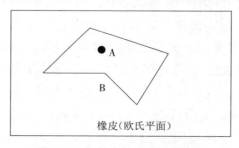

图5-10　拓扑变换下的拓扑属性

2.空间数据的拓扑关系

在地理信息系统中,为了真实地描述空间实体,不仅需要反映实体的大小、形状及属性,还要反映出实体之间的相互关系。一般说来,通过节点、弧段、多边形就可以表达任意复杂程度的地理空间实体。所以,节点、弧段、多边形之间的拓扑关系就显得十分重要。归纳起来,节点、弧段、多边形间的拓扑关系主要有如下三种。

拓扑邻接。指存在于空间图形的同类图形实体之间的拓扑关系，如节点间的邻接关系和多边形间的邻接关系。在图5-11中，节点 N_1 与节点 N_2、N_3、N_4 相邻，多边形 P_1 与 P_2、P_3 相邻。

拓扑关联。指存在于空间图形实体中的不同类图形实体之间的拓扑关系。如弧段在节点处的联结关系和多边形与弧段的关联关系。在图5-11中，N_1 节点与弧段 A_1、A_5、A_3 相关联，多边形 P_6 与弧段 A_3、A_6、A_5 相关联。

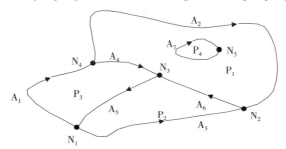

图5-11　空间数据拓扑关系

拓扑包含。指不同级别或不同层次的多边形图形实体之间的拓扑关系。图5-12（a）、图5-12（b）、图5-12（c）分别有二、三、四个层次。

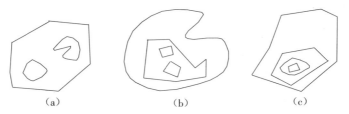

（a）　　　　　　　　（b）　　　　　　　　（c）

图5-12　拓扑包含

同一层次的含义是：在同一有限的空间范围内（如同一外接多边形），那些具有邻接和关联拓扑关系，或完全不具备邻接和关联拓扑关系的多边形处于同一级别或同一层次。实际上，属于二维矢量的多边形与0维矢量间也存在拓扑包含，只是0维矢量空间范围内（假设0维矢量占据有限的空间）不可能存在其他多边形或点状图形实体了。

空间数据的拓扑关系，在地理信息系统的数据处理和空间分析中具有十分重要的意义。

第一，根据拓扑关系，不需要利用坐标和距离就可以确定一种空间实体相对于另一种空间实体的空间位置关系。因为拓扑数据已经清楚地反映出空间实体间的逻辑结构关系,而且这种关系较之几何数据有更大的稳定性,即它不随地图投影而变化。

第二,利用拓扑数据有利于空间数据的查询。例如判别某区域与哪些区域邻接,某条受污染的河流会影响哪些居民区的用水,某行政区域包括哪些土地利用类型等。

第三,可以利用拓扑数据作为工具,进行道路的选取、最佳路径分析等。

(二)空间关系

1.拓扑空间关系

拓扑空间关系,描述空间实体之间的相邻、包含相交和相离等空间关系。如前所述,拓扑空间关系在地理信息系统和空间数据库的研究和应用中具有十分重要的意义。拓扑空间关系的形式化描述是建立在拓扑理论基础之上的。这里分点与点、线与线、面与面、点与线、点与面、线与面等不同形式,而每一种形式的空间关系又包含更多的子形式。

(1)点与点的关系(P—P)

点与点的相离关系:两个点不在同一位置。它们的基本操作通常是计算两点间的距离、方向等。

点与点的重合关系:两个点坐标一致,完全重合。例如交通信号灯可能也是两条道路的交叉口。

点与点不存在相邻、相交和包含关系,实际上它们都归结为重合关系。

(2)线与线的关系(L—L)

线与线的相邻关系:两条线相邻,至少它们有一个公共的节点。例如两条道路的起点或者终点相交。

线与线的相交关系:两条线立体相交或平面相交。例如一条道路与一条河流相交。

线与线的相离关系:两条线没有交点和会合点。

线与线的重合关系:一条线与另一条线完全重合。例如埋设在某一条街道下面的煤气管道。

(3)面与面的关系(S—S)

面与面的相邻关系:两个面状的地物相邻,它们至少有一段共同的边界。例如江苏省与浙江省相邻。

面与面的相交关系:一个面与另一个面部分相交。例如,土地类型与土地利用图的覆盖会出现大量的两个面相交的情况。

面与面的相离关系：两个面之间完全不相交，既没有交点也没有公共边界。

面与面的包含关系：一个面完全被另外一个面包含。例如，北京故宫位于北京市内。

面与面的重合关系：两个面的边界完全相同，它们重合在一起。这种现象在实际的GIS应用中很少遇到。

（4）点与线的关系（P—L）

点与线的相邻关系：一个点恰好落在一条线的端点。例如交通信号灯往往在道路的端点。这种现象很普遍。GIS中拓扑节点总是与线相连。

点与线的相交关系：一个点位于线状目标上。例如加油站位于公路旁，小比例尺地图上把它表示位于公路上。

点与线相离关系：点状目标没有位于线状目标上。

点与线的包含关系：线可以包含点，概念与点与线相交一致。

点与线不存在重合关系。

（5）点与面的关系（P—S）

点与面的相邻关系：一个点正好位于面的边界上。在拓扑数据结构中，面往往由边界组成，线的两端是起节点与终节点。在这种情况下，可以查询到节点关联到哪些面。

点与面的相交关系：与点与面相邻相同。

点与面的相离关系：点远离一个面状地物。

点与面的包含关系：一个点完全落入一个面内。在实际应用中，一般有两种表述：一是某点落在哪一个面内，另一个是某个面包含哪些点。

点与面不存在重合关系：除非该面抽象成一个点。

（6）线与面的关系（L—S）

线与面的相邻关系：线是面的全部或者部分边界。例如我国的海岸线也是大陆区域与海域的分界线；另外，也可能是线端点与面相邻，例如长江流入大海。

线与面的相交关系：一条线部分或全部穿过一个面。例如京九铁路穿过河北。关于线与面相交，经常遇到两个空间关系问题，一个是某面状目标有哪些线穿过，另一个是某线穿过哪些面状地物。

线与面的相离关系:面与线相互隔离,既不相交也不相邻。

线与面的包含关系:一条线完全落入一个面内。

线与面不存在重合关系:当一条线恰好又是一个面的边界时,理解为线与面的相邻关系。

2.顺序空间关系

顺序空间关系描述空间实体之间在空间上的排列次序,它定义了地物对象之间的方位,又称方向关系、方位关系等。例如实体之间的前后、左右和东南西北等方位关系,可以描述"北京在上海北边"。

为了定义空间目标之间的顺序关系,首先定义点目标之间的关系。计算点状实体之间的关系比较容易,只要计算两点连线与某一基准方向的夹角即可。以点目标之间的顺序关系为基础,其余目标之间的顺序关系可以类似定义。如可以先找到最小外切矩形(Minimum Bounding Rectangle,MBR),判断最小外切矩形之间具有某种方向关系,再利用点—点之间的顺序关系进一步确定即可。

3.度量空间关系

度量空间关系,描述空间实体的距离或远近等关系。距离是定量描述,而远近则是定性描述。在地理信息系统中,距离度量主要包括大地测量距离、曼哈顿距离和时间距离。

大地测量距离,即沿地球大圆经过两个城市中心之间的距离。

曼哈顿距离,是指两点在南北方向上的距离加上在东西方向上的距离。

时间距离,又称为旅行时间距离,是通过从空间中一点到达另一点所需时间进行度量的。时间距离的测量具有若干个不同的尺度,包括全球尺度、国家尺度和地方尺度。交通工具的不同也影响到时间距离的计算。

三、空间数据模型

在计算机中,现实世界是以各种符号形式来表达和记录的。计算机在对这些数字、字符和符号进行操作时,又将它们表示为二进制形式。因此,基于计算机的地理信息系统不能直接作用于现实世界,必须经过对现实世界的数据描述这一步骤,即建立空间数据模型,简称数据建模。数据建模过程分为三步：首先，选择一种数据模型来对现实世界的数据进行组织；然后，选择一种数据结构来表达该数据模型；最后，选择一种适合记录该数据结构的文件格式。[①]

　　空间数据模型是地理信息系统的基础，它不仅决定了系统数据管理的有效性，而且是系统灵活性的关键。所以，如何结合空间数据的具体特点进行空间数据模型的设计是地理信息系统的关键。然而，由于空间数据模型的设计与计算机硬件、系统软件和工具软件的发展密切相关，就目前的发展现状而言，很难用一个统一的数据模型来表达复杂多变的地理空间实体。例如，某些空间数据模型可能很适合于绘图，但它们对于空间分析来说效率却十分低；有些数据模型有利于空间分析，但对图形的处理则不理想。

　　下面对二维GIS中最常用的矢量模型和栅格模型进行详细的讨论，并简单介绍其他几种研究较多并有所应用的数据模型。

（一）矢量模型

　　矢量模型是利用边界或表面来表达空间目标对象的面或体要素，通过记录目标的边界，同时采用标识符（identifier）表达它的属性来描述空间对象实体。矢量模型能够方便地进行比例尺变换、投影变换以及图形的输入和输出。矢量模型处理的空间图形实体是点（point）、线（line）、面（area）。矢量模型的基本类型起源于Spaghetti模型。在Spaghetti模型中，点用空间坐标对表示，线由一串坐标对表示，面是由线形成的闭合多边形。AutoCAD等绘图系统大多采用Spaghetti模型。

　　GIS的矢量数据模型与Spaghetti模型的主要区别是，前者通过拓扑结构数据来描述空间目标之间的空间关系，而后者则没有。在矢量模型中，拓扑关系是进行空间分析的关键。

　　在GIS的拓扑数据模型中，与点、线、面相对应的空间图形实体主要有节点（node）、弧段（arc）、多边形（polygon），多边形的边界被分割成一系列的弧和节点，节点、弧、多边形间的空间关系在数据结构或属性表中加以定义。GIS的矢量数据模型具有如下特点。

　　通过对节点、弧、多边形拓扑关系的描述，相邻弧段的公用节点，相邻多边形的公用弧段在计算机中只需记录一次。而在面条模型（Spaghetti model）中的记录次数则大于1。

①黄瑞.地理信息系统[M].北京：测绘出版社，2010.

空间图形实体的拓扑关系,如拓扑邻接、拓扑关联、拓扑包含不会随着诸如移动、缩放、旋转等变换而变化,而空间坐标及一些几何属性(如面积、周长、方向等)会受到影响。

一般情况下,通过矢量模型所表达的空间图形实体数据文件占用的存储空间比栅格模型小。

能够精确地表达图形目标,精确地计算空间目标的参数(如周长、面积)。

(二)栅格模型

栅格模型是储存空间数据的最简单方法,它将对象划分成均匀的格网,每个格网作为一个像元。在栅格模型中,点(点状符号)由一个或多个像元构成,线由一串彼此相连的像元构成。在栅格模型中,每一像元的大小是一致的(一般是正方形),而且每一个栅格像元层记录着不同的属性(如植被类型等)。像元的位置由纵横坐标(行列)决定。所以,每个像元的空间坐标不一定要直接记录,因为像元记录的顺序已经隐含了空间坐标。

栅格模型具有如下几个特点。

第一,栅格的空间分辨率指一个像元在地面所代表的实际面积大小(一个正方形面积)。

第二,对于同一幅图形或图像来说,随着分辨率的增大,存储空间也随之增大。例如,如果每一像元占用1个字节(byte),而且分辨率为100 m,那么,一个面积为10 km×10 km=100 km²的区域就有100×100=10 000像元,所占存储空间为10 000B;如果分辨率为10 m,那么,同样面积的区域就有1 000×1 000=1 000 000像元,所占存储空间近1MB。

第三,表达空间目标、计算空间实体相关参数的精度与分辨率密切相关,分辨率越高,精度越高。

第四,非常适合进行空间分析。如同一地区多幅遥感图像的叠加操作等。

第五,不适合进行比例尺变化、投影变换等。

(三)其他数据模型

在数据模型研究领域,除了前述的矢量模型和栅格模型以外,数字高程模型、混合数据模型以及面向对象的数据模型也获得了广泛的应用,这里对这些模型作简单介绍。

1. 数字高程模型

数字高程模型(Digital Elevation Model,DEM)采用规则或不规则多边形拟合面状空间对象的表面,主要是对数字高程表面的描述。根据多边形的形状,可以把数字高程模型分为两种,即格网模型和不规则三角网模型。

格网模型(grid model)与栅格模型相似,将区域空间切分为规则的格网单元。一般情况下,栅格模型的每一像元或像元的中心点代表一定面积范围内,空间对象或实体的各种空间几何特征和属性几何特征,而格网模型通常以行列的交点特征值代表交点附近空间对象或实体的各种空间几何特征和属性几何特征。栅格模型主要用于图像分析和处理,而格网模型主要进行等值线的自动生成,坡度、坡向的分析等。栅格模型处理的数据主要来源于航空、航天摄影以及视频图像等,而格网模型则主要来源于原始空间数据的插值。

不规则三角网模型是利用不规则三角形来描述数字高程表面。在 TIN 模型中,同样可以建立三角形顶点(数据点)、三角形边、三角形个体间的拓扑关系。TIN 的一个优点是,其三角形大小随点密度变化而自动变化,当数据点密集时生成的三角形小,数据点较稀疏时生成的三角形大。另外 TIN 在表示不连续对象时也具有优势,如:可用来表示悬崖、断层、海岸线和山谷谷底。

数字高程模型的主要优点是能够方便地进行空间分析和计算,如对地表坡度、坡向的计算等。

2. 混合数据模型

综上所述,矢量模型、栅格模型在处理空间对象时都有各自的优缺点。矢量模型通过给定唯一的目标标识使每个物体具有良好的个性化特性,并能根据名称和各种复合的条件使每一个物体具有良好的可选取性,便于空间查询和空间分析。而栅格模型则在 GIS 与遥感和 DEM 结合方面具有不可替代的作用。所以,如何充分利用各种模型,建立一种兼有多种模型优点的混合模型(hybrid model)就成为目前 GIS 界的一个重要课题。目前,有代表性的研究成果主要有 TIN 与矢量的一体化模型,栅格与矢量一体化的多级格网模型等。

3. 面向对象的数据模型

面向对象数据模型,是在吸收了传统数据模型的基础上发展起来的,既可以表达图形数据又可以有效地表达属性数据。它利用了几种数据抽象技术:分类、概括、联合、聚集和数据抽象工具继承和传播,采用对象联系图描述其模型的实现方法,使复杂的客观事物变得清楚易懂,所以它既能有效表达几何数据,又能表达属性数据。由于面向对象的数据模型是将现实世界的实体都抽象成对象,以人们认识问题的自然方式将所有的对象构建成一个分层结构,来描述问题领域中各实体之间的相互关系和相互作用,从而建立起一个比较完整的结构模型,使得对现实世界的构成与人们认识问题的方式直接对应。因此,面向对象的系统分析与设计方法和面向对象的数据模型,为目前 GIS 所面临的问题提供了较好的解决途径,成为 GIS 尽快进入决策应用阶段的关键技术之一。

第三节 地理信息系统在国土资源中的应用

一、地理信息系统(GIS)在国土空间规划中的应用

(一)土地利用总体规划的实际要求

土地的整体规划分为国家、省、市、县、乡镇五级体系,在进行国土空间规划工作中,相关专业人员需要采用科学先进的手段做出规划,以满足五级体系的可持续性发展和信息化土地管理的发展要求,并在满足信息化管理的基础上建立完整的总体规划数据库。这些工作的正常开展都需以审查和确认为依托。国土空间规划是土地管理编制的重要载体,其设计工作的应用性受到国家和社会的广泛关注。想要完成土地管理编制和相关资料的储存工作,那么建立一个完整的土地规划数据库是非常有必要的。此外,健全的土地规划数据信息库对于土地的网络化和系统化管理也十分重要。在国土空间中通过总体规划能够为现阶段的土地管理工作创造更便捷的条件和更好的操作性。

(二)GIS 在国土空间规划中的应用

1.对基础设施展开持续的完善

想要实现城市规划工作的顺利进行,首先相关工作人员需要在工作的过程中思考布局计划的合理性和完善性。所以,必须将 GIS 地理信息系统

积极合理地运用到国有空间规划工作中,国家和地方相关部门必须给予大力支持,通过强有力的政策和资金作为保障,以专业的知识做好地理分布的特点分析,以此展开更具针对性的研究。

将地理信息系统运用到相关的工程作业中能够提升工作效率,例如及时地进行应急抢救工作。除此之外,GIS地理信息系统还可以通过二维平面图进行信息管理,构建完善的信息整合平台,推动城市建设的步伐,挖掘城市的潜能,这不仅是对城市建设的有效促进,同时能够完善GIS地理信息系统的功能,对基础设施展开持续优化建设,进而保障现代城市规划的顺利开展。

2.土地利用总体规划数据库系统在土地适宜性评价中的应用

土地利用总体规划数据库系统在土地适宜性评价中的应用主要是体现在农业用地这一部分上。在进行实际工作时,相关专业工作人员需要对地形坡度、灌溉条件、土地的酸碱度、有机物的含量等多角度进行测试,通过检测出的指标与标准的指标做对比,能够更好地对荒山荒地进行合理的分析和规划工作。评价系统对于GIS下土地利用总体规划数据库系统的应用,主要作用于土地适宜性评价神经网络系统中针对各类评价标准等一系列数据的处理与查询等功能,这些均是依靠于土地利用总体规划数据库系统的建设和设计而实现的。在不同的实体中分析信息数据,从而通过健全的数据库查阅到工作所需要的信息数据,提升了工作的高效性和便捷性。

3.GIS在规划管控中的应用

将GIS运用到国土空间规划中能够更好地对土地资源、水资源、生态资源、环境资源等要素进行科学合理的评价,从而为资源环境和行使国土空间用途管制提供基础保障。在实现资源环境和行使国土空间用途管制的双评价基础之上,做好生态空间、农业空间和城镇空间,生态保护红线、永久基本农田、城镇开发边界这三区三线的规划。

三区三线在统一管控中占有重要地位,而国土空间规划正是以三区三线为载体进行的。双评价机制为国土空间规划奠定了定量分析的基础,三区三线为国土空间的发展方向提供了考量的标准。总之,GIS在规划管控中的地位举足轻重。

4.基于以往国有信息化成果,完善国土空间基础信息

国土空间基础信息平台信息化技术的创新性是保障国土空间规划工作

的关键途径,通过新的信息技术能够有效避免开发过程中出现重复性的现象,以及孤岛问题的出现。天地图、数字国土工程、金土工程等的运用是现在已经存在的基础工作内容。目前的工作是需要相关专业人员基于以往国有信息化成果,完善国土空间基础信息,这就要求专业人员能够细化工作,从县级做起建立信息基础平台,实现全国国土空间规划"一张纸"的建立,为国土空间规划的多层面工作做好技术保障。

二、地理信息系统在水文资源中的应用

(一)地理信息系统在水文资源规划中的应用

水资源是可持续发展的重要资源,如果出现短缺,会严重限制国家的经济发展,并给人们的生活带来不便。目前,在水资源的分配上面临着较为现实的问题,即如何科学、合理、高效地配置水资源。在进行水资源的划分工作时,首先应获得水资源相关信息,比如水资源的分布情况需求情况存储量等,而要获得这些信息都可以直接通过地理信息系统。结合人口的分布,还能够准确快速地计算出水资源需求量。此外,通过地理信息系统还能够获知地下区域水资源分布情况,并把重要的信息与数据存储到地理信息系统之中,为水资源的规划提供可靠数据,并通过分析数据制定出合理的、科学的水资源规划。

(二)地理信息系统在水文资源管理中的应用

通过地理信息模型可以重新配置模型相关的时空地理信息,还能够为区域内部的水资源系统管理提供更好的管理策略。同时,使用地理信息系统还能够对空间数据进行分析与管理。管理人员可以在系统中通过查询等方式,获得准确直观的水资源资料,并对水质变化进行分析。如果在某个区域内出现水资源的污染,通过地理信息系统能够快速地获得污染故障的准确位置,还能够获得水污染程度等相关信息。地理信息系统还能够分析事故发生的原因,并提出减轻污染的方案,然后通知技术人员进行处理,从而更好地保证水资源的安全。

(三)地理信息系统在防灾减灾中的应用

我国的水灾较多,容易给人们与社会带来严重的经济损失。因此地理信息系统防灾减灾中的防洪功能占有重要地位。地理信息系统在防洪区

域、社会经济数据库的建设中，能够动态地采集相关信息，还能够在洪水预防方面发挥重要的作用。由于全球气候持续变暖，导致洪水灾害频发，这些灾害影响的区域不断扩大并严重影响了社会经济。因此，很多地区都是用地理信息系统建立了水文数据库，并建设了大量的监测站实时监测洪水情况，并把相关信息输入地理信息系统中，然后进行分析与计算，相关人员根据地理信息系统反映的数据进行决策，并制定出相应的补救措施，从而最大限度地保证人们的生命与财产安全。①

（四）地理信息系统在水环境监测与水资源保护中的应用

地理信息系统对于分析地表水资源的分布形式、地下水资源的开发及水资源的规范等都具有十分重要的作用。地理信息系统还能够实现信息与数据的采集与存储，比如地下水的深度及储存量等信息，还能够准确地计算出灌溉面积，并分析洪涝灾害等情况。根据这些信息可以为水环境监测与水资源分配提供决策依据。

（五）地理信息系统在水文模拟中的应用

在水文模拟中使用地理信息系统能够更好地实现相关分配的模拟实验，还能提供精确的模拟数据并显示出操作成果。水文模拟中使用地理信息系统能够实现空间数据信息的管理，还能够进行模型数据的输入与输出操作。在水文模拟中使用地理信息系统能够为水文模拟提供较好的开发平台，提升综合效益。

（六）地理信息系统在水土保护中的应用

水土流失的类型有很多种类，包括水蚀、风蚀、冰川侵蚀、重力侵蚀等，并且在一些地区还会出现滑坡泥石流等灾害，其水土流失情况则更为严重。这时就可以使用地理信息系统并与遥感技术相互结合，分析水土流失的实际情况并存储相关数据，准确地确认水土流失严重的地区，使人们能够更具针对性地做出预防措施。在水土流失中使用地理信息系统能够动态地管理并检测数据，分析并计算数据，从而为水土流失的预测生态环境预测提供较好的数据源。水土保持系统中使用地理信息系统能够存储大量的水土保持规范数据，并能够快速地获取水土保持规划因子中的土地分类数量、质量及空间分布情况。此外，还能够动态地更新地理信息系统中的数

①张殿伟.地理信息系统[M].沈阳:沈阳出版社,2014.

据,并对数据进行合理的管理。使用地理信息系统还能够输出各种各样的查询信息与分析结果,为水土保持数据分析提供方便。在水土保持系统中使用地理信息主要是利用地理信息系统存储并分析数据的优势,更好地实现对水土资源的科学管理,并为水土保持提供科学的、直观的数据,从而实现水土保持的平衡发展,最终实现区域水土保持可持续发展。

(七)地理信息系统在水文资源中的未来应用前景

地理信息系统在水文资源中应用广泛,并且在实际使用中为水文资源管理带来了良好的综合效益,推动了水文资源管理水平的进步,并推动了地理信息系统在水文资源中的应用。但是,地理信息系统仍然存在着问题,在未来的水文资源中使用此系统应注意以下几点。

第一,对于重要的江河,应建立地理信息系统并利用水资源的综合信息获得相关数据。地理信息系统中的空间信息是支持水位资源的管理基础,还是支持水文资源的决策基础。地理信息系统中数据存储与分析的好坏与水文资源的管理水平有着紧密的联系。对于一些重要的江河应定期更新空间数据。

第二,不断完善水文资源管理与决策系统。

第三,统一地理信息系统中的规范与标准,从而更好地提升信息交流与信息共享。

第四,不断使用新技术与新成果,不断扩展地理信息系统的功能,对于系统中的数据获取、分析与预测等方面的功能还应不断完善,不断深化,如可以在新系统中融入一些图像查看等功能。

三、地理信息系统GIS在国土资源管理中的运用

(一)地理信息系统GIS在国土资源管理中的作用

1.有利于规范国土资源管理过程

随着城市化进程的快速发展,国土资源管理难度逐渐加大,浪费问题越来越常见,如果不能采取有效的管理对策,浪费问题会不断恶化,进而导致国土资源经济效益降低。将地理信息技术应用于国土资源管理中,采用信息技术对数据进行采集、处理和分析,改变传统的国土资源管理方式,对国土资源管理工作提供技术支持,能够有效提升国土资源管理水平。

2.有利于降低国土资源管理难度

通过应用地理信息系统,可以快速、准确地识别各类自然灾害问题,比如水灾、地震灾害、虫灾、旱灾等。采用信息技术对各类灾害问题进行检测、预估,有利于规避传统的国土资源管理方式的弊端,促进国土资源管理水平的提高。此外,在地理信息系统的实际应用中,还能够准确反馈国土资源信息,强调环境保护和资源节约,有利于国土资源管理的科学性和有效性。

（二）国土资源管理地理信息系统设计

1.系统总体目标

根据数字城市地理信息公共服务平台,对地籍信息、土地利用实际情况、矿产信息、地质灾害信息等内容进行调查,然后根据调查结果建立健全数据库。根据国土资源管理实际需要,将管理业务流程与地理信息系统相结合,进而实现国土资源办公业务的图文结合,提升国土资源管理水平。构建国土资源管理示范应用系统,充分发挥数字城市建设效益,构建完善的数字城市建设地理空间框架。

2.系统划分

根据国土资源管理系统的应用需要,可以将系统业务分为7个子系统,包括城乡一体化地籍管理、系统维护管理、土地储备管理、地质灾害管理、土地利用规划管理、矿产资源管理等。在整个国土资源管理系统中,各个子系统之间是相互独立的,但在实际应用中,需要相互配合,实现信息共享。

3.系统总体技术框架

该系统的建设目标是为国土资源管理提供技术支持,因此,在该系统的建设和功能开发过程中,必须充分考虑数字城市技术发展趋势,综合考虑当前的应用需要以及未来的信息化技术发展趋势。该系统总体技术框架主要分为以下几个部分:①数据采集层。数据采集层的作用是对地形图进行数字化处理、数字测土、获取和处理相关影响数据、收集专题数据等,同时还可以实现数据传输。②数据库层。数据库层是由三个数据库所组成的,包括国土空间数据库、专项属性以及登记属性库。三个数据库可以分布并存储在各个数据交换中心。③数据共享层。数据共享层位于数据库层与应用层之间,其作用是实现系统与数据库、中心与各个部门之间的数据共享。④通用组件层。通用组件层的作用是为各个应用系统功能的实现奠定基础。⑤应用层。应用层是由7个子系统所组成的,包括土地利用规划管理、地籍数据处理、系统维护管理、城乡一体化地籍管理等,能够向国土资源管理各个部门提供信息服务。⑥用户层。用户层指的是所有系统的应用人员,包括领导、管理人员、工作人员等等。

4.C/S架构下的国土管理信息系统解决方案

在国土资源管理信息系统构建过程中,需要多个组件的支持,包括Oracle11g、ArcGIS Engine10.0以及ArcSDE10.0。主要有以下方案:①空间数据库的选择。国土资源管理相关信息数据的复杂程度比较高,因此,在将数据传递入数据库前,首先需要对所有数据进行检查,在此过程中,可以应用Personal Geo Database。所有国土资源数据在经过检查无误后,即可保存至数据库Oracle中。②空间数据引擎的选择。通过应用ArcSDE10.0,能够将空间数据传递至商用数据库中,包括Oracle、SqlServer等,支持用户访问。③服务器端空间数据的管理。在国土资源管理信息系统的实际应用中,需要根据实际需要调用各类基础地理信息数据,对于专题数据以及国土属性数据,需要分别建立数据库,并加强管理,对于服务器端,可以采用ArcGIS10.0。④客户端应用程序的开发。对于客户端应用程序,可以采用CIS结构形式,并应用ArcGIS Engine10.0组件进行开发。对于客户端软件,可以通过ArcSDE10,对Oracle中的数据进行访问、查询、分析、输出和共享等。⑤空间数据库的选择。采用Oracle11g作为数据存储的平台。

(三)地理信息系统GIS在国土资源管理中的运用

1.地籍管理

在地籍管理中,通过应用地理信息系统,能够为其提供相应的技术服务,进而更好地辅助相关地籍信息,提升土地资源开发水平。在土地资源开发中,地理信息系统可以结合相关权属关系,对地籍信息进行登记,同时,还可以对相关信息进行变更,有效解决传统地籍信息错误问题,提升地籍信息处理水平。

由此可见,地籍管理中,在地理信息系统的支持下,有利于提升地籍管理水平,保证地籍管理信息的真实性和准确性。

2.土地规划

地理信息系统具有空间服务的功能,在国土资源管理中,能够帮助明确空间叠加关系,对土地规划实际情况进行评估分析,同时,还可以获得完善的土地规划指标因素。通过应用地理信息系统,能够规范土地规划工作,提升土地规划质量,对土地规划所需经济成本进行估算和分析,进而避免发生纠纷问题,同时,还可以保证土地资源规划的高效性。

3.土地评估

在国土资源评估过程中,需要应用大量的信息数据进行支持。地理信息系统中包括了数据库系统,通过应用数据库系统,能够形成地形图,进而为土地评估提供依据,然后再根据一定的比例,反馈国土资源详细信息,便于及时掌握详细的国土资源信息。除此以外,地理信息系统还可以满足土地评估实际需要,通过将土地评估信息准确输入至地理信息系统中,能够准确定位国土资源信息。需要注意的是,在土地评估过程中,必须严格依据国家法律规范以及操作标准,保证土地信息评估的准确性。

第六章 无人机测绘系统

第一节 无人机测绘系统的基本原理和主要组成

一、无人机测绘系统的基本组成

一个典型的无人机测绘系统应包括飞行器、地面控制设备(任务规划与控制站)、任务载荷、数据链路、发射与回收装置、地面支援及维护设备等六个部分。

(一)飞行器

飞行器是无人机系统中的主体部分,包括机体、动力装置、飞行控制系统、导航装置以及供电系统等。飞行器有固定翼式、旋转翼式、扑翼式或艇囊式(无人飞艇)。需要说明的是,飞行数据终端安装在飞行器上,属于通信数据链路的机载部分;任务载荷虽然也是机载的,但一般视为独立子系统,有些型号的任务载荷可以支持在不同类型飞行器之间通用。

(二)地面控制设备

地面控制设备也称为地面控制站,是无人机系统的指挥、控制中心。传至无人机的遥控数据及无人机向下传输的图像和遥测数据都在此进行处理和显示。地面控制系统一般由任务规划设备、控制及显示平台、图像处理设备、计算机及信号处理器、通信设备等组成。

(三)任务载荷

任务载荷通常是无人机系统中最昂贵的子系统之一,包括应用于侦察任务的照相机、日间摄像机及夜视摄像机、雷达等。携带有效任务载荷执行各种任务是无人机的主要应用目的,如应用于指示目标的激光定位设备、电子战的通信中继及干扰设备、气象及化学探测的传感器等。无人机携带的具有杀伤能力的导弹等武器装备一般不归为任务载荷。

（四）数据链路

数据链路能够根据要求提供持续的天地之间双向通信,负责无人机系统的指令、数据、情报的上传下达。

从硬件组成的角度看,数据链路系统一般由地面数据终端和空中数据终端两大部分组成:地面数据终端通常是一个微波电子系统及天线,在地面及飞行器之间提供视距通信,也可由卫星提供中继;空中数据终端是数据链路的机载部分,其中视频发射机及天线用于传递图像及飞行姿态数据,接收器用于接收地面指令。

从数据传输的角度看,数据链路由上行链路和下行链路组成:上行链路提供对无人机飞行系统的控制及对其有效任务载荷下达指令;下行链路则用于接收任务载荷获取的数据及无人机的飞行状态信息。在使用数据链路时还要使其具备相应的抗电磁干扰能力。

（五）发射与回收装置

无人机的发射与回收方式种类很多,发射方式包括母机投放、火箭助推、车载发射、滑跑起飞、垂直起飞、容器发射和手抛起飞等;回收方式包括舱式回收、网式回收、伞降回收、滑跑着陆和气垫着陆等。一个无人机系统的发射与回收装置包括能完成上述几种发射与回收方式所需要的各种设备。

（六）地面支援及维护设备

地面支援及维护设备一般包括后勤支援设备、维护保养设备以及用于保障无人机完成任务的必要辅助设备等。

二、无人机测绘系统的基本工作原理

（一）无人机系统工作原理中的空气动力学基础

重于空气的无人机平台依靠与空气相对运动所产生的空气动力完成空中飞行。

1.飞行环境

飞行环境对飞行器的结构、材料、性能等都有十分明显的影响。只有熟悉飞行环境并设法克服或减少飞行环境的影响,才能保证飞行器飞行的准确性和可靠性。这里所说的飞行环境包括从地球表面到大气层边界。

航空器的飞行活动环境是大气层(空气层)。大气层包围着地球,其厚度为2 000～3 000 km。由于大气的成分和物理性质在铅锤方向上有显著的差异,因此可按大气在各个高度的特征分成若干层。

对流层。对流层是大气圈的最底层,其下界是地面,上界因纬度和季节而异。对流层的平均厚度在低纬度地区为17～18 km,中纬度地区为10～12 km,高纬度地区为8～9 km。对流层是大气圈中与一切生物关系最为密切的一个空间,对人类的生产、生活的影响也最大。

平流层:从对流层顶至55 km左右为平流层。

中间层:从平流层顶至85 km高空是中间层。

电离层(暖层):从中间层顶到800 km高空属于暖层。

散逸层:电离层顶之上,即800 km高度以上的大气层,称为散逸层。

大气层的各种特性沿铅垂方向差异非常明显。例如空气密度和压强都随高度增加而减小。在10 km高空,空气密度只相当于海平面空气密度的1/3,压强约为海平面压强的1/4;在100 km高空,空气密度只是地面密度的0.00004%,压强只是地面的0.00003%。

2.关于气流的重要定律

可流动的介质称为流体,流体是液体和气体的总称。在物理学中,流体是由大量分子组成的,每个分子都在不停地做无规则的热运动。彼此不时碰撞,交换着动量和能量。分子之间距离很大,分子的平均自由程(指一个分子经一次碰撞后到下一次碰撞前平均走过的距离)比分子本身的尺寸大得多。以空气为例,在标准状况下,每立方厘米的空间内约有2.7×10^{19}个空气分子,空气分子的平均自由程约为6×10^{-6} cm,而空气分子的平均直径约为3.7×10^{-8} cm,两者之比约为170:1。液体虽然比气体稠密得多,但分子之间仍然有相当的距离。因此,从微观上说,流体是一种有间隙的不连续介质。无人机飞行时引起的流体运动,一般是大量流体分子一起运动的。因此,不需要详细地研究流体分子的个别运动,只需研究流体的宏观运动即可。采用连续介质假设,即把流体看成连绵一片的、没有间隙的、充满了其所占据的空间的连续介质。流体绕流物体时,各物理量如速度、压力和温度等都会发生变化。这些变化必须遵循的基本物理定律包括质量守恒定律、牛顿运动第三定律、热力学第一定律(能量守恒与转换定律)和热力学第二定律等。

用流体流动过程中的各个物理量描述的基本物理定律,就组成了空气动力学的基本方程组,这是理论分析和计算的出发点,也是用试验方法获得无人机空气动力特性与规律的基础。

(1)稳定气流

要研究空气动力,首先要了解气流的特性。气流特性指空气在流动中各点的流速、压力和密度等参数的变化规律。气流可分为稳定气流和不稳定气流。稳定气流指空气在流动时,空间各点上的参数不随时间而变化。如果空气流动时,空间各点上的参数随时间而改变,这样的气流称为不稳定气流。

在稳定气流中,空气微团流动的路线叫做流线。一般说来,在流体流动的流场中,在某一瞬时可以绘制出许多称为流线的空间曲线,在每条流线上各点的流体微团的流动速度方向与流线在该点的切线方向重合。流体流过物体时,由许多流线所组成的图形称为流线谱,流线谱真实反映了空气流动的全貌,可以看出空间各点空气流动的方向,也可以比较出空间各点空气流动速度的快慢。

在流场中取一条不为流线的封闭曲线OS,经过曲线OS上每一点做流线,由这些流线集合构成的管状曲面称为流管。

流管由流线构成,因此流体不能穿出或穿入流管表面。在任意瞬时,流场中的流管类似真实的固体管壁。流线越稠密,流线之间的距离缩小,流管变细。相反,流线越稀疏,流线之间的距离扩大,流管变粗。

如果流动是稳定的,由于同一流线上的空气微团都以同样的轨道流动,那么流管的形状不随时间而变化。这样在稳定流动中,整个气流可认为是由许多单独流管组成的。

(2)连续性定理

当流体连续不断而稳定地流过一个粗细不等的流管时,在管道粗的地方流速比较慢,在管道细的地方流速比较快,这是由于管中任一部分的流体既不能中断也不能堆积。因此在同一时间,流进任一截面的流体质量和从另一截面流出的流体质量应该相等,这就是流体的质量守恒定律。

在单位时间内,流过任一截面的流体体积等于流体流过该截面的速度乘以该截面的面积;体积与流体密度相乘为单位时间内流过该截面的流体质量,即质量流量q_m。

$$q_m = \rho va$$

公式中，q_m 为单位时间内流过任一截面的流体质量，kg/s；ρ 为流体密度，kg/m³；v 为流体速度，m/s；a 为取截面面积，m²。

在单位时间内通过截面Ⅰ和截面Ⅱ的流体的质量流量应该相等，即

$$q_{m1} = q_{m2} = 常数$$

$$\rho_1 v_1 a_1 = \rho_2 v_2 a_2 = 常数$$

这就是质量方程，或称为连续方程，说明通过流管个横截面的质量流量必须相等。

对于不可压缩的流体，$\rho_1 = \rho_2 = $ 常数，则公式变为：

$$v_1 A_1 = v_2 A_2$$

由公式可知，对于不可压缩流体，通过流管各横截面的体积流量必须相等。故而，流管横截面变小，平均流速必然增大；反之，流管横截面变大，平均流速必然减小，否则将违背质量守恒定律。也就是说流体流速的快慢与管道截面的大小成反比，这就是连续性定理。

日常生活中，常常可以发现连续性定理的例子：在河床浅而窄的地段，河水流得比较快；在河床深而宽的地段，河水流得比较慢；山谷里的风通常比开阔平原的风大等。

（3）伯努利定理

1738年，瑞士物理学家丹尼尔·伯努利阐明了流体在流动中的压力与流速之间的关系，后来科学界称之为伯努利定理。该定理是研究气流特性和在飞行器上的空气动力产生和变化的基本定理之一。

日常生活中常常可以观察到空气流速或液体流速发生变化时，空气或液体压力也发生相应变化的例子。例如，向两张纸片中间吹气，两张纸片不是彼此分开，而是互相靠拢。这说明两张纸片中间的空气压力小于纸片外的大气压力，于是两张纸片在压力差的作用下靠拢。又如，河中并排行驶的两条船，会互相靠拢。这是因为河水流经两船中间因水道变窄会加快流速而降低压力，但流过两船外侧的河水流速和压力变化不大，这样两船中间同外边形成水的压力差，从而使两船靠拢。

从上述现象可以看出流速与压力之间的关系，即流体在流管中流动，流速快的地方压力小，流速慢的地方压力大，这就是伯努利定理的基本内容。

下面从能量的角度来讨论上述现象。根据能量守恒定律，能量既不会

消失,也不会无中生有,只能从一种形式转化为另一种形式。在低速流动的空气中,参与转换的能量有两种:压力能和动能。一定质量的空气,具有一定的压力,能推动物体做功。压力越大,压力能也越大。

此外,流动的空气还具有动能,流速越大,动能也越大。

在稳定气流中,对于一定质量的空气而言,如果没有能量消耗,也没有能量加入,则其动能和压力能的总和是不变的。所以流速加快,动能增大,压力能减小,则压力降低;同样的,流速减慢,则压力能升高。它们之间的关系可用静压、动压和全压的关系说明。

静压是静止空气作用于物体表面的静压力,例如大气压力就是静压。动压则蕴藏于流动的空气中,没有作用于物体表面,只有当气流流经物体,流速发生变化时,动压才能转换为静压,从而施加于物体表面。当人们逆风前进时,感到迎面有压力,就是这个原因。空气的动压大小与其密度成正比,与气流速度的平方成正比,这也就是说,动压等于单位体积空气的动能。批全压是空气流过任何一点时所具有的静压和动压之和。根据能量守恒定律,无人机飞行时,相对气流中的空气全压等于当时飞行高度上的大气压加上相对气流中无人机前方的空气所具有的动压。用数学表达式表示为

$$P_i + \frac{1}{2}\rho v^2 = P_q$$

式中,P_i为静压;$P_i + \frac{1}{2}\rho v^2$(常量)为动压;$P_q$为全压。

应当注意,以上定理在下述条件下才成立:①气流是连续的、稳定的;②流动中的空气与外界没有能量交换;③气流中没有摩擦,或摩擦很小,可以忽略不计;④空气的密度没有变化,或变化很小,可认为不变。

由公式可以看出,当全压一定时,静压和动压可以互相转化;当气流的流速加快时,动压增大,静压必然减小;当流速减慢时,动压减小,静压必然增大。

综合连续性定理和伯努利定理,可总结出如下结论:流管变细的地方,流速加大,压力变小;反之,流管变粗的地方,流速减小,压力变大。

(二)无人机发射与回收的工作原理

无人机的发射和回收必须根据任务需求和自身机体的特点采用最适合自身系统的技术,并没有哪种发射或回收技术适用于所有无人机。

1.无人机发射

对于无人机的发射,通常要求发射设备具备简单、距离短、可靠性高等特点。无人机的发射方式多种多样,归纳起来主要有起落架滑跑起飞、母机投放、车载发射、火箭助推、滑轨式发射、垂直起飞、容器发射、手抛起飞等几种类型。

(1)起落架滑跑起飞

起落架滑跑起飞方式即通过一定长度的跑道助跑,实现滑跑起飞。大展弦比机翼的长航时无人机,通常采用起落架滑跑起飞方式,例如美国的"捕食者"和"全球鹰"系列无人机。

这种起飞方式与有人机相似,其区别在于以下几点:①起飞滑跑跑道短,对跑道的要求不如有人飞机苛刻。②航程较远和飞行时间较长的大型无人机用收缩型起落架,中、小型无人机采用非收缩型起落架。③有些无人机采用可弃式起落架,在无人机滑跑起飞后起落架便被扔下,回收无人机时则采用别的方式,如伞降回收。[①]

(2)母机投放

母机投放方式是先由有人驾驶飞机(母机)把无人机带到空中,当飞到预定的高度和速度时,在指定空域启动无人机的发动机,然后投放,称为空中投放。

固定翼母机携带无人机,一般采用翼下悬挂或机腹半隐蔽携带方式。这种方法简单易行,只需要在母机下增加若干个挂架,机内增设测控操纵台和通往无人机的油路和电路即可把无人机带到任何需要的地方,提高了使用的灵活性。

城村母机投放发射方式的主要优点是机动性高,发射点活动范围大,在不增加无人机燃油载量要求的条件下,增大无人机的航程。大、中、小型无人机均有采用这种发射方式的,例如美国的"火蜂"无人机由"大力神"母机携带,在空中投放。

(3)车载发射

车载发射,就是将无人机安装在一部起飞发射车上,车在公路或较为平坦的路面上迅速滑行,当车速增大时,作用在无人机上的升力也增大,当升力达到足够大时,无人机便可脱离发射车腾空而起。

①段延松.无人机测绘生产[M].武汉:武汉大学出版社,2019.

起飞发射车可分为无动力发射车、动力发射车和轨道式发射车三种。

无动力发射车就是车上无动力,靠无人机的发动机推动。动力发射车是在汽车上装有自动操纵系统,载着无人机自动地在跑道上滑跑,并掌握无人机离地时机,随时向发射操作人员显示工作情况,出现事故时自动采取应急措施。轨道式发射车是将起飞发射车设置在专用的环形跑道上滑跑,起飞前,用一条钢索将起飞发射车和位于环形跑道中央的地面固定桩子连接。起飞发射车在环形跑道上绕桩子旋转、加速,当速度达到足以使无人机升空时,无人机就断绳离地起飞。

在起飞发射车的滑跑过程中,如果偏离了跑道中心线,机上的航向控制系统会自动发出信号,操纵起飞发射车在跑道中心线上滑跑;当速度接近无人机离地速度时,机上的自动控制系统会发出信号,无人机做好离地准备,如解下扣环,抬起机头,一旦速度达到,无人机抛弃起飞发射车,独立升空,起飞发射车惯性滑行一段后自行停止。澳大利亚的"金迪维克"和英国的GTS7901"天眼"都采用这种发射方式。

(4)火箭助推

将无人机装在发射架上,借助固体火箭助推器的动力和高压气体实现零长度发射起飞的方法称火箭助推。

固体火箭助推器是一部固体燃料火箭发动机,这种起飞方法是现代战场上使用较多的机动式发射起飞方法,某些小型无人机也可不用火箭助推器,而靠火箭筒或压缩空气弹射器弹射起飞。

无人机的火箭助推发射装置,由装有导轨的发射架、发射控制设备和车体组成,有些装置没有导轨,也叫零长发射架。发射之前,无人机发动机点火并开足马力,当固体火箭助推器点火时,无人机从导轨后端,沿导轨加速滑动至前端。无人机离开导轨时,速度可达 $10 \sim 40$ m/s,离轨后,有些固体火箭助推器短时间内可以继续帮助无人机加速,直至机上舵面产生的空气动力能够操纵并稳定住无人机的速度时,火箭助推器的任务就完成了,并自动脱离。以后,无人机便靠自己的发动机维持飞行速度,固体火箭助推器从点火到自行脱离的时间一般只有 $1 \sim 3$ s。

火箭助推发射起飞装置可以在车、船上装载,其展开和撤收迅速简便,所需的发射场地很小,适合在冲突前沿地区、山区或舰上使用。

（5）滑轨式发射

无人机安装在轨道式发射装置上，依靠自身助飞发动机或发射装置上的动力装置(如液压和橡皮筋等)作用下起飞。

发射装置上的动力装置有弹力式、液压式和气动式。发射之前，无人机发动机已点火开足马力，无人机飞离发射装置后，在主发动机的作用下完成飞行任务。这种发射方式主要适用于小型无人机，例如，英国的"不死鸟"无人机是在液压弹射器作用下由车载斜轨上发射，法国的"玛尔特"MKⅡ无人机是在弹簧索弹射装置作用下从斜轨上发射。

（6）垂直起飞

无人机垂直起飞方式有两种类型：一是旋翼无人机垂直起飞；二是固定翼无人机垂直起飞。

旋翼无人机垂直起飞方式是以旋翼作为无人机的升力工具，旋转旋翼使无人机垂直起飞。

目前，主要有四种类型旋翼式无人机：主旋翼与尾旋翼式（如美国ARC003无人机）、共轴反旋双旋翼式（如加拿大的"哨兵"无人机、美国的QH-50无人机）、单旋翼式（如德国的DO-34无人机）和倾斜旋翼式（如美国的"瞄准手"无人机）。这种起飞方式不受场地面积和地理条件的限制，适用范围十分广泛。

固定翼无人机垂直起飞方式分两种情况：一种情况是无人机在起飞时，以垂直姿态安置在发射场上，由无人机尾支座支撑无人机，在机上发动机的作用下起飞；另一种情况是在无人机上配备垂直起飞用的发动机，在发动机推力的作用下，无人机实施垂直起飞。例如，美国格鲁门公司设计的754型无人机，机上装两种发动机：一种是巡航飞行用涡轮风扇发动机，沿无人机纵轴方向安于机下发动机短舱内，另一种是起飞(降落)用涡轮喷气发动机，装于机身内重心处。另外，飞艇一般都采用垂直起飞的方式。

（7）容器发射

容器发射式装置，是一种封闭式发射装置，分单室式和多室式两种类型，兼有发射与储存无人机的功能。发射时，将无人机安放在容器内发射轨道上，靠容器内动力设备开启室门，将无人机推出轨道，也可同时齐发无人机。容器发射装置常用于发射小型无人机，或用于在舰船和潜艇的狭小区域内发射无人机。例如，德国KDAR无人机采用单室式容器装置发射；美

国的"勇士"200无人机采用多室式容器发射装置,此装置可同时发射15架
无人机。

（8）手抛起飞

手抛起飞的发射方式源于航模的"手抛发射"。

这种方式仅适用于重量相对较轻、对起飞初速度要求不高的无人机,这
类飞行器载重量低、动力小。这种起飞方式不受场地面积和地理条件的限
制,适用范围比较广泛,实用性很强。

2.无人机回收

大多数无人机可以重复使用,称为可回收式无人机,也有些无人机只能
使用一次,称为不可回收式无人机。无人机的回收方式多种多样,回收过
程非常重要并且容易出现事故,因此,无人机回收技术已经成为影响无人
机发展的关键技术之一。常见的回收方式主要有以下六种。

（1）舱式回收

舱式回收是只回收无人机上高价值的部分,如任务舱等。美国的GTD-
30型高空超声速无人机就是采用这种回收方法,当完成侦察任务,返回到
预定地点上空时,便弹出照相舱,照相舱自动打开降落伞,徐徐下降回收,
机体部分自行坠毁。由于回收舱与无人机分离难度较大,而被抛弃的无人
机造价较高,这种回收方式已不使用。

（2）起落架滑轮着陆

起落架滑轮着陆方式即通过一定长度的跑道滑跑,依托起落架滑轮实
现着陆,主要用于大型无人机的回收。这种回收方式与有人飞机相似,不
同之处有:①滑跑跑道短,对跑道道面质量要求也不如有人飞机苛刻;②为
进一步缩短着陆滑跑距离,有些无人机(如以色列的"先锋""猛犬""侦察
兵"等)在机尾装尾钩,在着陆滑跑时,尾钩钩住地面拦截绳,这样大大缩短
了着陆滑跑距离。

（3）网式回收

网式回收即当无人机返航时,地面指挥站用无线电遥控引导无人机降
低高度,以小角度下滑,使其最大速度不超过120 km/h,操作人员通过电视
监视器监视其飞行,并根据地面接收机接收到的无人机信号,确定返航路
线偏差,半自动地控制无人机机动并不断修正飞行路线,使其对准地面摄
像机的瞄准线,撞向回收网。该回收方式主要应用于回收场地十分有限的

条件,如舰船用板上。

网式回收系统一般由回收网、能量吸收装置和自动引导设备组成。回收网由弹性材料编织而成,分横网和竖网两种架设形式;能量吸收装置与回收网相连,其作用是吸收无人机撞网的能量,使无人机速度迅速减为零,以免无人机触网后在网中继续运行而损坏。自动引导设备通常为一部置于网后的电视摄像机,或装在回收网架上的红外线接收机,由它及时向指挥站报告无人机返航路线的偏差。

无人机触网时的过载,一般不能大于 $6\,g$(过载表述物体受力的大小,它等于物体在某个方向受到的力与它自身重量之比,用重力加速度 g 表示),以免回收网遭到较大损坏。一般性损坏的回收网,可稍加修补后再次使用。以色列的"侦察兵"、美国的"苍鹰"等无人机都采用此回收方式。

(4)伞降回收

伞降回收也是目前比较普遍采用的回收方法。无人机用的回收伞与空降用伞几乎一样,开伞程序也大致相同。伞降回收方式可分为地面着陆、空中回收和水上溅落三种。

其主要流程是无人机按照预定程序或在遥控指挥下到达回收区上空,根据风力和地面情况关闭发动机,同时自动开伞或根据遥控指令开伞,降落在陆地上或水面上。英国的"不死鸟"无人机、美国的"龙眼"无人机、"指针"无人机等都是采用这种回收方式。

地面着陆:无人机在触地前的一瞬间,其垂直下降速度仍达 $5\sim8$ m/s,由于冲击过载较大,无人机触地时常常会损坏。为此,无人机要加装减震装置,如液压减震杆、充气垫(囊)等。无人机可在触地前放出充气垫装置,并由发动机供气,起到缓冲作用。

有些无人机在起落架上设计出较脆弱的局部,允许着陆时撞地损坏以吸收能量。例如,英国的"大鸦"I型无人机,这是一种机重 15 kg、翼展 2.7 m、机长 2.1 m 的小型无人机,机身下有着陆滑橇,机翼有翼尖滑橇,翼尖滑橇较脆弱,回收时允许折断,以吸收撞击力。

空中回收:采用空中回收方式时,母机上必须配备中空回收系统,无人机上除了有阻力伞和主伞之外,还需有钩挂伞、吊索和可旋转的脱落机构。其回收过程是地面站发出遥控指令,阻力伞开伞,同时关闭发动机,阻力伞引开主伞,此时钩挂伞高于主伞,使母机便于辨认和钩住钩挂伞。当钩住时,主伞自动脱离无人机,母机用绞盘绞起无人机,空中悬挂运走。这种回收方式不会对无人机造成损伤,可避免因无人机落在树上或屋顶难于回收的弊病。但是在回收时必须要求出动大型有人机,费用较高,同时对有人机驾驶员驾驶操纵技术要求较高。

水上溅落:水上溅落时无人机受到的撞击比地面着陆要小,但是必须迅速打捞和烘干,以免无人机沉入水中,使机体及内部设备受侵蚀。采用这种回收方式的无人机必须具有良好的密封防水性,一般海军无人机采用这种回收方式较多。

(5)垂直降落

旋翼无人机、无人飞艇一般都采用垂直着陆的方式,其工作原理与垂直起飞的工作原理类同。这种回收方式特别适合于回收场地小的场合,如舰艇。

(6)解体式降落

有些体积小的便携式无人机采用解体式降落着陆的方式,其工作原理是着陆时通过机身解体为多个部件来缓冲撞击力,避免机体受损。美军"大乌鸦"无人机就是采用这种降落方式。

第二节 无人机测绘系统的发展概况

一、世界主要国家无人机测绘系统发展情况

无人机作为一种高度集成的技术系统,其发展已成为综合国力的体现。世界主要军事强国都投入了大量的人力和物力用于发展无人机。

(一)美国

美国作为最早研制和使用无人驾驶飞机的国家,早在20世纪50年代越南战争时期就已大规模使用无人机,但随后放慢了无人机的研发速度。随着20世纪70年代中东战争中以色列无人机的出色表现,美国重新认识到无人机的巨大军事价值,又加快了研发速度,经过30多年的不懈努力,现已成为全球研制和使用无人机能力最强的国家。

在美军无人机的发展过程中,最重要的标志之一是 Tier 计划的执行。该计划于 1994 年由美国国防部高级研究项目局(Defense Advanced Research Projects Agency,DARPA)和防务空中侦察办公室(Defense Airborne Reconnaissance Office,DARO)共同启动,开发高空长航时无人机项目(high alitude endurance UAV,HAE UAV)。目的是通过研制并验证 HAE UAV 系统是否能够为军方提供全天候、大面积、长时间的情报侦察和监视支持。

Tier 原计划发展 Tier-Ⅰ、Tier-Ⅱ、Tier-Ⅲ三种系列无人机。后来发现 Tier-Ⅲ研制耗资巨大并且难以完成,便改为平行发展两种互为补充的 Tier-Ⅱ+和 Tier-Ⅲ-系统。Tier-Ⅱ+设定用于低/中等威慑环境,Tier-Ⅲ-用于高威慑环境。该计划的最终结果构成了美军现有无人机系列的主体成品。

2002～2011 年,美国国防部部长办公室分六次公开发布了美军的《无人机系统路线图(2005—2030)》,路线图文中详细阐述了目前和未来 20 多年的美军无人机发展方向,无人机的动力装置、各种传感器、通信和信息处理等技术水平的发展要求,对美军无人机的发展起到重要的指导作用。

美军报告详细论述了根据作战需要将来可由无人机执行的任务,并根据这些任务说明无人机应该具备哪些新性能;路线图根据摩尔法则,预测了很多关键技术,例如推动装置、传感器、数据链路、信息处理能力等未来的发展趋势。

这份路线图的时间跨度为 30 年,正好与无人机技术的研发周期一致,即用 15 年时间将实验室的研究成果转化为可操作的实际系统,再用 15 年的时间完成整个系统的螺旋式发展,最终参与作战。

美军还制定了一系列相对具体的计划,如联合无人驾驶战斗飞行器(JUCAV)计划等;各军种也根据自己的特点和需求,分别制订相应的无人机计划,发展最适合本军作战特点的机型,实现最佳作战效果。例如陆军早期的"天鹰"小型战术无人机计划和随后的"猎人"短程无人机计划;海军和海军陆战队的"火力侦察兵"计划;美国空军总部于 2009 年 5 月正式颁布了《美国空军 2009—2047 年无人机系统发展规划》,以条令、编制、训练、作战物资、领导者的培养、人员与设施以及政策的形式,对美国空军 2009～2047 年的发展规划进行了概述,综合了早期无人机的发展经验与新兴的先进无人机技术。

（二）德国

德国早在第二次世界大战期间就已使用过无人航空兵器，从事无人轰炸机的研究并将其用于实战。早在20世纪70年代，德国就开始研制多种无人机，但大部分用于战场侦察或射击校正。德国比较著名的无人机有"月神"X-2000、"布雷维尔/KZO"等无人侦察机，"希摩斯"LV、"奥卡"1200无人直升机、"达尔"（DAR）反辐射无人机、"欧洲鹰"长航时无人机和"台风"无人作战飞机等。

（三）法国

法国在无人机研制上拥有较强的实力，曾在欧洲无人机领域长期保持领先地位。法国在20世纪80年代末至90年代中期，先后自行研制了"玛尔特""狐狸"AT和"红华""轻骑兵""麻雀"等战术无人机，"考普特"1和"考普特"2、"警戒观察员""太阳"等无人直升机，"龙""狐狸"等电子战无人机等，近年来进展较慢。法国主导的中空长航时无人机系统、多功能多传感器无人机和"神经元"无人战斗机三个公开的合作计划中，目前只有"神经元"无人战斗机验证机获得了成功。

（四）英国

英国是较早研制使用军用无人机的国家之一，其无人机研制水平也比较高。在1999年的科索沃战争、2002年的阿富汗战争和2003年的伊拉克战争中，英军都有多种无人机参战。英国典型的无人机有"不死鸟"（Phoenix）侦察监视无人机、"观察者"（Observer）战术侦察无人机等。

（五）俄罗斯

俄罗斯的无人机发展大致可以分为三个阶段。

第一阶段是20世纪50年代后期至70年代初期，由于受到当时世界政治及战略格局的影响，苏联主要研制战略型无人机。最初是在导弹的基础上研制出具有超声速巡航能力的无人驾驶攻击机，并在其基础上研制了远程无人驾驶侦察机系统。

第二阶段为20世纪70年代初至80年代末，苏联主要研制战术无人机。在这一时期，速度更快、机动性更强的"米格"-25有人驾驶高空高速侦察机已大量装备部队且战绩颇佳，因此战略无人机被逐步淘汰，而侦察设备更先进的无人驾驶的亚声速战术侦察机和战役侦察机应运而生。

第三阶段从20世纪90年代初至今。20世纪90年代初,由于缺乏经费,俄罗斯无人机的发展开始走入低谷,与此同时,美国、以色列等国家无人机技术已经开始超过俄罗斯。近年来,俄罗斯军方不断加大了对无人机研发工作的投入,使其无人机工业有了很大的发展。

(六)日本

日本具有很强的无人机研制能力。雅马哈公司研制的无人直升机广泛地用于民用和军用领域;微型、多用途和超声速等类型的无人机正在研究开发中。日本计划投入大量的资金从美国引进先进的"全球鹰"和"捕食者"系列无人机并加以改进,以满足其军事需要。

(七)以色列

以色列在无人机的发展方面走在世界前列,仅次于美国。以色列无人机的发展是在20世纪六七十年代引进美国"石鸡"军用无人机后,通过仿制和改进逐步发展起来的,以色列飞机工业公司(Israel Aireraft Industries Ltd,IAI)是其无人机研究的主要单位。

经过数十年的不懈努力,以色列在这一领域已取得了骄人的成绩,一跃成为世界无人机强国。目前以色列已投入使用的无人机有17种型号,并拥有一批规模不等、产品各异的无人机生产企业,具有研制、生产和实战应用的丰富经验。至今,以色列已经研制了三代无人机,其第一代为"侦察兵"无人机、"猛犬"无人机,第二代为"先锋"无人机,第三代主要是"搜索者"无人机及中空长航时多用途"苍鹭"无人机,现正在研制的是第四代无人机。

以色列的军用无人机包括侦察、干扰、反辐射、诱饵、通信中继等多种类型,形成了一个较完整的无人机体系。世界许多国家在发展无人机时,都曾借鉴以色列的成功经验,或从以色列引进技术、联合研制、进口无人机系统。

二、无人机的发展趋势

随着无人机技术的发展进步和应用领域的拓展延伸,无人机在国民经济建设和现代战争中将发挥越来越重要的作用。

1.无人机技术发展趋势

无人机技术的发展将赋予无人机新的性能和功能,随着计算机、通信、人工智能等技术的飞速发展,制约无人机发展的技术难题将会逐一解决高空、高速、长航时及微型化、智能化和隐身化的无人机系统层出不穷,无人机的发展将进入到一个崭新的时代。无人机技术的发展趋势主要表现在以下几个方面。

第一,无人机平台向高空长航时、高超音速、高隐身性和高仿生性方向发展美国"全球鹰"无人机,其续航时间在42 h以上,最大飞行高度20 000 m,最大飞行距离26 000 km,可从美国本土飞往全球任何地区进行战略和战役侦察。为延长其飞行时间,美国国防部已与波音公司签订了无人机燃料电池动力系统开发合同,新的燃料电池动力系统能使无人机在空中连续飞行数周,而不是现在的数十小时。同类型的无人机平台还有美国的"全球观察者"无人侦察机、以色列的"苍鹭"TP无人机以及我国的"翔龙"高空长航时无人机。"全球观察者"无人机的体型十分庞大,翼展相当于一架波音747客机,其续航时间约为7天,最大飞行高度19 800m,被称为"五角大楼永远睁着的眼睛";以色列航空航天工业公司开发的"苍鹭"TP无人机,又被称为"埃坦",是以军最大的无人机,航程可覆盖包括伊朗在内的海湾地区,续航时间在24h以上,最大飞行高度13 700 m;"翔龙"无人机是中国新一代高空长航时无人侦察机,其续航时间最大为10 h,巡航高度为18 000 ~ 20 000 m。①

2013年5月1日,美国波音公司和普惠公司联合研制的X-51A型高超声速无人驾驶飞行器完成最后一次试验,在试验中达到了超过5马赫的最高时速,共计飞行370 s,距离426 km。

X-51A项目始于2004年,用来验证一种自由飞行、超燃冲压发动机驱动的飞行器的可行性,更高的速度和更大的机动性意味着更高的生存性。该项目是美军"全球快速打击计划"的产物,美国空军号称其在1 h内可以对全球任何目标进行即时打击。2013年6月巴黎航展上,法国、西班牙、意大利等欧洲六国联合研制的"神经元"隐身无人机进行展示。该机翼展尺寸与"幻影"2 000相当,但显示在雷达屏幕上的尺寸却不超过一只麻雀。"神经元"无人机可发挥隐身性能好和突防能力强的优势,诱敌暴露目标,并对其实施快速攻击,甚至可以在隐身模式下自主发射武器。隐身设计涉及发动机进出口的设计、内置式武器吊舱、无缝复合材料蒙皮、更小的平台尺寸

---

①全广军,康习军,张朝辉. 无人机及其测绘技术新探索[M]. 长春:吉林科学技术出版社, 2019.

和雷达吸波结构与材料,以降低红外线(Infrared Radiation,IR)及无线电频率(Radio Frequency,RF)信号特征。

2013年8月美国无人系统展上,纳米仿生无人机尤其引人关注。纳米仿生无人机是一种以昆虫为灵感,采用纳米技术的微小型无人机。在美国军方设计的未来战争中,一大群"昆虫机器人部队"将在敌方无法察觉的情况下随意进出防空系统层层布防的敌方领空进行侦察和攻击。纳米仿生无人机的典型代表是"蜂鸟"无人机,其是美国五角大楼研制的一款如蜂鸟般大小的无人间谍侦察机,不需要推进器,能像鸟儿一样通过扇动翅膀获得动力,可以轻松装入上衣口袋中,十分有利于深入敌后悄然作战。

第二,控制系统向高可靠性、智能化、多机协同、自防御方向发展。无人机控制系统的关键技术包括自主起降、容错控制、飞行中任务管理、协同作战、自动目标识别、交战和自主防御等技术。

美军通过采用额定发动机、三冗余的飞行关键装备以及与有人驾驶飞机相当的软件和硬件,希望在未来研发出平均无故障时间至少10 000 h的无人机系统,而战略级无人机的平均无故障时间可望达到100 000 h,与商业喷气式飞机的可靠性相当。

2013年5月14日,美国海军X-478无人机完成第一次航母上自主飞行和着舰。X-47B可按照设定要求滑行、起飞,并沿着搜索空域和最佳航线航行,自动躲避威胁,选择需要打击的目标并发起攻击。具有类似功能的还有英国研制的"雷神"无人机。

多无人机自主协同作战将在多个无人机平台之间、传感器与传感器之间构架"桥梁"的作用,智能规划和感知技术可使无人机在最少人工干预情况下有效地执行任务。美国陆军航空兵应用技术管理局(Army Aviation Applied Technology Directorate,AATD)发起了无人机自主协同作战项目,罗克韦尔科学中心(Rockwell Science Center,RSC)负责开发并验证多无人机协同作战能力。自主协同作战项目旨在对执行指定任务的无人机编队的协同作战性能进行研究和论证,其最终目标是应用先进的智能协同技术,以最少的人工干预使无人机群协作完成任务。陆军航空应用技术管理局为该项目确定了四项功能,包括协同侦察与警戒、确立多个最佳观测点、通信网络适配性以及部件发生故障时无人机群内部的相应调整。

目前,美军已提出了为"捕食者"或"全球鹰"等中大型无人机安装通用红外对抗系统的方案,以保护无人机免遭导弹的袭击。同时,准备为"火力侦察兵"无人直升机安装新一代防护罩,这种防护罩能抵御强电场和电磁波的干扰,为飞机的关键电子器件提供更强的防护能力。

第三,任务设备向全天候、高分辨率、远距离、宽视角、实时化、小型化方向发展,无人机机载任务设备的探测距离将大幅度增加,灵敏度更高、分辨率更高、重量更轻、体积更加小型化。具体表现在航空数码相机向宽视角、高分辨、准实时成像、照相摄像一体化方向发展;高分辨率、高灵敏度、不用扫描成像的第三代前视红外仪将在无人机上普遍应用。

2013年,美国国防部高级研究计划局(Defense Advanced Research Projects Agency,DARPA)和英国航空航天系统公司(BAE Systems)共同研发了自动化实时地面全部署的侦察成像系统"阿格斯"(ARGUS)。ARGUS摄像头能够在5 000 m的高空巡逻,向地面返回高达18亿像素的高分辨率图像。该摄像头采用名为"广域持续凝视"的技术,使用368个500万像素的摄像头和成像芯片,其功效相当于100部"捕食者"无人机同时俯瞰一个中型城市,地面显示系统能够同时打开65个窗口,可以看清地面上面积只有1 5cm²的物体。

美国雷声公司2013年6月26日报道,将为美国空军生产带有地面移动目标指示与合成孔径雷达(Synthetie Aperture Radar,SAR)技术的雷达吊舱。这种可拆卸式探测雷达安装在MQ9"捕食者"无人机的机翼下方,能够在恶劣天气、昼夜环境下透过云和树叶等障碍物成像探测,为美国空军执行情报、监视和侦察任务。

另外,无人机搭载的超光谱成像仪(Hyperspectral Imager,HSD)、激光雷达(Light Laser Detection and Panging,LiDAR)和带动目标指示器(Moving Target indicator,MT)的SAR等任务设备不断发展。多维传感器将通过扫描大量的离散光谱提供更多的目标特征信息。超光谱成像可鉴别诱饵,探测和对目标测距的可靠性更高。既能探测地面目标又能探测空中目标的自主合成孔径/动目标指示(SAR/MTI)雷达,被认为将成为未来主要用于空地作战的无人机最主要的传感器。

第四,数据链路向远距离、安全保密、通用化、网络化方向发展。近年来,超视距的卫星中继测控传输系统在无人机上的运用将更加成熟、普遍;无人机的测控站将实现系列化、通用化;数据链与通信的高数据率、高带宽、低拦截概率、安全和全天候特性,使无人机与其他的有人驾驶战斗机、无人战斗机、其他平台携载的传感器和地面站联网,形成一个综合的战场态势感知体系,满足未来战斗管理的需要。

从2012年起,美军开始为MQ-8C"火力侦察兵"无人直升机提供新的多波段数字数据链(Intelligence Survillance and Reonaissance,ISR)。数据链采用更小、更轻的组件,采用具有开放标准波形信号的无线电频率(Radio Frequeney,RF)技术传输数据和视频流,集成组件是Cubie公司的多频段微型收发器,可采用双数据流同时传输Ku波段和C波段。MMT和双通道调制解调器组装在一起,可放在陆军士兵和海军陆战队员的战术背心里,数据链系统能够将全动态视频和数据从飞机传送到地面部队和水面舰艇,以便在作战行动的前、中、后各阶段提供实时的态势感知能力。

第五,武器系统向精确化、自主化方向发展。受无人机载弹能力和作战环境的限制,供普通战斗机使用的导弹武器并不适合无人机。不少国家开始为无人机研制体积小、重量轻、威力较小的精确制导弹药。无人战斗机的武器系统将包括先进的导引头、小型弹药、定向能武器等。下一代导弹的导引头可能依靠低成本的红外成像或毫米波导引头,具有发射后不管的自主能力。

2013年,美军为无人机专门研制了一种名为"怪兽"的导弹,该导弹最大射程可达12.5 km,采用复合制导方式,并加装红外成像导引头,具备全天候作战能力。英国基于便携式防空导弹,研制出一款用于无人机的小型空对地导弹,最大射程超过6 km。非洲航宇与防务展曾展示一款专门为无人机研制的小型空对地导弹,这种导弹可攻击装甲车辆、建筑物、民用车辆和人员等目标。

(2)无人机应用发展趋势

下面从民用和军用两个方面对无人机应用的发展趋势进行介绍。

第一,民用无人机的应用发展趋势。随着无人机技术向民用领域的拓展,显示无人机具有广阔的民用空间。民用无人机的应用发展趋势主要体现在以下几个方面:①民用测绘无人机将成为基础测绘地理信息建设的主力军。搭载高性能任务设备的测绘无人机可以快速获取地面高分辨率数字影像,为地理信息基础测绘建设提供高质量的原始数据,可广泛应用于测绘4D数据生产、数字城市和智慧城市建设等领域。②民用无人机将成为应急抢险救援中灾情信息获取的最主要手段。民用无人机具有飞行高度低（可低于云层）、人员危险小、操作简单快捷、成本低等优点，便于迅速赶到灾区现场，及时获取灾情信息，同时也可以对灾情损失进行精确评估。③民用无人机将全面改变未来信息化社会的面貌。民用无人机正向着实用化、智能化、多功能化的方向发展，未来新一代民用无人机将与通信、计算机、人工智能、新材料等技术协同发展，融入社会生活方方面面，在不断提高作业效能的同时扩大其应用范围，全面改变未来信息化社会和人类生活的面貌。

第二，军用无人机的应用发展趋势：①无人侦察机仍是军用无人机发展的主流。无人侦察机是最早运用于军事应用的一种无人机，其现在和将来仍然是军用无人机发展的主流，无人侦察机相比有人侦察机更具有军事、经济效益。美国国防部空中侦察处已大量使用无人侦察机，减少对有人侦察机的依赖，准备逐渐用无人侦察机替换掉有人侦察机。现在，更多国家正积极发展新一代无人侦察机。②攻击型无人机得到大力发展，实现查打一体化。许多发达国家已把攻击型无人机看作21世纪空中打击力量的一个重要组成部分，积极进行研制。攻击型无人机的研制重点解决两方面的问题：一是提高无人机的生存能力，攻击型无人机大多是在环境十分恶劣的条件下作战，必然会遭到敌方各种防空武器和敌机的攻击，所以必须着重解决无人机的生存问题；二是注重解决无人机的长航时问题，因为攻击型无人机在空中滞留时间越长，作战范围越大，对敌人的威胁也就越大。③隐形无人机将主导未来空战。目前，新一代多用途、隐身无人机的研制，已成为世界各国军队新的研究和发展重点。现代隐身技术和无人机技术结合而形成的新型隐身无人机，在隐身性能、生存能力、作战主动权方面正在不断提高，将在未来的战场上与各种防空武器进行"终极对话"。现代隐身无人机的隐身技术将在等离子体隐身、新型隐身材料、抑制可见光、红外线反射等方面取得突破。④军用无人机将在网络中心战中发挥越来越重要的作用。网络中心战是通过战场各个作战单元的网络化，使分散配置的部队共同感知战场态势，协调行动，把信息优势变为作战优势，从而发挥最大作战效能的作战样式。无人机可以在网络中心战中实施信息搜集和精确打击等多项任务，主要表现在战场感知能力、通信中继中节点、目标定位、精确打击、毁伤评估等，已成为网络中心战体系中不可或缺的一环。

第三节 无人机测绘系统在国土资源中的应用

一、无人机航测在国土资源测绘中的应用

(一)无人机航测技术的优势

随着科学技术的进步和发展,各类先进技术在各行业中的应用越来越广泛,在国土资源测绘工作中也是如此。近年来,由于无人机航测自身具有灵活、高效等优势,在国土资源测绘中的应用范围越来越广。无人机航测技术的引进和应用,能够帮助国土资源管理工作人员以更加方便、快捷的方式,实现对各种不同类型信息数据的收集、设定以及利用,以此来保证无人机严格按照相应要求进行信息分析。无人机航测技术在实际应用中会涉及很多种不同类型的技术,其中包括飞行控制技术、拍摄技术等。使用这些不同类型的技术手段,可有效提升无人机航测技术的应用效率和质量,也可最大限度地保证国土资源测绘精准度得到提升,不断推进和落实国土资源管理工作。无人机航测技术在具体应用中,由于其体积小、质量轻、驱动力强,不仅能够保证无人机航测的精准度,进一步提升测绘结果的准确性、可靠性,而且能够保证国土资源测绘工作有序开展。

(二)无人机航测技术的作用

1.及时有效地获取和处理信息

国土资源测绘涉及大量的数据信息,土地资源管理工作人员在开展各项工作时,通常情况下需要在一定时间内整合大量资料,这样才能够更加全面、快捷地实现对土地资源的合理管理。在国土资源测绘实际过程中,土地资源管理工作人员要提前了解测量项目的相关信息,以此为基础,结合国土资源测绘项目的要求,合理设置无人机航测系统内不同类型的数据参数,尽量选择天气条件良好的时间段进行测绘,以最大程度保证测绘结果的准确性和可靠性。通常情况下可以直接利用无人机对各种不同类型的资料数据信息进行回传,并利用计算机技术进行妥善处理,推动国家土地资源管理工作有序开展。

工作人员在日常工作中,要积极引进和应用GPS技术,合理设置无人机

航测对应的像控点,结合使用像控点与对应的地理坐标来实现对无人机传回影片的加密处理。除此之外,管理人员还要对无人机已经传回的数据信息进行科学合理的处理,最大限度地保证色彩、明度以及清晰度等数据达到土地管理的基本要求。其处理结果可为后续土地规划以及登记等相关工作的有序开展提供可靠依据,推进土地规划、登记等相关工作的有序开展。

2.大幅提升数据精准度

在制定和落实测量方案时,要尽可能选择地势比较复杂的地区,并将这些地区作为样本进行全面、合理的分析,为后续测量以及相关数据的整合工作奠定基础。相关工作人员在应用无人机航测技术的实践中,要对测量结果进行统计和计算分析,以保证无人机航测技术的精准度。通过这种方式可最大限度保证现有测绘数据的可靠性,大幅提升土地资源测绘的工作效率,保证土地资源管理的合理性和科学性。

(三)无人机航测系统的应用前景

1.土地利用动态监测

随着城市人口数量的不断增加,城市化进程推进速度也在不断加快,我国企业数量也在持续增加。这种形势下,相关工作人员应当重视土地资源,在土地资源管理工作具体开展中对现有土地资源进行合理的调配和利用,提高土地资源的整体利用率,避免严重的土地资源浪费,有效提升我国土地资源的整体使用效果。实践中,对我国现有土地资源进行科学合理的调配,需要工作人员对土地的具体变化情况进行实时有效的动态化监测和分析,从中获取有关土地资源的变化信息,并根据变化情况提出针对性的配置计划。在整个操作过程中,相关部门需要投入大量的人力、物力,但是由于土地资源在实际监测中的质量与效率普遍较低,所以需要引起足够的关注和重视。应用无人机航测技术可以妥善解决类似问题,降低动态化监测工作的复杂性,保证土地资源管理工作各个环节能够顺利开展。

无人机技术在实际应用中具有小巧、适应性强、成本低的优势,所以相关工作人员可以应用无人机航测技术针对性地控制像控点,重点分析土地资源的具体使用情况,实现对工业区等重点区域的监控和分析。同时,也可对各个不同地区近年来整体变化情况进行对比分析,并以此为基础提高土地资源的整体利用率。

　　与大飞机航测项目进行对比分析,不难看出通过在实践中科学合理地应用无人机航测技术,有利于实现对土地资源的精准测量,不仅可以降低成本,而且可以缩短时间,保证实现城市土地资源动态化监测的同时,最大限度地保证土地资源的合理应用。

　　2.土地执法监察

　　土地资源管理部门在日常的土地执法检查工作过程中或多或少会使用到无人机航测技术。土地执法监测工作是指土地资源内部相关管理人员对整个职权范围内非法用地情况的监察,主要是针对自身的职权展开合理监察和分析,以此来保证城市内部土地资源在具体应用时的合法性、合理性、可靠性,保证土地资源整体利用率的有效提升。与传统的土地执法监测管理手段相比,无人航测技术的应用不仅节约了人力资源,而且缩短了周期,将部分复杂的土地资源问题简化处理。除此之外,应用无人机航测技术可以对各地区现有土地资源整体使用情况进行客观分析。尤其是对目前易出现问题的区域展开定期、不定期的检查,保证前期预防工作全面、有序开展,达到有效规避各类事故的目的。

　　3.监测地质灾害

　　土地资源管理工作在具体开展中,不仅要对城市内部现有的建设用地进行科学合理的管理,而且要针对相关地质灾害进行监测。土地资源管理人员在日常工作中,通过应用无人机航测技术可以直接拍摄到工作人员无法进入的区域情况,将灾情全部真实地回传到对应的监控中心,这样有利于更加深入地了解灾情,实现对灾害数据合理地搜集和利用,便于开展针对性的预防。

二、无人机遥感系统在国土资源执法监察中的应用

(一)基于无人机遥感系统的国土资源执法监察技术流程

　　1.无人机航空摄影方案设计

　　利用无人机遥感系统航摄监察区域并获取高分辨率影像数据。航摄作业前,确定监察区域范围,充分收集研究航摄区的相关地形图、影像等数据,了解航摄区的地形地貌、气候条件以及机场、主要设施等情况,确定飞行区域的空域条件、无人机设备对任务的适应性等客观因素。根据空间分辨率、航摄范围的要求,设计无人机飞行高度、总航程航摄时间、航线布设、

影像重叠度和分区等,具体设计原则按照 CH/Z3005 相关要求执行。航线敷设方法应遵循以下原则:第一,航线一般按东西向平行于图廓线直线飞行,特定条件下亦可做南北向飞行或沿河流、境界等方向飞行;第二,曝光点应尽量采用数字高程模型依地形起伏逐点设计;第三,进行水域摄影时,应尽可能避免主点落水,要确保所有区域达到完整覆盖,并能构成体像。此外,无人机航空摄影时还应设计相片重叠度、倾角等飞行质量参数,以获取高质量的影像数据。①

2.加密以及 DOM 制作

无人机遥感系统获取的高分辨率彩色遥感影像,首先对相片的重叠度,清晰度等质量进行验收检查。对于满足要求的影像数据进行主点和畸变差校正,从而获取无主点偏移和畸变的航摄影像。然后,对影像数据进行空三加密和 DOM 制作。加密完成后,对于局部 DEM 变形较大地区,利用个别模型的像点匹配,并辅以人工快速获取,然后对单片进行自动拼接及裁切输出,对整体影像数据进行调色处理,完成符合要求的监察区域 0.5 分辨率的正射影像图,从而得到土地利用现状的后时相影像数据。

3.前时相和后时相数据对比分析

利用后时相影像数据和上年度卫星影像数据(前时相数据)以及相关土地利用现状数据(如第二次土地调查的土地利用现状数据)套合比对,找出监察区域变化部分,划出疑似违法用地的监察图斑,并进行分类编号与统计。一般情况下,同一类别的图斑按照从上往下,从左到右进行编号,不同类别的图斑按照顺序(如 A、B、C 等)实现连续编号。为了保证项目实施的效率与质量,按照相关国家标准、行业标准和项目技术规范的要求,以技术方法的先进性、成熟性和实用性为原则,制定切实可行的执法监察区域数据处理方案。目前,主要结合地理信息系统和遥感技术,利用国内外领先的面向对象多尺度分割分类技术,采用 eCognition Server(工程化生产软件、分布式处理)、计算机智能处理和人机交互相结合的方式,对执法监察区域开展疑似违法用地的变化监察。

4.成果资料制作

在 GIS 软件中进行监察图斑面积统计和相关属性赋值,制作监察区域

---

①官建军,李建明,荀胜国,等. 无人机遥感测绘技术及应用[M]. 西安:西北工业大学出版社,2018.

的成果资料,一般包括监察信息表格和监察影像图。监察信息表格中可以包含疑似监察图斑的图斑编号,卫片地类(人工判读),无人机地类(人工判读),监察图斑面积等信息。监察影像图制作时应综合考虑监察区域范围和出图效果,设计合理的比例尺、图例、样式等。

(二)无人机遥感系统在芜湖县湾沚镇国土资源执法监察中的应用

1.航摄区域概况

实验区位于安徽省芜湖县湾沚镇,是芜湖县政府驻地,北纬30°54′~31°25′、东经118°19′~118°44′。位于青弋江的东面,山清水秀景色宜人,境内青弋江直通黄金水道长江,皖赣铁路和商杭高铁客运专线(在建)穿越县城,104省道与205国道在城西新区会合,四条高速在县城湾沚东西南北都设有出入口,形成了以公路为主,兼有铁路和内河航运的交通网。

本书搜集湾沚镇相关地理空间数据包括芜湖市的1:10 000比例尺地形图、1:50 000比例尺地形图,以及2011年度芜湖县第二次土地调查变更后的土地利用现状数据库。利用2011年度湾沚镇卫星影像数据作为此次国土资源执法监察的前时相数据。

2.芜湖县湾沚镇土地执法监察区域的航摄情况

无人机遥感系统对芜湖县湾沚镇执法监察区域的航摄面积总计约140 km²。此次无人机航摄影像数据的空间分辨率为0.5 m,经过几何校正、图像拼接等数据预处理后,为了考究此次无人机遥感影像数据的精度,采用三种方式进行验证:第一,经内业检查无人机的航摄范围已经完全覆盖监察区域,其航线航高的设计已经综合考虑了相片分辨率、拍摄间距地形及天气等方面因素,确保了航片的质量与安全。同时,进行DOM制作精度检查,DOM影像颜色鲜明,无明显拼缝,中误差为0.63 m,满足基本需求。第二,将此次芜湖县土地执法监察区域的高分辨率无人机影像数据与2011年度卫星影像数据套合,在Arcmap中采用卷帘法对比分析两者影像精度。其中,上半部分是2011年度卫星影像数据,下半部分高分辨率无人机影像数据。第三,土地执法监察区域的高分辨率无人机影像数据与2011年度第二次土地调查变更后的土地利用现状数据库进行套合精度分析。

3.芜湖县湾沚镇国土资源执法监察情况

在e-Cognition和Arcmap中加载无人机遥感影像(后时相数据)和2011

年度的卫片影像(前时相数据)以及2011年度二次土地调查的土地利用现状数据库,通过分类提取与卷帘方法进行对比分析,找出一亩以上的疑似违法用地区域,判别监测图斑。本研究根据土地利用变化类型,将监察图斑分成四大类,即农用地变为建设用地(A类)、农用地变为建设用地(未建成)(B类)、未利用地变为建设用地(C类)、未利用地变为建设用地(未建成)(D类)。并统计土地利用变化的类型、位置、数量和面积等信息,同时将同一类别的图斑按照从上往下,从左到右进行编号,不同类别的图斑按照A、B、C、D的顺序实现连续编号。

通过比对分析,在芜湖县湾沚镇土地执法监察区域共发现56个疑似图斑,面积约为3574亩。其中农用地变为建设用地共有28个疑似图斑,面积约为2 026亩;农用地变为建设用地(未建成)共有13个疑似图斑,面积约为962亩;未利用地变为建设用地共有10个疑似图斑,面积约为3 915亩;未利用地变为建设用地(未建成)共有5个疑似图斑,面积约为195亩。经内业二级检查,对影像的判读准确率进行抽查,抽查43个监察图斑,其中有1处判读有误,影像判读准确率在95%以上。同时,对疑似监察图斑范围线判定的准确率进行抽查,抽查54个监察图斑,其中有1处面积小于1亩,1处范围线有误,监察图斑范围线判定准确率在96%以上。

第七章 三维测绘技术

第一节 三维测绘技术的主要内容

一、三维形貌与变形测量技术简介

光学三维形貌与变形测量技术经过近年来的快速发展,涌现出多种技术及方法。其中主要有:时间飞行法、全息干涉法、莫尔条纹法、结构光方法(点、线、面)、数字摄影测量法和数字图像相关法等,下面将介绍几种常用的三维测量方法,并分析在这些方面的研究发展情况。

(一)时间飞行法

时间飞行法(Time of Flight)基于三维形貌对激光束产生的时间调制。原理如图7-1所示。激光脉冲信号从发射器发出,经待测物体表面反射后,沿近乎相同的路径反向传回接收器,检测激光脉冲从发出到接收时刻之间的时间差,就可以计算出距离。结合扫描装置使激光脉冲扫描整个物体就可以得到三维形貌数据。

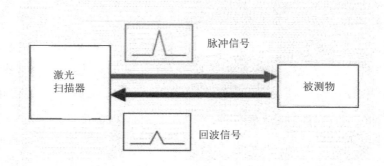

图7-1 时间飞行法原理图

时间飞行法的分辨率约为1 mm。若采用亚皮秒激光脉冲和高分辨率的电子器件,深度分辨率可达亚毫米级。采用时间相干的单光子计数法,测量1 m距离,深度分辨率可达30 μm;另一种称之为飞行光全息技术的测量方法,其利用超短光脉冲结合数字重建,深度分辨率可达6.5 μm,这种方法的优点是不存在阴影和遮挡问题。但是要得到较高的测量精度,对信号处理系统的时间分辨率有较高的要求。

(二)全息干涉法

全息干涉法测量技术是利用光的相干性原理,如图7-2所示,当两束相干性好的光束在被测物体表面相遇时,其光波发生干涉,形成的干涉条纹反映了物体的形貌信息。记录这些条纹,测量出相位差,再将相位信息转换为物体的表面形貌信息。

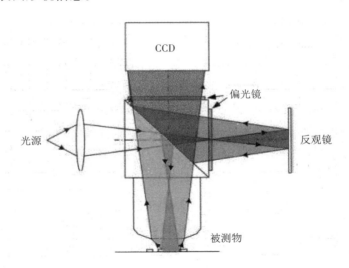

图7-2 全息干涉法原理图

全息干涉法在20世纪70年代得到快速发展,成为光学三维测量技术的一个重要分支。由于全息干涉法采用干板作为记录介质,干板曝光后需要化学处理,且过程十分烦琐,因此限制了它的应用范围。

数字全息技术是利用数字光学器件取代传统光学全息中的干板来记录全息图,重建过程全部在计算机中完成,因此数字全息不仅继承了传统光学全息的特点,而且还具有以下优点:①无须干板化学处理,记录过程和处理过程大大简化,再现过程全部由计算机完成,可以实时地进行图像获取和处理,便于实现自动化测量;②采用CCD记录一帧图像仅几十毫秒,比干板曝光时间低两个数量级,因而系统的抗震性要求大大降低;③数值重建既能得到重建光波的强度分布,也能获取重建光波的相位信息,数字全息干涉测量技术可以精确测定亚条纹及其变形量,使测量精度得到提高。

由于相位的变化正比于光波的光程差,所以全息干涉法的测量分辨率可以达到光波的百分之一,但需要相干性较好的光源和精确的干涉光路;外差全息干涉法能得到较高的测量精度,但测量速度极慢,并且系统成本昂贵;准外差方法的测量精度比外差方法低一个数量级,但其光路比较简单,测量速度相对较快。全息干涉法主要应用于形貌分析、微小粒子检测、微小形变、微结构、微缺陷的检测,被测表面必须是平滑而缓变的。

(三)莫尔条纹法

莫尔条纹法作为三维形貌测量的重要技术,起源于20世纪70年代。1970年英国的D.M.Meadows等人提出了应用一块光栅的照射型莫尔形貌法。之后,1977年M.Idesawa等人提出了激光扫描型莫尔形貌测量方法。自此,莫尔三维形貌测量成了莫尔技术的重要研究领域。

莫尔条纹法的原理是用一块基准光栅,来检测由被测表面调制的影栅,进而由莫尔条纹的分布情况推算被测物体的表面形貌。从基本原理出发,出现了两类不同布局的莫尔形貌装置,即照射型莫尔法和投影型莫尔。

照射型莫尔法是将基准光栅照射到物体表面,然后在物体表面形成阴影光栅,并透过整形光栅来进行观察。莫尔条纹是由基准光栅和物体表面所调制的,并与带有物体相位信息的变形光栅叠加而成。照射型莫尔形貌的测量装置比较简单,在被测物前须放置一块基准光栅,若当被测物不大时是可行的,但物体较大时就需要更大的光栅,而大尺寸光栅加工困难。其测量精度取决于基准光栅的栅距,但随着栅距的减小,其衍射效应变得更加显著,就很难获得更高的测量精度,并且制造大尺寸小栅距的光栅也是较为困难的。

投影型莫尔的投影侧类似于幻灯装置。用以在被测物体上投射光栅而接收端是一架摄像机,它将空间光栅成像在基准光栅表面上,于是形成莫尔条纹图。投影型莫尔形貌测量的主要特点是:通过投影镜头的放大率来改变基准光栅的成像尺寸,适于测量较大尺寸的物体。对于较小的物体,采用缩小投影,既可以提高测量分辨率又可以控制衍射现象的影响。莫尔形貌条纹摄影后再投影,在物体上可以直接观测并把莫尔等高线描绘出来。可以方便地确定物体基准点条纹的序号,并可以将变形光栅取出,通过二次曝光等处理后产生新的莫尔条纹测量方法。但测量装置相对于照射型来说较为复杂,光栅的节距受到透镜分辨率的限制。

(四)结构光法

结构光法根据所采用投射光束的不同,又分为点光束照射的光学三角测量技术、线光束照射的光切测量方法以及面光束照明下的空间光调制技术。

光学三角法测量技术是一种基本的三维测量方法。它的测量原理是基于传统的三角测距的方法,根据此原理设计的激光测头多用于改进型的三坐标测量机(CMM),以取代原有的接触式测头,通过这一改进使得三坐标测量机从接触式测量迈向了非接触式无损测量。但是这种方法测量范围受到限制,并且由于三坐标测量机的固有特性,只能进行离散点的测量,而无法获取被测物体全场的形貌。虽然逐步被光切法及面结构光测量技术取代,但它仍是光切法及面结构光三维测量的基础。

光切法以激光逐点扫描法为基础,它采用激光线光源经柱面镜产生的平面光照射在被测物表面,并在被测物上产生一条明亮的光条来进行测量。通过摄像机采集获得数字图像,然后经图像处理即得物体在该光切面上的二维轮廓信息,沿第三维进行测量,就可得到物体的三维形貌全貌。但光切法存在采样速度较慢等缺点,且难以实现被测物与测量装置之间的相对旋转测量,不适合大型物体的三维测量合力。

面结构光技术是将一幅或者多幅光栅图像投影到被测物体表面形成的结构照明。最简单的是将一系列光栅投影到物体表。通过面阵CCD记录被测物体表面每个光栅的变化,并与参考平面上的光栅进行比较计算被测物体的高度信息。

面结构光三维形貌测量技术是通过对平面二维光场分布进行结构化,并投影形成具有一定规律变化的三维空间光场,对被测物体进行照射并记录物体表面光场的变化,来实现对被测物体高度信息的测量。

(五)数字摄影测量法

数字摄影测量系统是通过在物体的表面及其周围放置标志点,包括编码点和非编码点,然后从不同的角度和位置对物体进行拍摄,得到一定数量的照片,经过数字图像处理、标志点的定位、编码点的识别,可以得到编码点的编码以及标志点中心的图像坐标。利用这些结果,经过相对定向、绝对定向、三维重建以及平差计算,最后加入标尺约束及温度补偿,可以得到标悬点准确的三维坐标。

工业摄影测量系统使用高分辨率数码相机,从多个角度拍摄预先布置的圆形参考点和带有编码的参考点,然后自动三维重建,得到工件表面参考点的三维坐标,精度可达0.1 mm/m。

数字摄影测量能在较短时间内准确地获得被测物体关键点的三维信息,从而实现物体的三维数字化建模,尤其适用于大型复杂工件的三维检测,其具有无接触、灵活、快速等优势,因此在反求工程、机械零件测量、虚拟现实等方面具有广泛的应用前景。

(六)数字图像相关法

数字图像相关法(Digital Image Correlation Method,DIC)是一种光测力学变形测量方法。数字图像相关法又称为数字散斑相关法(Digital Speckle Correlation Method,DSCM)。数字图像相关法的原理是通过图像匹配的方法分析试件表面变形前后的散斑图像,来跟踪试件表面上几何点的运动位移场,并计算得到应变场。在数字图像相关法算法中,图像匹配时常用图像子区的相关性来衡量不同图像上两个子区的相似程度,因此该图像子区常称为"相关窗"。

与其他变形测量方法相比,数字图像相关法对复杂环境的适应性更好,这是由数字图像相关法的特性决定的。首先,数字图像相关法处理对象是数字化的散斑图像,散斑图像是指一类含随机斑点分布的图像,散斑指图像中的随机斑点。散斑可以由激光照在漫反射表面干涉产生,也可由特殊涂料(如哑光漆等)喷涂在试件表面形成(人工散斑),甚至某些材料表面的纹理也能直接构成散斑(天然散斑),后两种散斑是图像相关法测量中最常见的。因此,数字图像相关法测量中散斑图像在获取时可直接采用白光照明。这一点克服了前面提到的以干涉为基础的光测方法的缺点,也是数字图像相关法具有更好的适应性的直接原因。

其次,数字图像相关法归根结底是一种二维数字图像的分析方法。该方法的测量分辨率与成像系统的物面分辨率(指数字图像上 1 个像素代表的实际长度)密切相关,即物面分辨率高则测量分辨率高,且数字图像相关法的测量范围取决于成像系统的视场范围。因此,数字图像相关法测量范围和测量分辨率可以方便地进行调整,这也是数字图像相关法对复杂环境适应性更好的另一个原因。此外,数字图像相关法实验装置简单、实验准备快,数据处理自动化程度高,这些都使数字图像相关法更方便易用,适应性更好。[①]

二、三维形貌与变形测量研究历程

三维形貌与变形测量研究目前已取得很大进展,部分技术已应用于商业测量系统,包括数字工业近景摄影测量、条纹投影面结构光三维形貌测量、数字图像相关法动态变形测量等。在国际上,美国斯坦福大学、美国哈佛大学、德国亚深应用科技大学、德国 IAPG 研究所、澳大利亚墨尔本大学等在三维形貌与变形测量方面均已开展了许多非常有意义的研究工作,并取得了较好的研究成果。国内清华大学、西安交通大学、天津大学、四川大学以及华中科技大学等也开展了广泛的研究,并取得了较好的阶段性研究成果。

在数字工业近景摄影测量方面,Harris 和 Stephen 在 Moravec 算子的基础上发展出 Harris 算子;Linderberg 深入地研究了如何选定一个合适的、一致的尺度用于影像上的特征提取,即特征尺度选择的问题;张正友在角点附近利用相关窗口进行角点区域的匹配验证了角点提取也是可以用于基线较大的影像立体匹配;Torr 发展出的一个近似的方法可以用于宽基线运动匹配方法;Schmid 和 Mohr 开创性地采用一个目标特征与一个大的影像数据库进行匹配从而将不变局部特征匹配用于解决一般的影像识别问题;Shokoufandeh、Marsic 和 Dickinson 提出使用小波系数来作为特征描述子;Low 将局部特征的方法扩展到尺度不变的局部特征,构造了一种新的局部特征描述子,对于三维视点变化造成的变形也能够使用;Lhuillier 等提出采用四边形

[①]温佩芝,吴晓军.古建筑数字化测绘及三维展现技术实例[M].北京:中国建筑工业出版社,2017.

分割建立局部几何约束的方法;Boonsang 提出利用影像分割获取边缘区域和非边缘区域,在非边缘区域采用连续新约束的方法;2004 年 Low 提出的一种尺度不变特征的 SIFT 算子。

在结构光三维形貌测量方面,Huang 在文献中详细介绍了基于数字条纹投影的三维形貌测量技术的最新进展;Sansoni 在 20 世纪 90 年代初研究了用液晶投影仪数字化投影光条来实现自适应形貌测量;Hu 提出了一种 DLP 数字条纹投影三维测量新方法;Kowarschik 研究了从三个不同角度投影条纹结构光的自适应三维测量系统;Frankowski 提出了数字微镜(DMD)数字条纹投影的实时三维测量技术;Sugeng 研究了高速数字投影条纹结构光的实时深度信息获取方法;Qiu 研制了一种多频谱条纹投影测量仪;Li 提出了多分辨密集点测量方法等。

在数字图像相关法变形测量方面,He 等首次使用数字散斑相关方法成功测量了两维稳态层流场;Wu 用该方法测试了柔险材料和软组织的力学性质;Zink、Gonzalez 等用数字图像相关法研究了复合材料的力学性质;Zink 等还将数字图像相关法应用于木材的力学性质研究;Sutton 发现了数字图像相关法与力学变分间的关系并提出了基于位移相关的搜索方法,用于低质量散斑图和大位移测量。

第二节 三维测绘技术的发展概况

一、三维测绘技术发展现状

(一)电子经纬仪

电子经纬仪是一种应用较为广泛的测量设备,也是将计算、光、电、机进行一体化处理且具有较高测量精度的光学仪器。与传统的光学经纬仪等设备相比,电子经纬仪充分融入了电子细分技术及滤波技术,读数系统得到明显改进,可以根据工作人员提前输入的控制指令,或是基于程序运行准则,对测量数据进行智能化与自动化读取。同时,电子经纬仪还具有自动修正等功能,在工程测量过程中,当仪器测量精度受到环境因素影响而出现指标差、横轴误差或是视准轴误差等问题时,电子经纬仪可以自动对所产生误差进行修正处理。在应用这项测绘技术时,工作人员仅需提前向电子经纬仪中输入所设置的距离角度等测定值,电子经纬仪即可自动开展各项工程测量作业、快速在屏幕上显示测量结果。随后,系统还将自动对所获取测量数据进行记录备份,多数测量步骤均可由设备自动完成,并将工程测量作业时间缩短在较短范围内。

(二)三维激光扫描

三维激光扫描系统由配套软件、三维激光扫描仪等设备组成,具有测绘效率高、测量精度高、无接触性、主动化程度高等技术优势,做到了对单点测量方式的有效转变。采取高速激光扫描测量方式,可以在短时间内获取工程测量区内的各处点位三维空间坐标,随后,将已知三维空间点位信息导入配套数据库与软件中,即可构建测量对象的三维影像模型。扫描仪将基于激光测距原理,对测量对象的相关信息进行采集记录,随后,在所构建模型中复制各项数据点,直观地呈现测量对象的空间信息。与传统测绘技术相比,三维激光扫描仪可以同时对大量数据点进行采集、复制,还可以在无文档工作条件下,将测量对象的各类数据信息进行整合与编辑处理,将其转换为曲线数字模型。

目前来看,三维激光扫描技术在城市建筑测量、大型结构测量、隧道工程测量、桥梁结构改建、地形测绘等领域中得到广泛应用。同时,随着技术体系的不断完善,逐渐呈现出移动化发展趋势,所配置三维激光扫描仪可根据工程测量需求,快速对设备朝向进行调整。

(三)近景摄影测量

在对物距小于300 m的测量对象开展摄影测量作业时,工作人员普遍选择运用近景摄影测量技术。例如,在工程施工中,在施工现场固定安装适当型号的量测摄影机,持续对施工现场中工程各部位的施工情况、造型结构进行监测,并将所拍摄测量对象的图像信息进行加工处理,准确显示对象的几何空间位置与形态尺寸,这一过程即为近景摄影测量。在工程测量领域中,这项测绘技术主要适用于对复杂环境下对象物体运动状态的测量。在测量过程中,无须将量测摄影机设备与测量对象进行直接接触,也不会对测量对象的运动状态造成干扰影响。与其他三维测绘技术相比,近景摄影测量技术具有配套软硬件完善、无须接触测量对象、可瞬时获取对象物理几何信息、具备自控功能等优势。

（四）全景真三维影像技术

随着信息化时代的到来，全景真三维影像技术体系不断完善，已逐渐成为工程测绘领域中一项应用较为常见的测绘技术，做到了对遥感技术以及远近景摄影测量技术应用优势的高度融合。在技术应用过程中，可以快速获取测量目标的物理几何信息以及目标的运动轨迹。同时，还可以基于所拍摄的实景照片与测量数据，针对性地营造拟真虚拟环境，为用户提供虚拟观测体验，根据触觉反馈，了解工程测量区域的实际情况。同时，也可直接在软件上绘制三维全景图，用户向软件下达特定控制指令，即可从不同角度、方向与距离来观测测量区域现场情况。[1]

二、三维测绘技术的未来发展趋势

（一）构建三维地理信息系统

三维地理信息系统是一种具有软硬系统支持、可以实时对地球表层空间地理数据加以采集、运算分析与传输的空间信息系统，主要用于开展地形测量、工程变形量观测、测量各点位三维空间坐标等作业。同时，三维地理信息系统不仅具有二维地理信息系统的各项使用功能，如数据自动采集、运算分析等，还具有空间信息直观化程度高、空间信息可视化、多维空间信息分析性能优异、测量效率高等诸多优势。从发展角度来看，三维地理信息系统的构建是三维测绘技术体系的主要发展趋势，并对三维测绘技术的集成化发展起到积极影响。

（二）完善三维测绘技术体系

虽然三维测绘技术自问世以来便在工程测量领域得到广泛应用，但是作为一种全新的技术体系，在实际应用过程中，面临着技术标准规范模糊、缺乏理论基础等诸多问题，无法为各项具体工程测量作业的开展提供明确参照，工作人员也难以准确判断测量过程规范性、测量结果准确性，无法充分发挥三维测绘技术的应用效能。为此，相关部门机构应结合三维测绘技术的实际应用情况，积极借鉴国外成熟的技术体系与应用标准，并根据我

---

①杨晨．小天体三维测绘观测规划方法研究[D]．哈尔滨：哈尔滨工业大学，2020．

国实际国情和各类工程测量需求,不断完善和补充三维测绘技术的规范标准,如明确各项技术的流程步骤、适用条件、操作要点、测量数据准确度评估依据等。同时,加强对各项三维测绘技术的研发力度,及早克服各项技术难点,进一步推动配套软硬件系统的国产化发展。

(三)2+1测量与三维测量共存

从理论角度来看,与2+1维测量方式相比,三维测绘技术具有极为显著的应用优势。但在工程测量作业实际开展过程中,部分企业综合考虑到测绘成本、人员专业素养要求、设备采购成本等因素,仍会时常采取各项传统测绘技术,而使三维测量系统无法彻底取代传统的2+1维测量系统。因此,现阶段相关部门机构既要加强对各项三维测绘技术的应用程度与研发力度,同时在特定情况下,需要灵活运用2+1维测量系统。例如,可选择运用2+1维测量系统开展路面横断面水平线测量作业、承重墙测量作业等。

第三节 三维测绘技术在国土资源中的应用

一、三维测绘技术在地质灾害分析中的应用

(一)三维测绘技术在地质灾害分析中的成像方法

三维测绘技术即通过三维成像的方法完成测绘工作或通过三维建模的方式辅助完成测绘成果。在测绘资料完整的情况下,可以通过 Civil 3D 技术完成测绘资料的三维成果复核与输出;在测绘资料不完整或无测绘资料的情况下,可以通过遥感技术或三维扫描技术配合 Pix4Dmapper 完成三维测绘成果输出。

1.测绘资料建模法

在测绘资料完整的情况下,通过三维建模技术实现三维测绘成果成像。在测绘资料完善的情况下,高程点数据和等高线数据都比较完整,这时有两种方式进行三维成像,即通过高程点数据进行三维建模和运用等高线数据进行三维建模:①通过高程点数据进行三维建模的优势是模型网格更加细致,其成像方式是以多点位三角网拼接形成三角网曲面,这种曲面成像

方式是无穷多个微型三角网面组成,可以将测绘成果准确地反映出来,但运算量较大,成像速度相对较慢。②运用等高线数据进行三维建模的优势是网格形成效率高,成像方式是以等高线对三维模型进行分层建模,对每一层两条等高线间的曲面进行网格化,再通过不同层间网格组合形成整体三维曲面,这种成像方式效率高,但是成像精度低于利用高程点完成的三维成果。

两种三维测绘成像方法在地质灾害分析过程中的差异并不明显,都可以反映地形地貌等地质特征,在计算机水平不断进步情况下,两种方法均可以通过细化网格的方式达到相当高的精度,在地质灾害分析中发挥重要作用。

2.遥感点云成像法

在测绘资料不完整或无测绘资料的情况下,需要借助无人机遥感技术,通过无人机坐标定位与航拍成像,通过 Pix4Dmapper 对点位坐标数据与航拍图像进行定位整合,将无人机航拍坐标点位与成像角度进行空间定位,首先形成无人机点位星云图像,再将各成像点位的成像效果在空间上投影,每一个点位的空间投影通过叠加与重组形成空间曲面与地上物空间形态。这种成像方式对遥感数据资料要求较高,且航拍路线和位置需要提前计算分析,以便成像投影可用度较高,这种三维测绘的方法运算量巨大,是对三维效果反复优化与调整后得到的最优解。同时其成像成果可能受到大气折射、无人机振动偏位、地磁变化影响坐标定位、地表曲率等综合影响带来一定的误差,但是当测量点数量达到一定的规模时,误差将逐渐地降低,但其运算量会大幅升高。

这种测量方法与传统的测绘实勘相比要大大降低了人力成本,提高了工作效率,同时,在地质灾害分析过程中,该种方法所得到的三维测绘成果完全可以满足精度要求,并不会对地质灾害分析效果造成较大影响。

(二)三维测绘成果在灾害分析中的应用

1.地质灾害灾前评估

三维测绘成果在地质灾害分析过程中更能直观地反映灾害预警区域的基本地形地貌特征,便于地质专家、防灾人员进一步分析可能发生地质灾害的类型、具体位置、影响范围等。笔者以 TW 项目为例进行具体分析,如

图7-3展示了项目的Civil 3D三维测绘成果,在该三维测绘成果中,可以清楚地分辨出A—B段处有一个明显的冲沟,且有可能成为该项目区的安全隐患,比如发生滑坡、泥石流等地质灾害。由三维模型分析可知,若发生泥石流、山体滑坡等灾害,该冲沟主要有三条冲刷入口,分别在C、D、E三个位置(距A点均取200 m缓冲距)。那么在灾害发生时,冲沟A—B的覆盖层或冲刷体淤积量都将会非常快速的增长,具有非常严重的安全隐患。[①]

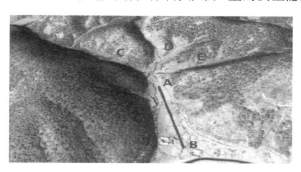

图7-3 TW灾前分析模型

此外,通过表7-1中对该处高程分析可知,B、C、D三处高程差异不大,平均高程都在2660 m左右,那么当地质灾害发生时,A处将经历一个前期淤积与下泄并存的过程,下泄土体会将A—B段原有凹陷填充平整。由于A—B段高程差20 m左右,当A区域淤积量达到一定量级时会突然爆发,并在已填充平整的大高差冲刷段迅速涌出,对B区域下游造成严重的破坏。

表7-1 TW灾前分析高程表

	A	B	C	D	E
高程/m	2652	2632	2663	2660	2659

通过上述分析可以发现,借助三维测绘手段进行灾前研究,可以更直观地对常见地质灾害进行综合分析。

传统的等高线图分析尚无法快速识别地质灾害可能发生的位置,需要不断地进行数据比对,而三维测绘成果可以有助于迅速地识别整个区域内所有可能成为潜在灾害风险的区域,并可以提供模拟场景,便于在灾前充分评估,具体分析地质灾害的成因与影响等情况。

---

①边雪冬. 激光三维测绘条纹图像处理技术研究[D]. 哈尔滨:哈尔滨工业大学,2015.

2.地质灾后跟踪分析

三维测绘技术在灾害已经发生的情况下也具有十分重要的应用价值，在这种情况下，原有的地质勘察资料与测绘资料已无法作为灾后分析的根本依据，需要利用三维测绘手段，对灾害发生地点重新进行测量。可利用Pix4Dmapper完成三维测绘的基本工作；运用Civil 3D完成原有地质情况与现阶段情况的差异分析，对地质灾害影响进行评估；根据Civil 3D三维建模成果进行路网、山体、河流等的影响分析，对灾害应急预案进行动态分析与管理。

如图7-4所示，为TW项目所在区域山体滑坡形成的山咀。据县志记载，该地区地处河流边缘，交通条件便利，原址有部分房屋，且没有做任何防护措施，仅设置了安全距离。地质灾害发生时，该区域房屋均受到了严重损毁，同时该路段道路被土体完全截断，河流在受到土体冲击后形成了较大涌浪，对下游造成了洪水影响，救援团队由于对该地区灾害情况了解不够充分，从而进入灾区十分困难，同时又无法通过原有测绘资料识别通行路径，存在救援延误。如果当时三维测绘技术可成熟的应用于地质灾害分析，就可以通过Pix4Dmapper和Civil 3D模拟灾后场景，并实时跟踪与修正，根据灾害的影响范围与规模快速制定救援方案。如图7-4中的三维测绘成果，可以发现在河道右侧存在另一条未受到灾害影响的乡道，同时河道上游有大片空地没有受到滑坡和洪水的影响，那么在道路规划上就可以由此乡道绕行至受灾区域上游进入灾区进行救援，并在上游平坦区域建立救助站。同时也可以对该救助站进行风险评估，通过三维测绘成果分析可知，该区域距离两岸山体较远，同时该区域两岸山体坡度平缓，基本可以排除次生灾害发生的可能，是基础条件良好的区域。

图7-4　TW灾害跟踪模拟模型

综上所述,三维测绘技术与测绘成果三维成像技术在地质灾害分析中的应用效果显著,无论是地质灾害灾前分析,还是地质灾害灾后跟踪,三维测绘分析较传统的分析方法从质量和效率上都有明显的优势。首先,在测绘成果表现形式上,三维测绘成果更加直观、更加真实,可以模拟真实场景,便于辅助分析;其次,在地质灾害灾前分析阶段,三维测绘在灾害分析过程中可以迅速识别整个区域内所有可能成为潜在灾害风险等区域,并便于提取水平距离、高程等比对数据,可以同时满足定性分析与定量分析的各项需求;最后,在地质灾害灾后跟踪分析过程中,三维测绘技术可以准确、高效地进行灾情复原、灾后场景模拟等,为救灾减灾工作提供便利的条件与可靠的技术支持。

三维测绘技术是勘察、三维扫描、遥感、三维建模技术的有机结合,其在规划、设计、施工等领域已有非常多的应用成果,在地质灾害分析的过程中也必将取得良好的应用效果,进一步实现"预防与控制相结合、模拟与现实相匹配"的防灾救灾方针,从技术层面让地质灾害分析工作实现质的飞跃。此外,三维测绘技术在灾害分析方面也不局限于地震、滑坡、泥石流、崩塌、地面塌陷、地裂缝等地质灾害分析,这种技术手段与研究思路在干旱、暴雨、洪涝、台风、寒潮等其他自然灾害的分析研究中也具有很高的借鉴意义与应用价值,随着技术的不断进步,其将在国内外各类灾害的预防与治理工作中发挥重要作用。

二、长输管道三维测绘技术及应用

长输管道在油气输送方面起着重要的作用。石油和天然气具有易燃、易爆特性,如果管道失效,发生泄漏爆炸等事故,则会造成巨大损失。因此,做好长输管道全面检验非常重要。

内检测技术是长输管道全面检验的重要手段之一,在管道内检测技术中,测量精度和定位精度是评价管道检测器检测水平的主要因子。做到对缺陷信号的精确定位,才能准确地对管线进行有效的修复。

管道数字化管理是发展智慧化管道的重要基础,管道位置信息是建设数字化管道的重要内容。此外,对于长输油气管道,在对预防第三方破坏或对管线进行施工维护时,准确查找管线位置具有重要意义。

（一）管道三维测绘原理

管道三维测绘技术以管道内检测器为载体，把测绘单元安装在内检测器的密封腔体内，内检测器在管道内沿管道中心线运行，惯性导航系统测绘出的运行轨迹，与管道中心线轨迹近似重合，通过后期数据处理可计算出内检测器运行轨迹的 GPS 信息，进而得到测绘管线的三维坐标。其中，惯性导航系统的核心元件是加速度计和陀螺仪。它们在系统中按一定的方式排列，通过测量加速度计和陀螺仪所在方向上的线加速度和角速度值，计算得出内检测器在空间三维坐标系统中运行的位移和旋转角度，进而通过坐标转换和数据处理可以得出运动轨迹及其运动姿态。其中，加速度计两两正交排列，沿着空间坐标轴的方向分布，共3个，且测量3个方向的分量，对加速度分量进行一次积分得到载体的速度，二次积分得到载体的相对位移。3个陀螺仪分别测量3个坐标平面内的角速度分量。通过后期处理，并经过卡尔曼滤波处理，最终解算出载体的运行信息。

管道三维测绘系统主要包括测量单元和数据处理单元。测量单元主要包括加速度计、陀螺仪、辅助模块等；数据处理单元主要包括数据解算电路和后期数据处理软件等。外部供电的电源要经过电源辅助模块转换成管道惯性测量单元需要的二次电源。其中，陀螺仪和加速度计搭载在载体上，沿着空间坐标的3个轴向方向分布，两两正交，测量载体在3个方向的运行分量。加速度计输出与线加速度成正比的电流信号，陀螺仪输出与角速度成正比的电流信号，电流信号经过信息处理电路，由模拟信号转换成数字信号，然后进行计数采集，发送给存储电路存储，作为惯性导航的原始信息。数据解算电路主要对采集的传感器信号进行处理，首先把加速度计和陀螺仪的数据进行运算处理，然后把加速度计和陀螺仪集成后的数据做滤波处理，最后进行数据交互。高速数据存储电路用于记录设备工作期间的实时数据，然后通过计算机通用接口将存储器记录的数据高速传送至地面设备，用于离线仿真和数据分析。

现场测绘完成后，通过后期数据处理软件读取管道惯性测量单元的数据，进行初始对准、导航计算并通过滤波和迭代估算出导航误差并修正，最终得到系统的姿态、速度、位置等信息。根据测量分析结果，还可以进行管道曲率计算，通过对比往年测绘数据，可以发现管道的偏移与形变等。

（二）内检测惯性导航系统的选型

1. 激光陀螺

陀螺仪的种类很多,基于Sagnac效应发展起来的光学陀螺仪中以激光陀螺仪为代表,检测精度较高。通过光源发出两束方向相反的光束,其中一束逆时针通过激光传感环圈,一束顺时针通过激光传感环圈,两者最后在Y波导处汇合干涉。当激光传感环圈处于静止状态时,可以在探测器处探测到稳定的干涉光强信号;但当激光传感环圈绕其中心轴旋转时,两束光的光程差将发生变化,导致干涉光的相位差发生变化,相位的变化与激光环圈的旋转速率成一定比例关系,通过测量相位变化从而可得到载体的角运动情况。

激光陀螺仪是常用的高精度的陀螺仪。激光陀螺仪主要通过深孔加工技术在特殊玻璃上加工一个光学谐振腔,通过光源在环形激光谐振腔中发射两束传播方向相反的光束,载体转动时,测量两条光束在谐振腔内部的光程差,计算出角速度。两条光束的相位差和载体的转动角速度成正比。

激光陀螺的优点是性能稳定、动态范围大、启动、反应快、过载大、可靠性高、环境适应性强。缺点是结构复杂、体积偏大,适合DN200以上口径的管道测绘。

2. 光纤陀螺

光纤陀螺和激光陀螺的工作原理类似,都是根据Sagnac效应,光纤陀螺是利用光导纤维来传播光束,测量两束反向传播的光束在光导纤维内传播时的光程差得到其转动的角速度。与激光陀螺仪的区别在于用光导纤维替代了激光谐振腔。

光纤陀螺的优点是体积小、结构相对简单,动态范围大、启动快,反应快、成本低。缺点是比激光陀螺仪的精度低,环境适应性差。

3. 微机械陀螺仪（McmSI陀螺仪）

McmSI陀螺仪利用科里奥利力来测量物体的角速度。在McmSI陀螺仪内部有两个可移动的电容板,在两电容板中间有一个可做径向运动的物体,给电容施加振荡电路迫使物体做径向运动,载体旋转时,电容间同时做径向运动的物体就会产生科里奥利力,引起电容变化,通过测量电容的变化量就可以得到物体旋转的角速度。

McmSI 陀螺仪的优点是体积很小、结构相对简单、可靠性高。缺点是精度低。

在内检测三维测绘系统选型时,基于激光陀螺仪的惯性导航系统的精度最高,成本最高,体积较大,适合 DN200 以上的管道;DN200 以下管道可以选用基于光纤陀螺仪的惯性导航系统,成本低、体积小,但检测精度较低;McmSI 陀螺仪在三者中检测精度最低,但成本低,适合基础性研究。

(三)三维测绘内检测器

三维测绘内检测器由电池节、磁钢节、测绘节、计算机节组成。电池节密封腔体内装有电池组,为检测器供电,同时电池节作为密封单位,利用管道输送介质形成的压差,为整个检测器提供驱动力,所以电池节也被称为驱动节;磁钢节用于管壁磁化,进行管体金属损失检测;测绘节测量管道内检测器的运动轨迹,从而实现管道中心线的测绘;计算机节完成数据的采集、存储、预处理,ID/OD 探头用于分辨内、外缺陷信号。里程轮传感器完成里程信号的采集;定位跟踪器进行超低频通信,完成定位点的通信和卡堵状态的追踪。

测绘检测完成以后,测绘报告中要给出管道特征点的坐标信息,如缺陷、焊缝等关键位置的 GPS 信息,这就需要数据处理时管道测绘系统和管道漏磁检测系统进行数据对齐,即通过主机的时钟信号同步测绘数据和检测数据。管道内检测器检测过程中,通过低频定位系统与地面跟踪器进行通信,并记录跟踪点位置的经纬度信息,用于修正惯导系统的数据。检测完成后,通过数据后处理软件分析,得到管道特征点信息、管道缺陷信息、管道中心线三维坐标信息、缺陷坐标信息、焊缝坐标信息等。

(四)工程应用

随着互联网、大数据等技术的发展,传统的油气管道作业服务与新技术有机融合也越来越密切。管道位置信息对于这些新技术在管道领域的应用具有重要的意义。

利用惯性导航系统测量管道的三维坐标,获得管道中心线的经度、纬度、海拔及管道路由图,在管道完整性管理、高后果区识别、风险评价中具有重要应用。同时,通过对比往年的测绘结果,分析管道中心线坐标信息,可得到管道的沉降与偏移趋势以及管道所受应力的变化规律,对预防因地震、山体滑坡等自然灾害引起的管位异常事故具有重要意义。此外,三维测绘数据与管道金属损失检测数据相结合,可以更准确地定位缺陷,在管道修复和维护中也起到重要作用。

(五)误差分析

三维测绘系统在管道内进行测绘时存在随时间累计的导航误差,因为管道对GPS等电子信号的传输有屏蔽作用,管道内检测器在管道内运行时,惯导系统无法实时进行GPS校准,检测时对惯导系统进行初始对准以后,对惯导系统采集的数据进行迭代计算,迭代计算以前一时刻的姿态为初始值计算下一时刻的姿态,迭代计算会把误差累计放大,影响测绘精度。所以,控制累计误差和提高检测精度成为管道测绘系统的技术关键。

测绘系统在初始对准以后,进行测绘,通过解算加速度计和陀螺的数据获得内检测器的加速度、位置和姿态等信息,然后把该信息与里程计信息对比,通过卡尔曼滤波算法进行滤波处理,计算惯性导航系统的最优估值,再把估值和惯性导航系统进行实时校正,使估值尽可能接近真实值,通过这种递推最优估计方法,减少迭代算法的累计误差。

同时,记录发球筒的经纬度信息和收球筒经纬度信息,记录管道正上方地面跟踪点的经纬度信息,记录磁标记点的经纬度信息,这些位置的经纬度信息作为修正点,后期惯导数据分析过程中,插入修正点的经纬度信息,修正测绘系统的累计误差,设备每经过一个修正点,累计误差清零一次,可显著提高测绘精度。

惯导数据、里程轮数据、地面标记点信息采用基于R-T-S平滑的离线处理方法,即可获得高精度离线处理结果。

三、田野考古中三维测绘技术的应用

现代田野考古需要尽可能详细、客观、真实、多方位地记录和收集遗址信息,便于后续相关工作或研究有精准参考资料。现今考古中日益重视遗迹"原境",研究和修复等人员对遗址所处地形地貌、分布的具体范围,以及细致的遗迹形状、各层位关系,乃至标本、遗物对应的空间位置等具体数据有需求,传统的"文多图少"已经不能满足现代考古发展。遗迹残存的堆积状态被改变后不可恢复,发掘中记录、收集完整的残存堆积信息数据极其重要,三维测绘技术能够给田野考古提供技术和数据支持。

（一）传统考古测绘的不足

田野考古工作随着发掘进度的深入，会对遗迹有破坏或改变。田野考古人员需要及时、准确地收集全面的遗迹相关的空间尺度、堆积状态等数据信息，但是传统考古测绘手段不能满足这些需求。传统的测绘以画法几何学为基础理论，使用皮尺、水平仪等传统测绘工具，绘制二维线图；针对具有三维空间的遗迹，无法直观呈现遗迹直观整体结构，只能利用有限的几张正投影视图开展复原工作，这种"以面代体"的操作方式不能将遗迹较为完整的空间结构变现出来。传统考古测绘的另一不足是测绘工具较为落后，需要人工一尺一丈地测量，因此造成的相对误差较大。如皮尺、基线等在测量跨度大的遗迹建筑时，由于自身重力垂落、风力吹拂形成一定的形变与弯曲，测量的数据有较大误差。在进行大型遗迹测绘时，每个步骤造成一些误差，积少成多，整个遗迹测绘完成时会有极大的误差。

（二）田野考古中三维测绘技术概念和应用价值

1.三维测量

使用空间测量工具，收集和记录遗迹的三维空间相关的数据（X、Y、Z三轴向的数据），对被测点的三维数据进行分解，能够形成三个互相垂直且有共同空间点的二维平面数据。传统测绘精度差、效率极其低下，如若要将遗迹整体大量的测点融入三维坐标中，将要进行繁杂的数据转换，因此，传统的考古测绘手段和工具已不能满足三维空间数据的测量和收集需求。将电子全站仪投入考古，给考古三维测量的有序实施提供了专业、精准的技术支持。结合GPS（全球定位系统）技术等信息化手段，可以获取更加精准的空间数据，促使考古中三维测量更加快速、高效，使测量数据更加精准、真实。对遗迹面积、距离、高程等全面的空间数据进行收集、记录，将获得的数据融入统一的空间坐标系统，有利于研究者对遗迹做更深入的整体考察或复原人员更好地落实修复工作。

2.三维绘制

运用三维测量数据，结合三维图形处理软件，有效绘制并生成直观、可视、具体的三维模型。与二维平面图相比，其视觉效果、综合程度更好，研究和修复等人员能够更直观地了解遗迹空间。且三维绘制中几乎都是数字化技术，减少了人工添加数据的风险，确保了成图的精准性。与此同时，三维模型的生成使图像资料的公开、公布等更加便捷，资料内容更加全面，遗迹资料的修改、保存和查看更加方便。

（三）田野考古中三维测绘技术的应用问题

近年来，不少专家在不断创新引进三维测绘技术进入考古工作中，主要在于底层结构以及遗迹三维模型，现已取得不少成果，并为田野考古中更多使用三维测绘技术奠定了基础。但是三维测绘技术在与田野考古相关的工作中的应用现状不容乐观，主要表现在技术方面。

第一，二维线图粗糙。基于不规则三角网（TIN）构建的三维模型，其模型细节非常丰富，也支持对模型关键点做编辑修改。但是，想要得到更加精细平滑的模型，必须配合三维扫描，需要收集海量数据。但现实情况是很难在每个基层考古发掘队都装配大型的三维扫描设备。而且，基于TIN构建的模型与平面图形中的位图具有很高的相似性，模型平滑精细程度与网格面的数量直接相关。在细致观察模型时，伴随模型被不断放大，其原有的模型平滑度随之降低，导致从模型中获取的二维线图粗糙。

第二，三维模型不达标。现有的地理信息系统三维模型一般来说是建立在数字高程模型技术之上的，其实际并未达到三维模型水准，认真算来其处于2.5维度。这样的2.5维模型，不能同时处理同一个垂向上多个采样值，也不能灵活修改或编辑模型边界。遗迹模型需要更加清晰地将各个单位开口形态以及各个叠层之间的关系呈现出来，田野考古的三维模型构建相关的技术依旧存在较大的不足。

第三，与TIN相同，基于网络建立的三维模型也存在类似问题。除此之外，该模型为保证每个表面的网格呈现四边形，需要较为繁杂的数据。如果某一区域网格数量收集偏少，则建立的模型相对的开口形态细节将有一定的缺失。建模人员如果想要更加突出某一局部细节，则需要增加区域网格数量，使整个模型网格增多，繁多的数据产生更多。

第四，一些研究工作者试图将"真三维"模型技术引入田野考古，以体素为单位构建地层的三维实体空间。具体方法：首先，将数据生成成套的地层，在其中内插空间生成网格曲面；然后，将空间做划分，形成大小固定的规则子块，利用体素空间建模；最后，将统一层位的子块设置相同属性值（颜色、层号等）。一般遗址地质堆积层是相对简单的平行堆积，因此，理论上该技术能够被使用到地层体积、平均厚度等建模中。但是，由于文化层堆积情况复杂，特别是堆积单位之间形态的变化要直观、清晰地反映在三维模型中,这点是该技术难以满足的。

(四)田野考古中三维测绘技术的应用以及推广条件

现阶段,国内的三维测绘技术在田野考古中并未被广泛使用,伴随着考古需求以及技术的创新,三维测绘技术被引入田野考古是必然的发展趋势。为了让三维测绘技术更加便捷地应用到田野考古中,其测绘工具、技术和方法必须备有以下条件。

第一,测绘方式规范。首先,考虑到测绘技术是应用到田野考古中的工具,因此三维测绘的操作方式必须结合田野考古相关的规范准则。田野考古最基础的要求为:严格按照土色、土质、内含物和其他相关因素对堆积单位进行有效区分,同时结合地层学原理,根据堆积逆向顺序清理堆积单位。利用三维测绘技术收集、记录相关的遗址空间数据时,必须严格遵守上述原则,否则测绘将无法发挥在考古地层学中的作用,同时也将失去资料基础性价值。

第二,测绘技术便捷、易掌握。全站仪、PTK、GPS等先进的测绘工具结合皮尺、罗盘等传统工具,各基层考古队需要掌握一定的基础使用方法。考古人员对基本的制表、制图以及数据查看、管理等计算机技术均有一定的基础,因此不存在推广问题。要将三维图形软件与AutoCAD等考古人员普遍掌握的软件联系起来,使他们能够快速掌握三维测绘软件技术。

第三,数据精小。田野考古不仅需要整体掌握遗迹的地层分布、整体结构、地势地形,还要将各单位形态以及关系破坏前后的动态掌握。要求三维模型的数据格式以及生成上,能够兼顾数据量与模型细节,尽量以精小的数据体现更精细的模型。

第四,测绘资料方便使用。目前考古报告依旧较为落后,大部分是纸质载体。应用三维测绘技术,将遗迹的三维模型绘制出来,必须满足便捷提取考古报告等需要的二维图形,而且能够与AutoCAD等多种软件之间广泛兼容。

第五,成本相对低。现阶段,我国大部分基层考古单位很难普遍配置较为昂贵的三维扫描设备,对于三维测绘数据采集以及设备、效率等成本要求较高,利用电子全站仪、PTK这一类成本较低、技术成熟、使用广泛的设备、技术,可以有效规范工作流程,降低人工成本,提升考古效率以及缩短工期。

第三篇

测绘新技术在国土资源中的具体应用

第八章 测绘新技术在国土资源管理中的应用

第一节 国土资源管理的重要意义

一、国土资源在社会经济发展中的地位和作用

纵观人类社会和中华民族发展的文明史,国土资源具有永恒的价值、重要的地位和作用。

(一)国土资源是兴国安邦的重要条件

一切革命和建设事业都是在调整社会生产关系和发展社会生产力,而国土资源问题历来都是革命和建设的基本问题。

在国土资源中,土地资源具有特殊重要性。土地不仅直接为人类生产生活所利用,而且是自然资源的基本物质载体。历朝历代的社会动荡、农民起义无不是为了解决包括土地所有权在内的资源利益分配制度问题。近代革命史中,劳苦大众为实现"耕者有其田"的目标而进行不懈的抗争。我们党三代领导集体顺应人民的意愿先后领导了土地革命,倡导实行了农村土地承包责任制,制定了"十分珍惜、合理利用、切实保护耕地"的基本国策,正确解决了土地问题,实现了国泰民安、民富国强,促进了社会经济可持续发展。

矿产资源的分布和合理开发利用状况一直都是影响各国经济布局和国际社会秩序的重要因素之一。当今世界,30%以上的饮用水、70%以上的农业生产资料、80%以上的工业原材料和95%左右的能源来自矿产资源。任何一个国家的工业化都是建立在大量消耗矿产资源的基础上的。工业革命以来的近三百年中,不断发生的侵略与反侵略斗争无不与矿产资源直接相关。海洋资源的开发利用史,也是人类社会文明的发展史。海洋资源日益成为人类社会生产和生活资料的重要来源,成为人类开发建设与争夺的新

领域。因此合理使用海域、合理开发海洋资源对于促进海洋资源产业、沿海地区经济发展、维护国家海洋权益和稳定和平的周边环境具有重要现实意义。

（二）国土资源是国家安全的战略保障

在以和平与发展为主题的当代世界，国际社会的政治较量与经济竞争一刻也没有停止过。许多发达国家，一方面对本国现有资源实行战略储备，另一方面一刻也没有停止过在国际上争夺资源。石油资源极为丰富的中东地区战事不断，就是发达国家进行资源争夺所致。

江泽民同志在2000年3月12日召开的中央人口资源环境工作座谈会上指出："我国是世界上人口最多的发展中国家，人均资源很有限，必须始终把控制人口、节约资源、保护环境放在重要的战略位置""能不能坚持做好人口资源环境工作，关系到我国经济和社会安全"。美国世界观察所所长布朗先生从粮食，继而又从水资源等角度提出"谁来养活中国人"的诘问。本着对世界和历史负责的原则，我国做出了"中国养活中国人"的回答；这在另一方面也提醒我们，对国土资源问题必须高度重视，居安思危，我们既要实行"走出去"战略，充分利用国外市场和资源，但又绝不能把中国人的生存和发展寄托于人。合理配置和有效利用国土资源，既是在国际竞争中取得优势的必要前提，也是国家经济和社会安全的重要保证。我国是处在工业化中期的发展中国家，经济和社会发展对国土资源的依赖程度更高。人无远虑，必有近忧，一旦国际环境、国际市场发生重大变化，资源问题的严重性立刻就会显现出来。

（三）国土资源是国计民生的根本依托

自然资源是人类生产、生活资料的最初物质来源。马克思在《资本论》中阐述自然资源的重要性时指出："劳动并不是它所产生的使用价值即物质财富的唯一源泉。正像威廉·配第所说，'劳动是财富之父，土地是财富之母'""自然力是特别高的劳动生产力的自然基础。"恩格斯在批判"劳动是一切财富的源泉"的片面观点时指出："其实劳动和自然界一起才是财富的源泉，自然界为劳动提供材料，劳动把材料变为财富。"这一论断，揭示了人类生产活动和自然界的关系，即自然资源是人类生活资料和生产资料的基本物质来源。

人类进步和文明的发展史是建立在不断开发利用自然资源的基础之上的。在人类发展史上,对铁矿、煤炭、石油、核能等的开发利用,均大大提高了不同时代的社会生产力的水平,促进了社会的发展。人类对土地资源、生物资源和海洋资源的开发利用,满足了其不同时代的社会经济发展来说,都是至关重要的。沙特、科威特和文莱等国,凭借对资源的开发,实现了历史性的跨越;英国、挪威等国依靠海底石油资源的开发以及澳大利亚依靠矿业开发,都推动了经济的巨大发展。

(四)国土资源是人类生存和社会可持续发展的基础

正如联合国环境与发展大会的宣言所指出:"人类应享有以与自然和谐方式过健康而富有成果的生活的权利,并公平满足今世后代在发展和环境方面的需要"。但随着全球人口的骤增,以及由此引起的资源短缺、环境恶化等问题日趋严重,对人类生存和社会可持续发展构成了威胁。

总之,"国土资源是人类生存和社会可持续发展的物质基础,也是我国社会经济可持续发展的基本保证",在人口、资源、环境的大系统中,国土资源确实处于基础地位。如果不十分珍惜、有效保护和合理开发利用国土资源,则竭泽而渔,最后就会危及民族的生存和发展。

国土资源的极端重要性,加上我国国土资源相对短缺的国情,以及国土资源在空间分布与质和量上的不均衡性,部分不可再生资源的快速耗竭,国土资源的开发、占有、使用涉及的种种复杂的利害关系等,需要国家发挥更大的作用。

二、国土资源管理的重要意义

(一)国土资源管理对促进经济发展的意义

1.解决经济发展与用地供地的矛盾

改革开放以来,我国各地发生了翻天覆地的变化。经济快速发展和城镇化水平提升,使大量土地被开发利用。城市周边农田盖起了高楼大厦,各类工厂、开发区在城市四周扩展开来。在这样的背景下,土地资源日益成为稀缺资源,甚至成为很多地方发展的瓶颈。缺少合适的工业用地而导致招商项目迟迟无法落地的现象,在各地都有发生。因此,强化管理以实现合理配置土地资源,进而推动地方经济发展,成为化解经济发展与土地资源供应紧张矛盾的重要途径。[①]

在实际工作中,国土部门通过大量实地调研,在充分掌握土地资源储备的情况下,通过科学规划,提高了土地综合利用率,并通过对现有土地利用情况进行科学评价,使有限的土地资源产生了最大的经济效益和社会效益。对违规用地的治理与处罚,极大降低了违规使用土地现象的发生,实现了土地资源配置的科学性、高效性。高效的土地资源管理是实现依法用地、合理用地以及集约用地的必要保障,在国家城市及区域发展中发挥了非常大的作用。

2.提高人民生活水平

随着中国特色社会主义进入新时代,我国社会的主要矛盾发生了变化。要满足人民群众对美好生活的追求,就需要更加注重发展质量,努力提高社会生产率。土地作为重要的生产生活资料,是人民群众生产生活中不可或缺的一部分。

3.帮助政府发挥统筹管理作用

土地是生产生活资料,更是一种重要的自然资源。随着习近平总书记"绿水青山就是金山银山"理论深入人心,我国生态文明建设也进入了前所未有的发展新阶段。有效保护和合理规划、开发、利用国土资源,已成为政府的重要职能之一。

目前,我国已建立了较为完善的主体功能区规划体系。在科学规划的基础上强化土地资源管理,使有限的土地资源发挥更大效用,是政府发挥经济和社会管理职能的必然要求。

(二)强化国土资源管理工作对促进可持续发展的意义

1.促进国土资源的优化配置

在国土资源管理工作中,对我国各地区土地资源进行关于开发和利用的合理规划,是其工作的重要内容。国土资源管理工作需要以全局的发展作为土地调查的基础,对各地区土地进行开发潜力的深入调查工作,从而提出全面的土地资源规划方案。土地资源的合理的规划工作,对促成资源合理配置的城乡发展战略的部署,是具有重要的依据意义的。可见,土地

[①]郑莹. 新体制下我国国土资源管理存在的问题及对策研究[D]. 西安:西北大学,2009.

资源管理工作能够为城乡发展提出可行的战略计划,促进土地经济、社会与环境效益的协调发展,而这种协调发展,具体表现在三个方面。

其一,对土地的整体使用量具有一定的控制性。一般而言,为了控制供地的使用量,在国土资源管理工作中,针对土地进行总体的供地规划时,需要依据如下实际情况做计划:①城市总体规划;②城市经济发展态势;③房地产市场需求总量及需求结构。

其二,对城乡用地具有统筹性。以全局着手土地规划,是实现供地得到协调统筹效果的关键,避免了重复用地以及用地归属不清等问题。具体的统筹管理内容包括了:对耕地数量、建设用地指标、基本农田和城乡一体化用地格局等方面的统筹管理。

其三,对经济社会持续发展具有促进性。土地资源管理以节约集约用地为基本原则,管理的意义在于盘活土地,以开发作为发展点实现土地整治。这是面向土地可持续发展的科学管理,具有促进经济社会可持续发展的意义。

2.加大了农业耕地保护力度

过去的十几年,我国在国土资源管理上对非农业建设用地的供给占比偏大,这大大减少了我国用于农业耕地的面积,这使农业的发展面临着资源短缺问题。近年来,供给侧改革和党的十九大会议相关于经济和资源管理的一些新思路和新引导,使我国在国土资源管理中对保护耕地的工作意识增强,这使国土资源管理工作面向了新的发展方向,即实现耕地总量的动态平衡、促进农业经济持续发展。目前,在国土资源管理工作上,我国对各级政府提出了保护耕地的具体要求,即划定耕地保护红线,确定当地耕地保有数量、基本农田保护面积,这为各级政府开展耕地保护工作指引了方向。

3.使土地资源管理的科学性得到了提升

近年来,各领域的发展在一定程度上均获益于其对科学技术的应用,在国土资源管理中,信息技术对其管理工作起到了重要的促进作用。

首先,在我国发展工业建设、城镇建设的过程中,随着管理理念先进性的增加,国土资源管理工作对信息技术的应用力度正在不断地加大,这促使国土资源管理工作的效率得到了提升。

其次,在国土资源工作开展中,科学的信息化管理使实时查询、统计和动态分析土地资源利用等工作的现实执行的政务能力得到了很大程度的提升。这些基础工作的科学性是使土地资源配置决策更加可靠和优化的依据。

最后,科学的信息化管理,使国土资源管理部门能够提供给大众网络共享和互动平台,这实现了群众对国家相关机构工作的监督作用,使党的群众路线方针开展的十分具有成效。

4.增加了土地资产效益

国家对国土资源管理工作的强化,表现在其规范了土地市场运营机制。这对存量土地的盘活是具有促进意义的,因为经营性用地的开发和利用,给土地资源的效益实现最大化提供了可行性保证。近年来,国土资源管理工作对违法用地的监管和处罚力度逐渐增加,这就意味着零散的土地被集中地进行着管理,集中的土地资源能够在配置中得到优化的计划和配置的现实效果,因而可以说国土资源管理工作增加了土地资产效益。

(三)创新国土资源管理对促进生态文明建设的意义

1.有利于不断更新管理理念

在促进国土资源健全管理的过程中,力图能够为生态文明建设发挥重要的作用,首先最为重要的则是能够从思想认识上促使国土资源的相关部门能够发挥有效的指导、引导和监督管理作用,而且国土资源管理部门相关管理理念的更新一方面是对国家最新的政策的解读和细化;另一方面也是从理论上创新国土资源管理和生态文明创新的重要实现部分。那么,基于这一角度而言,首先能够积极地打破传统的国土资源管理的模式,严格根据国土资源产权等的划分,在现有的成本控制、资金投入、市场循环等方面实现差别化的管理,因地制宜、针对管理过程中出现的不同层次的问题,提出针对性高的,统筹各方面管理的改进措施。

2.有利于不断健全管理职能

在更新国土资源管理理念的过程中能够不断健全管理部门的管理职能。管理职能的健全和执行是对管理理念最为直接的诠释。而且,在促进国土资源管理工作创新改进的过程中,朝着生态文明建设目标全力推进的过程中,其职能的健全建设能够基于国土资源管理最为基本的职能出发,同时能够将生态文明建设的工作切实体现在管理职能中，如能够不断健全国土资源管理工作中监督监察职能的完善和执行。这一职能的重点提出是基于现今部分国土资源管理工作进行的过程中，针对那些为了追求眼前的利益或者处于经济效益最大化的角度下，不断强化监督管理工作的进行，能够切实通过制度化的管理模式中条例、规定的权威存在和严格限制，从主观上杜绝某些国土资源管理部门人员不科学、不合理的国土资源管理观念的存在，若一旦发现某些违规违章管理问题的存在，及时上报、立刻叫停、即刻改正，以此能够推进国土资源健全管理和生态文明建设工作的持续进行。

3.有利于不断更新管理方式

在管理理念更新的前提下，不断促进国土资源管理方式的创新，能够不断强化信息技术的应用，能够综合借助经济、政治、文化等方面的手段为管理工作的创新改进发挥重要的作用，以此促进国土资源相关管理部门在健全国土资源管理和创新生态文明建设的过程中能够做到扩建、积存、放流和创建探索用地、废弃用地等方面进行科学的整理，为创新管理工作奠定基础。

第二节 测绘新技术在国土资源管理中的应用实例

本节主要以宁夏煤炭资源开采区地表变形监测——地质环境一例来说明。

一、项目背景

（一）项目概况

矿产资源的开采破坏了岩体内部原有的力学平衡状态，使岩层位移、变形，岩体的完整性受到了破坏。当地下开采面积达到一定范围后，煤层的顶底板和附近的岩层便产生了移动、变形和破坏，并逐渐扩展到整个上覆岩层，直至地表，于是地表就产生了裂缝和塌陷等地表变形。

煤炭资源作为我区主要的能源矿产，它的大规模开采和利用引发的地表变形,不仅给社会和人民生活带来了巨大的损失,还危及矿山的正常生产和区域社会经济的可持续发展。因此,开展煤炭资源开采区地表变形监测是一项具有基础性、战略性和紧迫性的重要工作。

为了及时掌握矿山地质环境动态,分析、研究煤炭资源开采区地表变形规律,预测矿山地质环境发展趋势,为矿山地质环境保护和恢复治理提供基础资料和监督管理依据,达到减少矿产资源开采造成的矿山地质环境破坏,促进矿产资源的合理开发利用和经济社会、资源环境协调发展的目的。亟须利用高分辨率的影像数据对宁夏煤炭资源集中开采区的地表变形情况进行调查。

(二)工作区概况

1. 自然地理概况

(1)地理位置

贺兰山煤炭开采区位于宁夏回族自治区北部,面积 1 800 km²,行政区划属于石嘴山市。贺兰山煤炭开采区内主要煤矿为金能煤矿,该工作区包含 1 个重点工作区,面积为 57.70 km²。

宁东煤炭开采区位于宁夏回族自治区中部,面积 5 900 km²,是国家 13 个亿吨级煤炭开采基地之一,涉及灵武市、盐池县、红寺堡开发区和同心县四个县(市、区)。本次地表变形遥感调查主要涉及 9 个大中型煤矿,7 个重点工作区,面积为 642.3 km²。

(2)交通

贺兰山煤炭开采区交通较为便利。包(头)—兰(州)铁路、平(罗)—汝(箕沟)铁路支线从区内通过;平(罗)—石(炭井)公路横穿贺兰山山体,向北、向西直达内蒙古乌海市和阿拉善左旗;银北平原区形成了以109国道、110国道和301省道为干线,其他县、乡、村级公路为脉络的公路网。

宁东煤炭开采区交通便利,道路四通八达,具备较为完善的交通运输网。银川—青岛高速公路、盐池—中宁高速公路及307、211国道横贯开采区。大古铁路连接包兰、宝中铁路,与京包、陇海线连通可辐射全国,太原—(银川)—中卫铁路横穿工作区成为外运大通道。

（3）地形

贺兰山煤炭开采区主要由基岩山地和冲洪积平原组成，总体呈西高东低的地势。按地貌形态可划分为3个二级地貌单元：①贺兰山高中山地：山体呈北东向展布，大部分地区岩层破碎，沟大谷深，山势陡峻，海拔在1 200～2 400 m之间，相对高差约700 m以上；②石嘴山构造剥蚀台地：台地自西向东倾斜，地形波状起伏，中间高，南北低，总体呈鱼脊状。区内植被稀疏，海拔高程在1 120～1 240 m之间；③银北冲洪积平原：冲洪积平原由洪积倾斜平原和冲洪积微倾斜平原组成，洪积平原的南部由贺兰山山前洪积扇裙构成，沿山麓呈不规则带状分布，宽2.5～8.0 km，海拔高程在1 100～1 150 m之间，自西北向东南呈10%～30%的坡度倾斜。冲洪积微倾斜平原分布于洪积倾斜平原以东，与后者呈过渡状，二者犬牙交错，带状延伸，宽0.5～8 km，海拔1 090～1 100 m，地面坡降0.5%～10%。

宁东煤炭开采区地处宁夏黄河东岸鄂尔多斯台地，北临毛乌素沙地南缘，南至宁南黄土丘陵北界，呈南北条带状分布的缓坡丘陵地区。海拔一般在1 200～1 450 m之间，罗山位于宁东基地西侧，主峰海拔2 624.5 m。总体地形平缓，地势开阔，主要由剥蚀残山、黄土梁、坳谷洼地、半固定沙丘组成。宁东煤炭开采区地面坡度以＜5°的地区为主，在整个开采区从南到北均有分布。

（4）水文

黄河自南向北从贺兰山煤炭开采区东缘流过，为开采区内唯一的常年性河流，除带来灌溉之便利外，还部分用于工业用水和生活用水。据石嘴山水文站资料，该段黄河最高洪水位海拔1 090.4～1 091.0 m，最低水位为海拔1 083.5～1 084.0 m，目前的日常流量为400～500 m，宁东煤炭开采区主要河流有黄河二级支流水洞沟、大河子沟和一级支流苦水河。其中，大河子沟是宁东煤炭开采区较大河流，发源于灵武市东部的杨家窑，全河长56 km，其下游建有旗眼山水库，控制流域面积810 km²，总库容为1 290万m³。位于宁东镇西边的鸭子荡水库总库容为2 400万m³。挂井子沟是大河子沟上游北侧的支流，北与水洞沟为邻，流域面积15 km²，旱季沟中无水断流，雨季时能形成短历时小洪水。苦水河全长224 km，区内径流深250mm，径流量1200万m³。

（5）气象

贺兰山煤炭开采区属大陆北温带半干旱季风气候，干旱少雨。据石嘴山市气象局资料，区内年降水量115.8～221.4 mm，且分配极不均匀，主要集中于7、8、9月，约占年降水量的70%左右。年蒸发量1 925.5～2 396.1 mm，是降水量的10～16倍。山区降水量近于平原区降水量的2倍。另据资料显示，贺兰山为宁夏北部的降雨中心，大多数降雨属突发性暴雨，且频率也较平原区高，一次性最大降雨量达81 mm。

宁东煤炭开采区属中温带干旱气候区，具有典型的大陆气候特征，即干燥、雨量少而集中，蒸发强烈，冬寒长，夏热短，温差大，日照长，光能丰富，冬春季多风沙，无霜期短等。降雨多集中在7、8、9这三个月，多年平均降水量为255.2 mm，蒸发量为2 088.2 mm。年平均气温为6.7℃～8.8℃，≥10℃年平均积温为3 334.8℃；无霜期多，年平均为154天。属于多风地区，全年大风（风速17 m/s以上）日数为63天，年平均风速2.5～2.6 m/s，风向多为西北风，沙尘日数为35天。

（6）土壤

贺兰山煤炭开采区土壤类型主要是砾质土、砂砾质土和黏性土。砾质土、砂砾质土分布于调查区山前洪积倾斜平原地带，岩性以含块石的碎石土和含砾、砂的黏土为主，砾石呈棱角状，成分为石英砂岩、砂岩、灰岩、片麻岩等，分选差，由洪积倾斜平原向洪冲积微倾斜平原粒度逐渐变细。自北而南，其厚度由小变大，在石嘴山一带厚约4 m左右。黏性土分布于调查区中、东部的银北平原一带，为全新世冲积层，厚6～10 m，下部为砂土夹薄层黏土，具有粗细相间的多韵律结构。

宁东煤炭开采区土壤类型主要是淡灰钙土和风沙土。淡灰钙土是在干旱气候和荒漠草原植被下形成的地带性土壤，成土过程的主要特点是弱腐殖质积累和钙化作用强烈，主要分布在宁东煤炭开采区的北部，土壤质地为轻壤土和中壤土。风沙土主要分布在基地中部和南部，成土母质为风积物，质地为沙土或沙壤土，有机质含量低，不足1%，表层疏松，沙层厚度为10～20 cm不等。

2.地质状况

（1）地层

贺兰山煤炭开采区综合地层分区属华北地层大区晋冀鲁豫地层区华北

西缘地层分区之贺兰山地层小区，出露太古界基底，其上发育长城系、蓟县系、寒武系、石炭系、二叠系、三叠系、古近系、新近系和第四系。各地层单元的岩性分别如下：①太古界贺兰山群（Arh）：岩性为含石榴子石黑云母斜长片麻岩、混合花岗岩。②长城系黄旗口组（Pth）：岩性为灰白色中—厚层石英砂岩、石英岩，碎裂状石英岩夹少量薄层灰绿色、灰黑色板岩。③蓟县系王全口组（Ptw）：岩性为灰白色厚层白云岩。④寒武系（∈）：岩性为厚层灰岩等。⑤石炭系土坡组（Ct）和太原组（CPt）：土坡组岩性为中—厚层砂岩、页岩夹薄层灰岩及煤层，太原组岩性为中—厚层状砂岩、页岩夹煤层。⑥二叠系山西组（Ps）、石盒子组（Psh）：岩性为厚—中层状粗—细粒砂岩夹页岩含煤层。⑦三叠系纸坊组（Tz）：岩性为中厚层状含砾中粒长石石英砂岩。⑧古近系（E）、新近系（N）：岩性为砾岩夹砂岩、泥岩透镜体。⑨第四系（Q）：为冲、洪积层，由巨砾、砾、黏质砂土和砂质黏土构成。

宁东煤炭开采区大部分地区被第四纪地层所覆盖，煤系地层被新生代地层所覆盖，沉积地层由老至新依次为三叠系上统上田组（T3s）、侏罗系中统延安组（J2y）、中统直罗组（J3a）、古近系渐新统清水营组（E3q）和第四系（Q）。侏罗系中统延安组是主要含煤地层，由灰、灰白色长石石英各粒级砂岩、灰—灰黑色粉砂岩、泥岩、碳质泥岩和煤组成。底部为一套灰或白色、局部黄色带红斑的粗粒砂岩或含粒粗砂岩，与下伏三叠系上田组地层呈假整合接触。

（2）构造

贺兰山煤炭开采区位于华北陆块鄂尔多斯地块和阿拉善地块的接合部位，构造形态复杂。以贺兰山东麓大断裂为界，可划分为贺兰山褶断带和银川断陷盆地两个四级构造单元：①贺兰山褶断带：褶皱和断裂构造极为发育。断裂有北东向、近东西向两组，规模较大且与地质灾害有关的断层有贺兰山东麓大断裂、正谊关大断裂、胡鲁斯太断层、石炭井断层等。褶皱一般形态宽缓，枢纽走向近南北向或北东向，规模较大的有石炭井向斜、勃力海带背斜、大灯沟向斜、红果子沟向斜等。②银川断陷盆地：属新生代地堑，为新构造运动的产物。贺兰山东麓大断裂和黄河大断裂第三纪以来活动强烈，至今仍在强烈下陷，盆地中的新生代沉积巨厚。

宁东煤炭开采区位于鄂尔多斯盆地西缘拗陷带中段，纵跨两个三级构造单元,即西部的陶(乐)灵(武)隆起和东部的盐池拗陷。两单元之间以阿色浪一车道深大断裂为界。区内大部分属低缓的半沙漠丘陵地带。西侧马鞍山地势较高,最高海拔1 512 m。由于受地表径流冲蚀,冲沟极其发育,从北向南存在多条冲沟成为大气降水的主要汇集和排泄通道。已有资料表明,西部的陶灵隆起构造相对复杂,构造轮廓较为清楚,主要为一系列轴向北西一近南北向的褶皱及断裂。

人类工程活动。贺兰山煤炭开采区金能煤矿重点工作区位于宁蒙交界的惠农区境内,惠农城区北侧,处在城市中心地带,是我国第一个五年计划时期布局建设的全国十大煤炭基地之一。贺兰山煤炭开采区现已经探明的煤炭储量为24.13亿t,全国12个煤种中该开采区有11个,其中无烟煤1.06亿t,烟煤17.24亿t。贺兰山煤炭开采区煤炭储量较大,煤质好,煤种比较齐全,被誉为"太西乌金"的太西煤是世界煤炭珍品,储量6.4亿t,具有"三低、六高"(低灰、低硫、低磷,高发热量、高比电阻率、高机械强度、高精煤回收率、高块煤率、高化学活性)的特点。经过近50年的煤炭开采,形成了总面积为43km³的塌陷区,是我区采煤塌陷问题最为严重的地区,涉及塌陷区内居民约2万户,共5万人的居住安全,主要为矿区老职工。塌陷区内地面建筑物受损严重,民房开裂,供水管道弯曲变形,居住安全受到严重威胁,极大地影响了老百姓的正常生活。随着城镇化进程的加快,城区规模逐步扩大,采煤塌陷区已位居于市区中心位置,巨大的塌陷坑与市区遥遥相望,与靓丽的惠农市区形成强烈的反差。

宁东煤炭开采区位于宁东能源化工基地,开采区内有梅花井煤矿、枣泉煤矿、石沟驿煤矿、金凤煤矿、清水营煤矿等7个重点工作区,宁东煤炭开采区探明煤炭资源地质储量273.14亿t,探明储量占全区探明储量的88.6%,含煤面积3 500 km²,远景储量达1 394.3亿t,是国内少有的整装煤田。区内煤炭矿产分布非常集中,而且大部分地区为荒漠,无须移民,开发成本低,效益高。同时由于宁东能源化工基地的建设,拉动其他行业大力发展,促使该区域的煤炭资源大规模开采,宁东煤炭开采区主要的大型煤矿开采方式均为井工开采,已经完全摆脱了较为粗放的露天开采方式,避免了露天开采对当地的环境及土地资源的破坏。主要的大型煤矿服务年限最长为109年,最短服务年限为43年,平均服务年限为65年。大部分大中型煤矿是2 000年以后建设并投入生产的,经过近10年的生产,各煤矿的生产逐步向"数字化矿山"的目标靠拢。煤炭资源的大力开采为我区经济做出巨大贡献的同时,也给环境带来了一定的压力,局部地区出现了地面开裂、塌陷、扭曲等变形现象,对区域的生态环境产生了一定的威胁。

3.无人机应用选型

本项目地表变形遥感信息提取的主要对象为地面塌陷和地裂缝,根据前期踏勘情况,得到煤炭资源开发引发的地裂缝单体宽度为(0.20~2.10 m),影响宽度为(0.20~30.0 m)。为了便于地裂缝及塌陷坑等地表变形信息的解译,要求航摄影像分辨率优于0.2 m,色彩丰富,纹理清晰,地表植被覆盖少,各种地表变形信息显示清楚。

根据任务需要,本项目采用IMU/DGPS辅助数码航空影像,航摄仪为UCXp,相机焦距100.5 mm,CCD面阵像元分辨率为6 μm,相对航高为2 848~3 350 m。航线按常规方法敷设,摄区边界实际覆盖不少于航线宽度的30%,摄区旁向重叠度不少于航线宽度的30%。航摄数据分辨率为0.2 m。

二、理论方法

(一)总体技术流程

本项目采用的技术路线是在收集相关资料的基础上,以航空遥感技术为手段,采取人机交互解译与实地调查相结合的技术方法,及时、准确、客观地对工作区地表变形状况进行遥感调查。

根据任务书要求,项目工作程序主要包括重点工作区高分辨率航空影像数据获取,同时进行外业像控测量,在此基础上,采用空三加密、勾色镶嵌等处理,制作工作区1:2 000航空正射影像图;最后以正射航空影像数据为基础,应用"3S"综合技术,结合野外验证,开展宁夏煤炭资源开采区地表变形监测项目重点工作区航空遥感调查工作,查清重点工作区内地面塌陷坑、地裂缝等地表变形的分布位置、面积等情况。

(二)作业方法

1.航摄数据获取

本项目航摄工作流程及航线敷设如图8-1和图8-2所示。

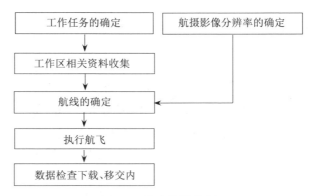

图8-1 航空摄影流程

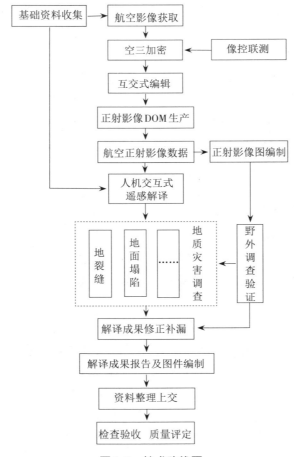

图8-2 技术路线图

2.相片控制点联测

（1）像控点布设

相片控制点的布设采用区域网布设方案,根据测区和航摄的情况,将整个测区按飞行条件分割成若干个子区域,考虑空三加密软件的特点和过去类似工程的经验,作为相互独立的子区域按照区域网方案布摄像控点。对于不规则区域,在其凸凹处加布平高点。像控点点位一般应布设在航向及旁向6片重叠范围内,困难地区不少于4片重叠。相邻子区域间必须有公共像控点。像控点的选取,其目标影像应清晰、易于判读,当目标与其他相片条件矛盾时,着重考虑目标条件。位于自由图边上的像控点应布设于图边外4 mm。其平高控制点宜采用区域周边布点,内部可加布适当点数的平高控制点。平高控制点的旁向跨度不得超过6条航线。

（2）选刺与整饰

根据上述像控点布设原则,先在小比例尺地形图和拷贝航片上初步选定像控点的位置,再在实地对照相片予以辨认和确定,在地面打钉。同时在相片上准确刺出点位并按规范规定的格式进行点位整饰,在相片背面绘制像控点点位略图,签上刺点者和检查者的姓名。像控点统一整饰：①平高点或平面点的刺点片,在相片正面以直径7 mm的红色圆形整饰。②相片的反面应以相应的符号标出点位,注上点号,应绘制局部放大的详细点位略图,简要说明刺点位置和比高、刺点者、检查者及日期。

（3）像控点测量

像控点起算：利用收集到的宁夏B级GPS点（西安1980坐标系）和1985国家高程点作为宁夏像控点的起算点。项目区采用西安1980直角坐标系,中央子午线为108°,高程采用1985国家高程基准。

外业测量：①作业前的准备。在作业的前一天晚上要准备好第二天要用的仪器、校正点和核对点的坐标及相关的影像资料。在影像上规划好第二天测量的行进路线。②坐标校正。测区分为8个片区。利用宁夏全区的CORS网络对每一片区进行坐标转换求取7参数。选定当前片区内5个以上的B级GPS点作参数计算。因为宁夏全区CORS网络是全天候连续运行参考站,所以每天只需要在一个或两个已知点上检查就可以了。如果检查结果符合规范,就可以进行像控点测量。每天像控点测量结束后再去附近的已知点上做检查,将测得的坐标与原坐标对比,较差小于5 cm,表示测完的像控点合格。③像控点选择。像控点是由内业人员先行布点并打印影像图,外业人员根据影像图上的标识点进行测绘。应尽量选择内业原始布控点进行测量,若外业判别实地点位不符合要求时,可在内业原始布控点附近重新选择新点进行测量,新点应当尽量在原始布控点20 m范围内,特别困难地区可放大范围选点。在工作中要反复查看地面目标和对照影像,选择野外的实地位置和影像上的位置都可以明确辨认的点作为像控点。要避免测量易于流动性和易于改变的地物角点。④像控点测量。在实地对照影像选好点后,要环顾周围地物,确认无误则开始测量。每次观测30 s,前后观测两次取其平均值作为该像控点的最终坐标。测完拍照,共拍两张,一张为远景,一张为近景,近景照片名取为此点名后加A,远景照片名取为此点名后加B。拍完照片后把该点刺在影像上,再编制点之记。

内业数据整理:每天晚上收工后要对当天测得的数据进行整理,电子数据的文件夹系统分为区级(如一区、二区、三区),数据成果,照片成果,点之记。当天的成果整理为序号、点名、X坐标、Y坐标、H高程。

3.航片数据内业处理

采用全数字空三处理软件Pixel Grid对航片数据进行处理,PATB软件进行区域网平差,其数据处理流程如下。

第一,资料分析。分析场区航线数量、补飞情况、航线及旁向的重叠情况;航片的质量是否满足作业要求;场区外业控制点分布情况是否符合加密分区要求,编制加密计划。

第二,数据准备。按编制的加密计划,开始建立相应的加密分区(含测量区块)工程;设置场区基本参数,建立相机文件、控制点文件。按加密分区建立场区影像航线列表。

第三,内定向。根据相机参数,采用全自动内定向。

第四,连接点匹配。导入POS数据,系统进行全自动航片间像点匹配。

第五,自动转点。自动转点由软件自动计算完成。在大面积水域或大面积植被情况下,软件会自动记录并在计算完成后提示哪些模型无法自动完成。可由人工干预适当加些关联点再自动匹配计算即可完成。

第六,自动挑点。选用5×3的模式进行挑点。自动挑点后,检查加密区的点位分布情况,保证场区中每一张影像三度重叠区的上、中、下三个标准点位上必须有连接点。

第七，手工干预。自动选取的点位不好，不是明显地物点，或所选点位模型连接强度不够、标准点位上加密点数量不够时应人工加点。处于影像边缘点要进行删除，以保证像点网的精度、强度。对于大面积落水区域，可在影像落水区域的边上按间隔 1 ~ 1.5 cm 添加连接点，使落水区域附近的像点网有一个稳固的边界，从而减少落水区域的影响。

第八，像控点量测。根据外业控制点刺点说明和点位略图，参照刺孔综合判定点位，实行立体观测切准点位，添加外业控制点。外业提供的控制点内业刺点要准确，控制点点位若有改变应查明原因并进行处理，不得随意舍弃，检查人员要进行检查。对有疑义的像控点应进行内业排查，内业确认无误的情况下应联系外业人员进行确认，在必要的情况下应进行补测。

第九，平差计算。采用 PATB 平差程序进行区域网平差计算，依据相应规范的限差迭代修改上下视差、控制点误差、接边点误差。

第十，区域网接边。在单区网加密精度达到要求的条件下，进行区域网间接边处理。在网间接边处选取明显同名点，分别重新计算，解求同一点位在不同网中的坐标，并进行比较；评判是否在允许的范围之内，如果达不到要求，应分别分析接边网的构网强度以及解算可靠性，经过修改、完善，重新进行计算，再进行比较，直至网间公共点的残差符合规范要求。

4.遥感解译

遥感解译是利用遥感解译标志和图像的色调、纹理、结构、形状、分布等信息特征，采用人工目视解译和实地调查验证的方法提取地表变形信息。

解译按先整体后局部、先易后难的顺序进行。可采用直接判读、对比分析、信息复合、综合推理、地理相关分析等方法。充分利用遥感影像的纹理、大小、形状、颜色、亮度饱和度等差异来判别各类矿山地质灾害属性信息。遥感影像目视解译是一项认真细致的工作，解译人员必须遵循一定行之有效的基本程序与步骤，才能够更好地完成解译任务。解译人员还应熟悉作业区的生态环境、地理环境，应用地理分析原理识别纹理、颜色、形状相似的图斑。

对疑难的图斑的遥感解译采用室内解译与野外实地调查相结合、遥感数据与已有相关信息相结合的方法、野外抽查验证和专家评判等综合检验手段进行,确保结果的质量和精度。

5.解译标志的建立

解译标志是指在遥感影像上能具体反映和判别地物或现象的影像特征,建立解译标志是遥感影像目视解译的基础工作。解译标志的建立,主要采用实地调查的方法,在充分收集地面实况资料后,对各类地物体在遥感图像上的形状、大小、色调、阴影、纹理、影像结构、图案花纹及与之有联系的地质、地貌、土壤、水文、植被、气候、人文活动等形成的影像特征进行综合分析后确立。每个解译标志由裁切下来的遥感图像、分类名称、地理坐标、影像特征描述(如颜色、结构、纹理等)等几部分内容组成,解译标志有实地照片相对应。

地表变形遥感解译标志的建立一般根据色彩、影纹图案、地面塌陷、地裂缝等地表变形特征、地形地貌、植被、人为活动及其他方面,其中以地面塌陷、地裂缝等地表变形特征为解译的重点。初步解译标志根据已有的资料予以归纳总结,并随着工作进展不断加以完善,最终解译标志须经野外验证后确定。

6.灾害稳定性、规模评定分级

本项目对地面裂缝、地面塌陷等矿山地质灾害的稳定性及规模的分级参照《县(市)地质灾害调查与区划基本要求》。

7.野外调查验证

野外查证的内容:①验证初步解译图斑的属性是否正确,实地核查有疑问的图斑。②验证图斑界线是否定位准确,根据野外实际考察情况修正目标地物的分布界线。③完善解译标志,补充遗漏的信息,去除多余的信息,修改错误的信息。

野外查证的方法:①采取点、线、面相结合的方法进行野外实地调查。对于解译效果较好的地段以点验证为主;对于解译效果中等的地段应布置一定代表性路线追踪验证;对于解译效果较差的地段,则以面验证为主。②野外实地调查图斑量不小于解译图斑总量的10%;有疑问的图斑100%进行核查。③野外实地调查验证图斑必须涵盖所有解译地物的类型。④所有调查图斑应填写"矿山环境遥感监测解译与野外检查记录表"。

（三）质量控制

1.DOM 精度控制

在每个工作区内随机获取检测点，与被校正的航空影像上的同名地物点进行距离差检查，列出各个检测点的 X 方向与 Y 方向的差异值，对同一比例尺各个工作区几何校正的误差值进行平均，采用数学方法计算并判定其精度。本项目共 7 个重点工作区，影像数据分为 4 块，其中任家庄煤矿、马莲台煤矿重点工作区航空影像中误差为 0.106，清水营煤矿、羊场湾煤矿及梅花井等煤矿重点工作区航空影像中误差为 0.183，石沟驿煤矿重点工作区航空影像中误差为 0.049，石沟驿煤矿重点工作区航空影像中误差为 0.128。

本次影像数据从数据获取、外业像控测量、内业数据处理、坐标系统转换等环节均严格按照相关技术标准及规范执行。数据处理完成后又进行了精度检查，误差不大于 1 个像元，满足本次遥感解译精度要求。

从影像图上可以看出色彩较丰富，纹理清晰，地表植被覆盖少，裸露程度高，各种地表变形信息显示清楚，开展遥感解译较理想，影像色调整体以浅灰色为主，局部地区为深灰色。

2.遥感信息提取质量控制

遥感数据的解译受解译人员专业知识背景、经验等多种因素的影响，为了提高解译成果的精度，项目组首先组织技术人员对地面塌陷、地面裂缝等矿山地质灾害的影像特征有了一定的了解，再结合本次航空影像，初步建立各类要素的解译标志，从而开展室内解译工作。在解译过程中，对难以确定的、存在疑问的图斑，先经过讨论然后标识，在开展野外工作时进行核查并确定。项目开展过程中严格按照《矿山环境遥感监测技术指南》，对解译成果进行三级检查，填写了解译记录表、自检表、互检表，对遥感解译信息进行了精度控制，主要的方法是随机抽取多处线状、面状矢量图斑检查解译精度，检查矢量与影像的套合程度。

遥感解译精度分析：本项目解译地面裂缝、地面塌陷等地表变形专题图斑 354 个，对其中 174 个图斑进行了野外实地查证，占解译图斑总数 48.74%，平均解译准确率 91.95%，符合《矿山环境遥感监测技术指南》的要求。

三、示范成果

通过本次遥感调查,共解译出塌陷区 11 个,总面积为 5 057.16 km²,最大塌陷区面积为 3 339.43 km²,位于贺兰山煤炭开采区石嘴山矿区,最小塌陷区面积为 26.05 km²,为羊场湾煤矿塌陷区。塌陷坑 18 个,总面积为 290.34km²,主要分布在贺兰山煤炭工作区的石嘴山矿区重点工作区内部以及宁东煤炭开采区的羊场湾煤矿、灵新煤矿塌陷区内部。最大塌陷坑面积为 128.60 km²,为石嘴山矿区编号为 TXK-01 的塌陷坑,最小塌陷坑面积为 1.03 km,为灵武矿区编号为 TXK-11 的塌陷坑。地裂缝 328 条,总长度为 23.47 km,单体裂缝最长为 916.86 m,最宽为 2.10 m,最大影响宽度为 30 m,主要分布在羊场湾煤矿塌陷坑边缘。

(一)石嘴山矿区重点工作区

由于工作区除地面塌陷之外的其他地质灾害规模较小,且这几年国家对工作区开展矿山地质环境恢复及治理工程,仅以遥感技术较难确定其类型、大小、位置、规模等,因此本工作区的地表变形成果主要是通过遥感解译、收集相关资料及野外实地调查相结合的方法得到,工作区引起地表变形地质灾害类型有地面塌陷、地面裂缝等,较严重的地质灾害类型主要是地面塌陷。工作区地面塌陷属采空区地面塌陷,属大型地面塌陷。[①]

通过本次遥感解译、野外实地调查及收集查阅相关资料,共圈出地面塌陷区 1 个,面积为 3 339.43 km²,塌陷区总体呈 45°走向,长约 12 300 m,宽 1 200 ~ 4 300 m。根据收集资料,该塌陷区有塌陷坑 7 个,总面积为 212.89 km²,位于塌陷区东南部,7 个大的塌陷坑沿东北方向展布,构成大型地面塌陷区,由于塌陷区已被治理,无法准确地从遥感影像上勾绘出塌陷坑边界。因此,通过野外调查及查阅已有资料解译出塌陷坑图斑 4 个,其中塌陷坑 3、4、5 和塌陷坑 6、7 分别合并为一个图斑,参照《县(市)地质灾害调查与区划基本要求》,规模达到中型的塌陷坑有 3 处,其中编号为 TXK-01 的塌陷坑面积最大,面积为 128.60 km²,规模为小型塌陷坑有 1 处,面积为 8.81 km²。

该塌陷区的塌陷体已被治理,植被发育良好,稳定性好;地裂缝 10 条,总长度 149.49 m,主要分布在塌陷区中部和北部;塌陷区北部地裂缝位于惠

---

①重庆市测绘学会. 测绘新技术的理论与实践 重庆市测绘学会第二次会员代表大会论文选编[M]. 成都:西南交通大学出版社,2006.

农区煤炭交易市场内部,为采空区缓慢沉降引起的路面塌陷断裂,属于新生裂缝,裂缝呈近似东西走向。该裂缝组中单体裂缝最宽达0.39 m,裂缝两侧的岩石由于下伏支撑不同,导致差异沉降,形成了南低北高的台坎,台坎最高高度达20 cm。塌陷区中部的地裂缝位于城建局农场的西南面,裂缝组呈近似南北走向,裂缝最大宽度达20 cm。由于矿山环境恢复治理工程的实施,矿区老地裂缝可能已被覆盖,在野外实地调查过程中未发现,此外塌陷区内多处地裂缝由于宽度较小,未能通过遥感影像解译出来,参照《县(市)地质灾害调查与区划基本要求》,该塌陷区地裂缝规模均为小型。

(二)横城矿区重点工作区

通过本次遥感解译未在红石湾煤矿周边发现塌陷坑与地裂缝,在野外调查过程中发现矿区周边大部分区域均已植树造林,其中局部地区有土地整理痕迹,但均未发现塌陷坑与地裂缝。横城矿区工作区共解译出塌陷区一个,面积为96.32 km²,塌陷区位于任家庄煤矿东南部,总体呈35°走向,长约1 500 m,宽300~900 m;共解译出地裂缝16条,总长度为1 267.33 m,该裂缝组中单体裂缝最长达198.92 m,最宽达0.36 m,平均宽度约为0.27 m,裂缝两侧的岩石差异沉降,形成了台坎,台坎最高达20 cm,地裂缝走向与塌陷区走向基本一致,该塌陷区的地裂缝属于新生裂缝。参照《县(市)地质灾害调查与区划基本要求》,该塌陷区的地裂缝规模均为小型。在野外实地调查过程中发现较大型裂缝已被推土填埋,大部分小型地裂缝宽度在5~20 cm之间的无法通过影像解译出来。

(三)马莲台煤矿重点工作区

马莲台煤矿重点工作区共解译出塌陷区一个,面积为217.8l km²,塌陷区位于马莲台煤矿东南部,总体呈南北走向,长约3 400 m,宽200~800 m;共解译出地裂缝145条,总长度为8 669.37 m,该裂缝组中单体裂缝最长达444.67 m,最宽达2.1 m,平均宽度为0.44 m,裂缝两侧的岩石差异沉降形成的台坎最高高度达60 cm,宽度在40~60 cm左右的大型地裂缝主要分布在塌陷区东部,走向与塌陷区走向一致,宽度在20~30 cm左右的小型裂缝主要分布在塌陷区中南部,近似东西走向,分布在塌陷区西北部的大部分小型裂缝由于宽度较小,未能解译出来。该塌陷区的大部分中小型裂缝属于新生裂缝。在野外实地调查过程中发现较老的大型裂缝已被推土填埋,参照《县(市)地质灾害调查与区划基本要求》,马莲台煤矿塌陷区的地裂缝规模均为小型。

(四)清水营煤矿重点工作区

清水营煤矿重点工作区共解译出塌陷区一个,面积为130.22 km²,塌陷区位于清水营煤矿东南部,总体呈75°走向,长约2 200 m,宽500~1 000 m;共解译出地裂缝28条,总长度为1 981.02 m,该裂缝组中单体裂缝最大长度达184.66 m,最大宽度达0.56 m,平均宽度约为0.3 m,局部地区出现了多处由裂缝引起的落水洞,最大落水洞长约3 m,宽达1~2 m,裂缝两侧的岩石差异沉降形成的台坎最大高度达20 cm。参照《县(市)地质灾害调查与区划基本要求》,清水营煤矿塌陷区的地裂缝规模均为小型,地裂缝主要分布在塌陷区东部,走向与塌陷区走向一致,部分未解译出的小型裂缝零星分布在塌陷区西部。该塌陷区的部分裂缝属于新生裂缝,在野外实地调查过程中未发现推土填埋痕迹。

(五)灵武矿区重点工作区

1.灵新煤矿

通过本次地表变形遥感调查,共解译出灵新煤矿塌陷区1个,面积为114.72 km²,编号为TXQ-05,位于羊场湾一号井的东北部,灵新煤矿的南部,总体呈50°走向,长约2 100 m,宽400~700 m;该塌陷区内共解译出塌陷坑5个,总面积为19.69 km²,其中最大单体塌陷坑面积为7.03 km²,最小单体塌陷坑面积为1.44 km²,走向与塌陷区走向基本一致。编号为TXK-05、TXK-06、TXK-07、TXK-08、TXK-09的塌陷坑位于羊场湾一号井东北部2 km处,灵新煤矿的南部约5 km处。塌陷坑在遥感影像上边界较清晰,遥感解译及野外实地调查过程中在塌陷坑边界处未发现地裂缝,而塌陷坑内部分布大量宽度在3~20 cm左右的小型裂缝,野外实地观察塌陷坑边界不是很明显;参照《县(市)地质灾害调查与区划基本要求》,该塌陷区内部塌陷坑规模均为小型,稳定性较差。该塌陷区共解译出地裂缝3条,总长度为430.09 m,其中单体裂缝最长为291.65 m,最短为60.10 m,平均长度为143.36 m,主要分布在塌陷区东部。

2.羊场湾煤矿

通过本次地表变形遥感调查,共解译出羊场湾煤矿塌陷区2个,总面积为144.03 km²,编号为TXQ-11l的塌陷区位于羊场湾一号井的东北部约800 m处,总体呈65°走向,长约700 m,宽100~400 m;该塌陷区内共解译出塌陷坑2个,位于羊场湾一号井北部1 km左右,总面积为6.7l km²,其中最大单体塌陷坑面积为5.68 km²,最小单体塌陷坑面积为1.03 km²,走向与塌陷区走向基本一致。塌陷坑在遥感影像上边界清晰,塌陷坑边界处有大型簇生型裂缝组,裂缝组宽度在10~15 m,在塌陷坑边界处形成高度达2 m的陡坎。规模达到中型的有2处,最大影响宽度为13 m,为大型簇生型裂缝组,主要分布在编号为TXK-10、TXK-11的塌陷坑边缘。

位于羊场湾煤矿东部,编号为TXQ-06,面积为117.98 km²,总体呈70°走向,长约2 500 m,宽400~900 m;该塌陷区内共解译出塌陷坑7个,总面积为51.06 km²,走向与塌陷区走向基本一致。其中规模达到中型的有2处,最大面积为14.86 km²,塌陷坑最低处与最高处高差约为11 m;规模为小型的有5处,最小面积为1.71 km²,稳定性较差。编号为TXK-12、TXK-13的塌陷坑位于羊场湾煤矿东北部,距离羊场湾煤矿约300 m左右,总面积为15.83 km²,塌陷坑在遥感影像上边界较清晰,边界处有大型簇生型地裂缝组,地裂缝组宽度在5 m左右,在塌陷坑边界局部形成高度达1.5 m左右的陡坎,在塌陷区内部有多条小型裂缝沿塌陷坑走向并列展布;编号为TXK-14、TXK-15、TXK-16、TXK-17、TXK-18的塌陷坑位于羊场湾煤矿南部,距离羊场湾煤矿约500 m左右,总面积为35.22 km²。该塌陷区共解译出地裂缝7条,总长度为2 633.31 m,其中单体裂缝最长为916.81 m,最短为61.86 m,平均长度为376.19 m。规模达到中型的有5处,最大影响宽度为30 m,为大型簇生型裂缝组,主要分布在编号为TXK-18的塌陷坑东部边界处,其中单体裂缝最大宽度约为4 m,最大深度达3 m,编号为TXK-16的塌陷坑东部边界有大型簇生型地裂缝组,影响宽度约20 m左右,单体裂缝最大深度达2 m,长度约为400 m。

3.枣泉煤矿

枣泉煤矿重点工作区共解译出塌陷区一个,面积为111.12 km²,塌陷区位于枣泉煤矿南部,总体呈南北走向,长约1 500 m,宽约800m;共解译出地裂缝 10 条,总长度为 481.40 m,该裂缝组中单体裂缝最大长度达 104.08 m,最大宽度达 0.43 m,集中分布在塌陷区北部,部分小型裂缝零星分布在塌陷区南部。该塌陷区的裂缝属于新生小型裂缝,通过遥感解译与野外调查发现平均宽度约为 0.2 m,且塌陷区内部植被覆盖度较高,部分裂缝被植被遮挡,在遥感影像上较难发现,在野外实地调查过程中发现有大面积推土填埋痕迹。

(六)梅花井煤矿重点工作区

梅花井煤矿重点工作区共解译出塌陷区一个,面积为 193.85 km²,塌陷区位于梅花井煤矿东南部,总体呈南北走向,长约 1 800 m,宽约 800 ~ 1 200 m;共解译出地裂缝 15 条,总长度为 2 866.47 m,其中单体裂缝最长达 685.17 m,最宽达 2 m,平均宽度约为 0.6 m,在整个塌陷区均有分布,该塌陷区裂缝属于小型裂缝,从裂缝断面的土壤及裂缝周边的植被来看大部分裂缝为较老裂缝,在野外实地调查过程中未发现推土填埋痕迹。

(七)石沟驿煤矿重点工作区

石沟驿煤矿重点工作区共解译出塌陷区一个,面积为 320.21km²,塌陷区位于石沟驿煤矿东部,总体呈 135°走向,长约 4 000 m,宽 300 ~ 1 000 m;共解译出地裂缝 1 条,长度为 37.29 m,宽度为 0.42 m,为小型裂缝。在野外实地调查过程中发现沿石沟驿煤矿东南约 15°方向,距离石沟驿煤矿约 700 m 处分布有多条断续并列的小型地裂缝,宽度为 5 ~ 20 cm,从裂缝断面的土壤来看属于较老裂缝,未发现推土填埋痕迹,在塌陷区的东北部未发现地裂缝。

(八)金凤煤矿重点工作区

金凤煤矿重点工作区共解译出塌陷区一个,面积为 389.45 km²,塌陷区位于金凤煤矿东北部,总体呈 75°走向,长约 3 500m,宽 900 ~ 1 300 m;共解译出地裂缝 88 条,总长度为 4 187.33 m,其中单体裂缝最长达 208.88 m,最宽达 1.6 m,平均宽度约为 0.45 m,集中分布在塌陷区东南部,在野外实地调查过程中发现塌陷区北部的 103 省道东西两侧荒草地内分布有大量小型裂缝,平均宽度约为 10 cm。103 省道局部路段出现路面裂缝,裂缝最宽达 15 cm。该塌陷区的裂缝属于小型裂缝,从裂缝断面的土壤及裂缝周边的植被来看,大部分裂缝为新生裂缝,整个塌陷区发现推土填埋裂缝痕迹。

第三节 测绘新技术在国土资源管理中的应用展望

一、无人机摄影测量技术在国土资源管理中的应用

随着经济的发展和测绘科技的不断进步,我国国土资源的管理水平逐步提高,土地资源管理精细化、网格化、信息化程度越来越高,对土地信息数据的采集和更新频率的要求也不断提高。常规的实地测量方法不仅成本高,而且作业效率低、项目周期长,无法及时更新土地信息,已无法满足快速获取信息的要求。基于低空无人机平台的航空摄影能较大范围、长时间续航、客观重复地获取地表信息,可以在短时间内获得高地面分辨率的影像,在室内快速提取国土资源的位置信息和属性信息,是对传统勘测方式的一种创新。

(一)无人机摄影测量系统组成及优势

1.组成

无人机摄影测量系统主要由3个部分组成,即飞行系统、任务荷载系统及地面控制站。它集成了多种先进技术,具体包括飞行器技术、遥感技术、传感器技术、信息通信技术、POS定位技术、无人机图像处理技术,能够自动化、智能化获取国土资源信息和地表环境等空间遥感信息,实时处理、建模与分析,为国土资源的创新管理带来突破性进展。

无人机航测系统具有先进的导航定位系统和较长的续航时间,国土资源管理人员只需要在无人机操控界面对无人机飞行的技术参数进行设置,在固定的场地就可以起飞,完成对国土资源的实时、自动采集。外业飞行完毕后,在现场即可完成数据的快拼,检查飞行的影像数据是否符合国土资源管理的需要,做到一次飞行即可满足国土资源的应用需求,进而促进国土资源管理工作的快速发展。无人机航测的精度直接关系到国土资源数据的质量,因此要求无人机体积小、质量轻,具有较强的抗风能力和稳定性等优点,能够适应各种环境下的国土资源勘察和测绘任务。

2.优势

无人机航测自问世以来,在测绘领域展现出无可比拟的优势。无人机应用机动灵活,可在短时间内实现起飞准备、航线规划,对场地和起飞环境的要求较低,能在第一时间获取地表的影像数据;无人机操控简单,自动化程度高,只需对操控人员做短期的培训即可上手飞行;无人机软件和硬件购置成本低。无人机在获取高分辨率影像时,基本上可以做到全天时、全天候、实时化,正逐步成为卫星遥感、航空摄影测量和地面测绘技术的有效补充手段。

(二)无人机数据的获取与处理

1.无人机航测外业

(1)准备工作

无人机摄影测量影像获取的准备工作包括测区有关资料的收集,必要时进行踏勘,同时考虑周围是否有机场、军事管理区域;根据需要对获取的影像资料进行必要的计算,进而进行航线规划、上传航线规划结果,检查无误后确定是否按计划飞行。

(2)航线规划

无人机航线规划主要依据获取的航空影像地面分辨率和相机基本参数,由此确定无人机相对地表飞行的高度,根据地表的起伏程度确定合适的航向重叠度和旁向重叠度。若作业范围大,武汉纵横天地公司的SKY-LAND系列无人机即可满足要求。若作业范围较小,可以考虑大疆M600经纬系列无人机,其作业效率和成图精度均能满足要求。

(3)相片控制测量

根据项目设计的技术要求进行相片控制点的布设和测量工作。相片控制点的布设一般采用区域网布点的方案,相片控制点的分布和数量根据测区范围和地形条件来综合确定。对于地面相片控制点,主要采用GPS RTK方式获取该点的坐标和高程。在平面点位目标方面,尽可能选择影像中目标细小且非常清晰的地物角点或拐点上,高程点一般选在起伏不大的地方,特殊地区可考虑采用人工布设地面标志。[①]

---

①巩秀莉. 浅析无人机航测在国土资源测绘中的应用[J]. 华北自然资源,2021(5):73-74.

2.无人机航测内业

无人机航测内业数据大多利用 Context Capture 软件进行处理。首先将影像数据和 POS 数据一次性导入,对影像进行初始化设置,由软件自动完成空中三角测量工作,当该工序合格后再导入地面相片控制点,重新进行空中三角测量工作,直到有约束的空中三角合格后方可进行地面三维重建工作,重建之前可以设定输出数字正射影像图、数字表面模型及实景三维模型等数据,便于后期利用重建后的数据及模型进行国土资源数据采集工作。

(三)无人机摄影测量技术在国土资源管理中的应用

1.土地利用调查

国土资源调查中一项非常重要的工作就是对土地利用现状进行调查。调查的底图多数为高分辨率遥感影像,相较于传统的实地测绘工作,效率大幅度提升。但由于早期的高分辨率影像供应商大多是国外公司,因此影像来源受到一定的限制。随着国家经济改革步伐的逐步加快及新时期对房地产市场的进一步调整,国家要求合理确定土地的市场供应比例,因此对土地资源管理要求更严格和精细化,尤其是土地利用的变更调查、征地拆迁、土地性质登记等,需要大比例尺的土地利用现状图。无人机在超低空获取高分辨率遥感影像方面具有非常明显的优势。利用无人机遥感影像可以快速获取地表数据,并且可以在较短时间内完成 1:500 的土地利用现状图的制作。该数据具有很强的针对性,时效性强,特别适合小区域、短周期的土地利用现状调查。

2.土地利用动态监测

我国是人口大国,土地资源是稀缺资源,必须在保证粮食安全的前提下合理进行土地流转和开发利用。因此,国土资源管理人员必须在国家土地开发政策的框架下合理规划土地利用,尽可能形成符合国家政策的土地配置机制,提高我国土地资源的利用率。利用无人机摄影测量技术可以大大降低土地资源监测工作的复杂度。国土资源管理人员可以利用无人机获取管理区域的高分辨率影像,对土地利用情况进行动态监测,重点对土地利用变更较快,特别是工业区的减少化进行监控。同时,根据这些地区的土地资源利用情况进行土地数据分析,可以全面了解土地资源的利用情况,摸清土地资源家底,从而为国家土地政策调整提供有力的信息支持。

3.土地利用规划与整治

土地规划和土地整治是国土资源管理中非常重要的工作。项目开展之前,需要收集该区域的相关土地基础地理信息,根据需要在土地资源信息系统中进行一系列的设计工作,为中期土地实施整治提供重要的规划信息。在工程竣工完成时,可以根据无人机获取的实景三维模型了解区域整体情况,直观查看各种用地规划与整治情况,从而为项目验收提供客观依据。利用无人机实景三维模型能够非常方便地对土地坡度和土石方进行计量,为国土资源的定量化和精细化管理提供依据。

4.土地执法与监察

利用卫星遥感影像成果进行国土资源的土地执法和督导工作,已经成为自然资源调查的重要组成部分。该项业务已进入常规运行阶段,自然资源部门每年都要开展"全国土地变更调查与遥感监测工作"。该项工作周期较长,时间相对固定,在管理上存在一定的缺陷,监测过程容易被"钻空子"。例如,有的单位为了拓展业务,违规使用土地,执法人员到现场就停工,执法人员撤离现场又开工,当工程进行到一定程度后便成为无法更改的事实,难以整改,倒逼自然资源管理部门接受现实。因此,利用卫星遥感技术进行土地执法和监测存在无法早发现、早制止、早处理的缺点。而无人机摄影技术具有实时性好、机动灵活、精确度高的特点,可以为执法部门及时发现违法用地提供及时的技术支撑。

5.土地确权

农村土地确权工作主要针对土地的权属、界址分布和地块面积进行调查。利用超低空无人机航测可以获取地表影像数据,进而获得大比例尺地形图和高精度三维模型。无人机航测具有成本低、自动化程度高、作业方便灵活等特点,在农村土地确权发证工作中被广泛予以采用。

6.不动产登记

随着自然资源管理的逐步规范化,国家自然资源管理部门也意识到不动产登记的重要性,在各大城市中广泛开展了不动产登记工作,确立了城市不动产登记制度,提高了土地资源管理的质量和效率,实现了土地资源管理的规范化。

二、基于"互联网+"的测绘内外业一体化技术在城市国土规划管理中的应用

近年来,"互联网+"技术在各行业领域都有突飞猛进的发展,国内也相继有学者开展了"互联网+"技术在测绘行业的研发和应用,将"互联网+"技术与地理信息系统(Geographic Information System,即GIS)结合起来,从GIS框架设计、功能实现等方面进行了多方面的探讨,为"互联网+"应用于城市国土规划管理奠定了技术基础。

综合国内近年来已经发表的文献,"互联网+"在测绘地理信息领域的应用主要体现在几个方面:一是利用"互联网+"的移动便携特性实现外业调查的便利性;二是基于"互联网+"移动平台研究GIS地图服务;三是探讨基于移动客户端的GIS系统实现策略。这些方面的探讨为"互联网+"技术的拓展应用奠定了良好的理论基础和实践基础,但受制于当时移动互联网技术发展水平的制约,尚未实现真正意义上的内外业一体化,在国土规划管理这样对数据整合、数据处理与分析等方面需求较大的领域未能实现系统性应用。

城市国土规划管理涉及城市更新改造、城市基础数据调查、城市不动产登记和城市规划编制等多方面工作,城市国土规划管理的数据主要来源于城市地理信息数据采集,技术部门通过对采集到的城市地理信息数据进行处理,得到各种城市专题图,为城市规划管理提供数据参考。长期以来城市地理信息数据采集与处理工作专注于内外业一体化的发展,但受外业设备和数据采集技术等条件的限制,未取得突破性进展。而近年来"互联网+"技术的快速发展为突破这一瓶颈指明了方向。

基于"互联网+"的测绘内外业一体化工作模式的核心是内外业的无缝衔接,即实现内外业之间实时数据通信与数据交换,充分发挥"互联网+"技术的实时、便捷优势,本节技术路线如图8-3所示。

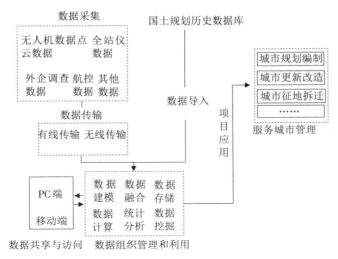

图8-3 总技术路线图

从图8-3看,数据来源主要有两大模块,即多源数据采集和历史数据库。为保障数据现势性,本节技术以多源数据采集为主要数据获取手段,历史数据作为参考分析使用。在数据上以保证兼容性为原则,尽量充分地利用各种来源的数据,以便于为国土规划管理决策提供数据支撑。该技术利用4G移动互联网来实现多源数据实时传输和交互通信,让技术人员可以更高效地将数据传输到数据存储端;利用大数据技术开展国土空间数据挖掘,在冗杂的海量数据中提取各种价值信息。

(一)数据采集与传输

外业数据采集采用多种技术手段相结合,常用数据采集手段包括全站仪数字测图、无人机测绘、三维激光扫描、基础数据调查和移动街景数据采集等。采用多种数据采集手段的目的是满足不同层面的城市规划管理需求。传统数据采集采用内外分离的工作模式,即外业数据采集完毕后,再将数据带回进行内业数据处理,这种模式有两个弊端:一是数据转移过程中有丢失的风险;二是工作效率低,内外业之间没有数据交互通信。

1.数据传输技术

本书技术路线基于"互联网+"的测绘内外业一体化工作模式实现数据的实时传输,除数据一次生产量过大的影像数据和点云数据外,4G网络实时承载能力范围内的数据均可以实现实时传输。采集到的数据第一时间传输到内业数据端,避免了数据意外丢失的风险,也让内业人员第一时间着手数据处理工作,数据传输采用专用网络,保障数据安全。

数据传输技术的特点是:①基于4G网络的实时快速传输。项目实施区域已实现了4G网络全覆盖,数据通过4G网络传输方便快捷,可在数据采集完成的第一时间传输至服务器端。②专网传输。采用专用网络传输,每个移动端都配备专用的4G网卡,数据访问前移动端必须先登录验证,确保数据安全。③交互通信技术。采用交互式通信方式,服务器端和移动端可以实现实时的文件交换、语音通话、视频连线等功能,提高内外业一体化水平。

2.实时在线坐标转换技术

为方便野外作业需要,本书技术可在外业现场通过4G网络与总服务器连接,直接进行在线坐标转换,如自动进行WGS84坐标系、CGCS2000坐标系、西安80坐标系和广州2000坐标系等坐标系之间的实时转换。

该技术利用远程网络链接用户与服务器解算端,网络仅提供数据传输通道,解算端与不同用户之间空间上相互隔离,用户只参与发送解算请求和接收解算结果(如图8-4所示),这种工作模式使作业更加快捷,也增强了数据保密性。

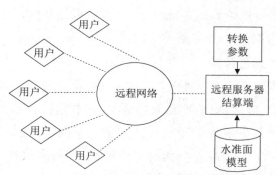

图8-4　实时在线坐标转换技术示意图

(二)数据织管理

由于数据采集的多源性,造成数据冗杂,带来了多源数据的存储和集成等诸多问题,笔者采用分布式数据存储技术和数据仓库模式的数据集成技术来解决以上问题。

1.分布式数据存储

使用分布式数据存储方法来解决数据量大、存储管理不便的问题。分布式数据存储将数据分散存储在多台独立的设备上，其具备可扩展的系统结构，利用多台存储服务器分担存储负荷，利用位置服务器定位存储信息，不但提高了系统的可靠性、可用性和存取效率，还易于扩展。

2.基于数据仓库的数据集成

考虑到多源数据的异构性，本书技术采用数据仓库模式完成数据集成，该模式的主要特点：①面向主体，关注决策者的数据建模与分析；排除对于决策无用的数据，提供特定主体的简明视图。②数据集成，数据仓库集成了多个异种数据源，当数据被移到数据仓库时，要经过转化，确保命名约定、编码结构、属性度量等的一致性。③随时间而变化，从历史的角度提供信息。④数据不易丢失，物理上分离保存，只需要数据的初始转载和数据访问两种数据访问方式。

本节技术基于这种模式实现了对信息的整合，以满足国土规划决策分析在土地利用、土地空间规划、违法建设评估等方面的需求。例如，将土地利用数据与行政区划数据集成，进行数据分析后，可以得到某行政区的土地利用现状图。

（三）数据访问与应用

笔者采用移动端和PC端两种访问技术来支持用户对服务器的访问和平台操作。移动端设备具备便携的优点，可以在任何地方对系统平台进行数据访问，可以通过自身的定位系统访问周边地块的国土规划信息，还可以基于移动平台进行简单的数据分析和计算。

PC端被用于大数据计算和处理，批量生产制作国土规划专题图，包括土地利用现状图、土地植被覆盖图、土地建筑分类统计图等。专题图的成果可直接用于服务政府管理机构，为城市管理提供数据支持和决策参考。

三、现代测绘技术装备在国土资源管理中的应用

随着我国计算机技术、信息技术的飞速发展，测绘装备技术日新月异，更加高效自动化。只有科学地应用现代测绘技术、测绘装备，才能满足当今社会对土地确权、土地违法查处、耕地保护、地质环境监测、矿产勘查、节约集约用地、地理国情监测等土地资源管理工作的需要。在国土资源管理

中,必须应用好现代测绘技术装备。

(一)现代测绘技术与装备

1.现代测绘技术

测绘可分为基础测绘和专业测绘。基础测绘用于国土资源管理,专业测绘常用于各大企业的场地勘测,地籍测绘应用于用户的地籍测量。

现代测绘技术以光电技术、空间科学、计算机技术、网络通信功能技术、信息科学为基础,应用全球定位系统(GPS)、遥感技术(RS)、地理信息系统(GIS)等来准确地定位、分析地面中的特征、界限、位置,为国土资源管理、工程建设、自然灾害应对等工作提供技术支持。

2.现代测绘装备

(1)高效数码航摄系统

在各大省市更新地理信息数据的工作中,高校数码航摄系统能够缩短获取影像的时间,从根本上解决了影像数据滞后、性能较差等问题,为我国各大省市更新基础地理数据信息提供了必备的素材。例如,在山东省第一次全国地理国情普查任务、基础地理数据信息更新项目中,高校数码航摄系统就发挥了上述作用,并减少了野外调查的工作量,提高了生产数据的效率。因此,对高校数码航摄系统的应用拓展了在国土资源管理领域的视野。

(2)机载激光雷达(LiDAR)系统

LiDAR 即"Light Detection And Ranging"的缩写,意为"光探测与测距"。"机载激光雷达"是飞机上的激光探测、测距系统,它可测量地面物体的经纬及高度坐标。集成了激光测距、计算机、惯性测量单元差分定位技术,自动化程度高,不太受天气影响,能够较快地产生数据,精度也比较高。在山东省更新 1:10000 数字高程模型数据的工作中,就用到了机载 LiDAR 系统。机载 LiDAR 系统应在国土资源管理领域发挥更多作用。

3.无人机航拍摄影系统

无人机航拍摄影系统即以无人机为空中平台,搭载遥感设备,然后用计算机处理图像信息,并制作出特定精度的图像系统。无人机航拍影像的清晰度高、比例尺大、面积小、操控简便、可随处起降,适合拍摄带状区域影像,应用前景广阔。

4.倾斜摄影系统

倾斜摄影系统即在一架空中平台搭载垂直、倾斜多个角度的传感器,从而获取完整的地面物体信息系统。倾斜摄影系统能够从多个角度观察地面物体,可直接测量地面物体,减少了城市三维建模的成本。

(二)现代测绘技术装备在国土资源管理中的应用

1.高效数码航摄系统的应用

2014年,山东省在滨州、泰安、济南、青岛等地的测区航测任务中,应用了高效数码航摄系统,获取了约70 000 km²、地面分辨率优于0.5 m的数码航摄影像。在湖南省地理国情普查工作中,高效数码航摄系统获取了1 800 km²、地面分辨率优于0.2 m的航空影像数据。滨州、聊城两地的农村承包经营权确权项目中,以市为单位,用高效数码航摄系统拍摄了高分辨率影像,避免了各县、各村各自为政的问题。这种装备能够清晰地判读地表信息、建筑物类型、土地利用情况,适合用于土地执法、规划、确权当中,比如对闲置土地的调查、耕地保护、集约土地的利用、土地变更调查、黄河三角洲荒碱地的开发、违章用地建筑执法、农村承包经营权的确权,极大地减少了野外核查工作,节省了国家财政支出。

2.无人机航拍摄影系统的应用

在吉林省德惠市布海镇的农村土地承包确权试点项目中,吉林省地理信息工程院的无人机航拍摄影系统拍摄了137 km²的高分辨率数字影像,获得了高精度定位数据和地表信息。在重庆市江津区燕坝村的土地利用现状调查中应用了无人机航拍摄影系统,获取了高精度、大比例尺的地理数据信息,可用于村级土地利用规划。可见,无人机航拍摄影系统适用于重点区域、小范围乡镇土地的执法。此外,农村居民点整理、灾毁耕地复垦、湿地保护、城镇和村庄用地规模控制、闲置和低效建设用地的利用、未利用地和非耕地的利用等规划土地的工作。

在2008年汶川地震后的抗震救灾工作中,民政部所属国家减灾中心于5月15日上午应用两架无人机航空遥感系统拍摄了北川县震后的航空影像,为救灾工作提供了决策依据;后又拍摄了堰塞湖,为堰塞湖的抢险提供了科学依据。无人机能够快速到达地质灾害区域,可迅速响应紧急状况,适合应急救灾工作。

3.机载 LiDAR 系统的应用

2009年4月~6月,在长江三峡库区秭归—巴东段,中国国土资源航空物探遥感中心获取了约1 000 km²的机载 LiDAR 系统数据。经过激光点云数据处理,中国国土资源航空物探遥感中心得到了高精度激光雷达数字高程模型,在此基础上定性、定量地分析了该地区的典型滑坡,圈定了滑坡边界,试验了动态地监测灾害体。这项工作体现了机载 LiDAR 系统数据精度高、高程信息点密度大的优点。此外,机载 LiDAR 系统的自动化程度高,产生数据的速度快。因此,在滑坡监测、山体开挖、地表变化等地质环境的监测工作中,机载 LiDAR 系统与其他测绘设备和技术有较大的优势;在≥1∶10 000比例尺的数据生产项目中,机载 LiDAR 系统也是首选。它能同时产生同步影像数据以及数字表面模型。

4.倾斜摄影系统的应用

2012年,苹果公司推出3D地图服务的三维模型数据便来自倾斜摄影系统。河北省测绘地理信息局制作的河北省地级市城市三维模型也是用倾斜摄影系统来完成的。目前,城市三维快速建模是海内外的热点项目,已成为智慧城市的重要载体。在这项工作中,倾斜摄影系统发挥了高度自动化、建模速度快、模型效果逼真等优势,因此,能够应对我国日新月异、不断更新的城市发展需要。

第九章 测绘新技术在国土资源信息整合中的应用

第一节 整合国土信息资源的重要意义

目前,国土资源信息化工作已经取得丰硕成果:一是网络框架体系结构基本形成,已完成国土资源主干网的建设;二是国土资源管理海量数据持续夯实,建立了各个方面的数据库,为国民经济发展和国土资源管理提供了重要数据支持;三是业务系统建设和应用不断深入,基本覆盖国土资源管理各项业务。

国土资源信息系统纵向涉及国家省市县多级职能部门,横向涉及地政,矿政和地质环境管理等业务,包括国土资源"一张图",地政审批系统(含预审、农转用、规划局调、农村土地综合整治业务审批)、矿政审批系统(含采矿权、探矿权、建设用地压覆矿业务审批、储量管理)、OA系统、市县公文交换系统、国土资源核心统计数据采集与处理系统、建设用地供应动态监管系统、土地登记信息综合监管查询系统、地矿行业信用管理系统、信访系统、矿业权网上交易系统等。但是,国土资源信息化建设的现状离国土资源信息系统一体化的目标还存在一定的差距。因此,对国土资源信息系统进行整合是目前信息系统建设的当务之急。系统整合是指按照统一技术标准进行数据整合和集中管理,有交叉的工作流彼此衔接,通过一体化的举措来实现信息系统资源共享和协同工作。其精髓就是将分散的要素组合在一起,最后形成一个有效率的整体。

一、整合内容

(一)数据整合

国土资源信息化建立在海量国土资源数据的基础上,将现有的数据信息进行优化、整合,提升数据信息质量和共享程度是系统整合的核心。从数据质量提升来看,经过整合,系统要统一管理与国土资源相关的数据,提高数据在管理和应用上的准确性与可靠性,并采取必要的管理技术和措施,加强对数据的安全管理,防止对数据的破坏和随意更改。从数据共享程度的提升来看:一是建设统一规范的公共信息数据库,实现应用系统间的公用信息唯一性;二是建立数据中心,集中管理数据,并建立数据质量检查及数据更新机制,确保数据长久的生命周期;三是完善现有的工作流系统,以全面监控数据的生成、修改、变动、归档等状态,确保各系统、各数据库的数据准确、一致和实时;四是使用数据提取,转换和加载工具,进行数据分析、挖掘和再加工,以提高和增强数据利用率和利用效果。

不同的研究者对于数据整合的方式有不同的看法,刘彦花认为数据管理模式应由之前的分散管理逐步转变为多级集散式数据管理模式;而叶建中则认为应将不同时期采用不同技术构建的数据资源采用统一的技术和建库标准进行整合改造,然后集中统一管理;杨建锋等认为利用空间数据库技术,实现空间数据和属性数据一体化存储和管理是系统发展的必然趋势;丁焰认为应将多源数据组成数据库,并采用集中式和分布式相结合的模式进行管理,按照分类和应用情况将数据有效地组织和管理起来。

在统一的数据整合、整理及数据建库的标准规范前提下,以最大限度地满足资源监管、宏观调控和辅助决策等需求,在调研分析各类数据源现状的基础上,对数据进行完整性检查和标准化处理,经过数据项补充、数据格式转换、坐标转换、拓扑重建、数据入库,构建数据索引等工作,完成多源异构数据的整合入库。采用关系数据库 Oracle 和 ArcSDE 相结合的技术,统一管理空间数据和属性数据,确保空间和非空间数据的一体化存储,实现海量数据的存储、索引、管理、查询、处理及数据的深层次挖掘问题,为前端 GIS 应用功能开发和空间信息发布提供强有力的支持。

(二)应用模型整合

系统应用模型的整合也是实现系统整合的途径之一。首先,随着各种先进的技术逐步应用于国土资源信息系统建设,以前以数据采集、存储、管理和查询检索功能为主的系统,将不能满足目前在空间分析、预测预报、决策支持等方面的要求。其次,各个应用领域都有自己的应用模型,这些应用模型虽然具有很大的应用价值,但是存在应用模型建立工作所占比重过大,模型之间相互类似且重复利用率不高的问题。因此,必须加强系统应用模型的整合,以提高系统的开发效率、已有模型的重复利用率和升级强化系统的功能。从目前技术的发展来看,组件式模型将是系统应用模型整合的主要方式,利用组件式可以开发出高效、无缝的应用系统,模型组件化将是实现系统应用模型整合的最有效的软件技术手段。

应用模型的整合不仅要解决功能集成的问题,还要解决系统搭建的问题。国土资源信息系统涉及多个部门和多项业务,在整合如此复杂的信息系统时,必须设计统一的框架,在统一框架上架设具体的业务系统,形成"大框架小应用"的格局,才能提高软件开发效率及重复利用率。如果在统一框架的基础上再提供基于统一框架开发的各种便利设施就形成了应用模型构建平台。基于应用模型构建平台开发,不仅在开发成本和工期上可以取得显著效益,开发出的应用系统的各项性能指标也明显高于传统开发模式。

(三)应用环境整合

系统的应用环境包括网络和安全平台、工作流程、管理制度和组织结构等。整合应用环境,首先要建立统一的网络环境和信息安全平台,然后要根据国土资源管理业务特点,围绕为用户提供一站式服务和协同工作的目标,进行机构重组和流程再造。在管理上,一要通过建立管理信息系统(MIS)、办公自动化系统(OA)等,实现管理过程的信息化;二要改革原来不合理的组织结构和规范,按信息化要求重新设计管理程序,将各个部门的管理职能进一步综合集成;三要加强信息技术和管理人员队伍建设,包括系统分析与设计人员,软件开发人员、数据库管理员,硬件维护人员等;四要提供统一的内部门户,实现信息资源集中访问。

二、整合技术

国土资源信息系统整合涉及的技术众多,如遥感、GPS、GIS、网络技术和通信技术等,随着科技的发展,一些新技术也逐渐被应用到信息系统一体化建设中。

空间数据库技术是集成化国土资源信息系统的关键技术。与传统的文件型空间数据存储方案相比,基于关系数据库或者对象关系数据库的空间数据管理方式(空间数据库)具有海量数据管理能力,多用户并发控制,严格的权限管理、空间信息与属性信息一体化存储等多种优点。空间数据库技术的发展,代表了GIS的重要发展方向,也是国土资源信息化进行数据库建设的重点技术之一。利用关系数据库成熟的海量数据管理、事务处理、记录锁定、并发控制、数据仓库等功能,可以实现空间数据与非空间数据真正整合,增加空间数据的互操作性,而且可以记录和管理各种业务流程。

元数据(Metadata)是"关于数据的数据",空间元数据是对国土资源空间数据集的规范化描述,按照一定标准从空间数据集中抽取数据集的内容、质量、表示方式、空间参考、管理公式以及其他特征信息,组成一个特征元素集合。以元数据为基础建设国土资源空间数据信息交换体系,形成国土资源空间信息基础框架,可以在很大程度上减少空间数据的重复生产,加强数据生产者、管理者及用户之间的沟通与联系,满足用户对国土资源空间数据快速查询和获取的需求。

系统通过弱耦合的组件式平台架构,可满足不同级别的自然资源部门业务系统建设需求,实现GIS、OA、MIS的一体化集成应用。近年来,工作流技术结合组件式开发技术为自然资源局内部业务综合处理提供了一种良好的手段。通过工作流技术,将业务的各个环节整理在一起,业务从网络受理开始,到窗口确认受理,经过局内部审核审批,到档案管理,最后到窗口发件,整个业务处理过程都是受控制的。按照工作流模式,国土资源业务从窗口受理到内部业务处理、领导审核审批一直到窗口的发件,整个过程类似于工厂流水线作业一样,配合自然资源局的人员职能、权限及机构设置,使得工作分工更为明确,办事过程更为高效,是最理想的业务处理模式。①

三、整合国土信息资源的意义

整合国土信息资源最大的意义就是有利于加强国土资源的管理。本书以深圳市为例来对此阐述。

改革开放以来,深圳市国土资源管理工作取得了巨大成绩,在深圳由一

①《国土资源工作改革创新与法治国土建设实务》编委会. 国土资源工作改革创新与法治国土建设实务[M]. 北京:经济日报出版社,2017.

个边陲小镇发展成为国际化城市这一世界城市发展史上的奇迹的同时,在全国率先划定了"基本生态控制线",落实了国家下达的耕地和基本农田保护的责任目标;率先建成国内第一个基于CIS和MIS技术的大型国土资源管理系统,为国家土地管理体制机制创新发挥了先行先试的作用。近年来,由于地理信息系统(GIS)、遥感、无线网络等新技术不断渗透到深圳国土资源管理的方方面面,国土资源管理的各个业务环节正向数字化、网络化、智能化方向快速发展。

在取得辉煌成绩的同时,我们也能清醒地看到,当前的土地管理工作还存在很多问题。随着国家土地新政的推行和土地督察制度的设立,以及深圳市"创新型综合经济特区,全国性经济中心城市,与香港共同发展的国际性城市"这一城市性质的正式定位,对国土资源管理提出了更高的要求。新时期、新形势下信息化工作如何起到促进国土资源管理进步的作用是笔者一直思考的问题,在这里将笔者的一些思考与大家探讨,期待共同提高。

(一)深圳市国土资源信息化工作取得的成绩

1.以金土工程为契机,实现国土资源管理全面信息化、科学化

深圳市国土资源管理信息化工作起步较早,早在1998年就已率先建成国内第一个基于GIS和MIS技术的大型国土资源管理系统。2006年根据国家金土工程建设要求,开始着手制定深圳市金土工程实施方案,并兼顾深圳创建"国家电子政务试点城市"要求,形成国土资源信息化总体框架,起到统筹规划、技术指引的作用。

(1)金土工程整体规划,全盘指引,稳步推进

明确的目标定位、整体统一的规划和设计是实施金土工程的前提,技术标准和数据共享是核心。深圳市金土工程总体建设目标是逐步形成国土资源管理电子政务模式,建立我市国土资源信息化网络,标准、安全等基础;建立和完善国土资源数据中心,全面、准确掌握国土资源管理的各类信息;逐步建立覆盖国土资源管理业务的、高度信息共享的政务信息系统。形成"天上看、地上查、网上管"的科学、规范、高效的国土资源管理运行体系,纵向为上级"金土工程"提供动态信息上传下达,横向为市政府各部门社会机构、公众提供国土资源信息共享和便利服务。主要内容包括:"一个中心"即国土房产数据中心;"两大体系"即基础支撑体系和安全支撑体系;"三项

工程"即国土资源数据工程、国土资源应用工程和公共服务信息工程。

　　为顺利推进金土工程的实施,指导后续信息化建设,深圳市相继开展《金土工程总体设计》和《数据资源规划与设计》工作,对金土工程总体框架.技术路线,系统建设、数据中心.基础平台建设、数据工程等关键建设内容进行分析研究,制定统一的标准规范、可操作性的实施计划,按照统一组织、统一部署原则对信息化建设进行全盘指导和控制。

　　(2)实现国土资源管理全面信息化,科学化,进一步提升国土资源管理水平

　　在1998年建成规划国土管理信息系统后,深圳市国土资源管理已实现市局、分局,国土管理所(街道级)全体人员在同一网络中协同办公,并将审批事项的受理、办理,督办纳入系统管理,结合GIS功能,为业务审批提供了高效的信息管理和查询手段。此后,深圳市国土资源管理一直紧密围绕透明化、规范化、科学化,与市电子监察系统联网,实现所有审批操作规范、透明;与市政府行政大厅联网,实现审批事项在政府部门间并联处理,方便市民,提高效率,多次受到国家、省、市的表彰。

　　金土工程实施后,深圳市紧紧抓住这个契机,实现国土资源管理信息化全覆盖,加强业务管理科学化水平。建立以地籍为核心的土地管理模式,采用统一架构体系,基于电子政务基础平台,对现有土地管理相关系统进行整合,升级和开发,使土地管理系统覆盖全部土地管理业务,实现以知识管理为特征的土地管理办公自动化。近年来,重点完善了征(收)地拆迁管理系统、土地储备管理系统、用地管理系统、土地合同监管系统等业务系统。

　　2.大力开展土地监测监管,保护土地资源

　　深圳在建设生态园林城市的过程中,一方面在全国率先划定城市限制建设的"基本生态控制线"这一高压线,将接近全市总面积的二分之一的土地划入保护范围。另一方面作为全面城市化地区,深圳严格落实了国家基本农田保护指标,形成基本农田红线与基本生态控制线相协调的"双线"保护机制。

　　(1)利用卫星遥感技术,实施土地全方位监测

　　在完成部卫片执法的同时,深圳市自2005年开始利用高分辨率遥感卫星数据,结合实地调查及内部数据分析,每年4次对全市基本生态控制线范

围内的土地变化情况实施监测,为土地监测监管提供了大量翔实数据。深圳每个季度在获得卫星遥感数据后,利用专门的图像处理系统进行分析处理,并借助GPS导航系统和辅助数据采集系统,对所有可疑图斑逐个进行实地调查,核实及现场拍照,监测成果得到市政府的高度重视。通过遥感监测这种"天眼"手段,以直观的影像来"举证",对全市土地违法行为起到了很好的震慑作用,产生了良好的社会效应。近几年,深圳将遥感监测的范围逐步扩大到全市范围,进一步加强土地监测的效果。

(2)开展日常移动巡查,实现科学化土地监管

除遥感监测外,深圳还加强土地监管的人工巡查,并建立移动巡查系统。人工巡查包括地质灾害巡查,储备土地管理、转地适当补偿地管理、非农建设用地管理、基本农田管理和已出让土地管理等现场巡查和信息上报。移动巡查系统综合利用GPS,移动通信,数据交换等技术,实现巡查定位、导航、记录、制图、查询、上报等功能,为动态更新、批后监管,市场管理提供高效的技术支持,具有能定位,能巡查、能取证、能查询、能跟踪、能考核等特点,实现了基层土地监管的信息化、科学化。

3.实现自然资源与地理空间信息服务社会化

深圳市于2007年开展面向全社会的自然资源与地理空间数据的共享服务建设,并作为"数字深圳"的核心组成部分。目前已建成城市规划,建设、管理、应急指挥、公众服务等提供统一的空间基础信息服务的平台,并率先在政府机关内部推广应用。

(1)开展空间基础信息平台建设,提供自然资源与地理空间信息服务

以"数字深圳空间基础平台"为平台,为政府机关、企业单位、普通市民提供自然资源与地理空间信息服务。共享的空间数据资源包括基础地理、公共设施、城市仿真、部门专题四个层次的数据体系,可面向不同用户提供全方位数据服务。目前,现有数据量达200G以上。基础地理类,包括影像数据库,地貌数据库和电子地图数据库,数据存储量约90G;公共设施类包括交通、文化、娱乐,商业、广场、体育、文化古迹、行政办公等信息,目前共划分为15大类,125小类,约22万信息;城市仿真类包括三维地形、三维建筑、三维管线,目前数据存储量约120G;部门专题类数据由各政府部门通过空间平台"部门数据发布系统"提供,是各政府机关进行数据共享的核心。

在提供信息共享服务的同时,其制定了一系列空间基础数据标准,包括

元数据、数字地形图、数字高程、数字正射影像、电子地图、公共设施、基础地理空间数据库核心要素、地下综合管线、建筑三维模型数据、数据资源目录、空间信息应用服务接口等，部分标准已上升为市级行业标准。

（2）推进空间基础信息平台应用，提升空间信息共享服务效果

空间基础信息面向不同政府机关和社会公众的应用需求，按照空间信息"共享""整合""交换"三个层次，有针对性地提供了内容丰富的空间信息浏览查询网站，简单易用的业务对象管理和自主搭建环境、功能强大的信息交换发布环境三种应用模式，基本满足了社会各界对空间信息的共享服务要求。随着深圳市空间信息网政务内网部分的开通，平台已经开始发挥全市空间信息共享服务作用。

在提供空间基础信息共享服务的同时，其着重提升空间基础信息平台的应用效果，走访了近30多个政府部门，主动推广平台成果。截至目前，已有22个政府部门接入平台网络，通过在线浏览、查询统计等方式使用平台信息资源。已有市应急指挥中心、市环保局、市工商局、市贸工局、市标准技术研究院等多个部门将平台环境整合到本地业务办理环境中，成为平台的首批高端用户。

4.行政审批公开、透明，公共服务效果显著

发展电子政务公共服务是提升政府执政能力的重要举措，是创建"透明、服务、民主"政府的有效途径。国土资源电子政务公共服务系统主要包括信息公开、在线办事和公众参与三方面内容。

（1）拓宽信息公开范围，提高公众对国土资源信息的知情权

从2005年开始，根据《中华人民共和国政府信息公开条例》和《深圳市政府信息公开规定》的框架，编制了信息公开的一系列规章制度，明确了信息公开的内容范围、公开形式、公开时限，形成制度化的公开程序，建立了信息公开的监督管理制度，为信息公开提供有力的保障。以此为依据对业务信息进行全面的梳理，公开的信息包括机构职能、政策法规、人事信息、行政许可、行政审批、服务事项等近百项各类事项，涉及土地、地质矿产、测绘地籍、房地产和综合事务等，基本涵盖了规划国土委所有国土房产方面的政务信息。

（2）提倡在线办事模式，提高政府办事效率，降低公众办事成本

在线办事业务覆盖了土地使用权出让、建设项目用地预审、土地招拍挂

等业务,通过业务应用深化和建设网上申报与在线审批系统,进一步扩大门户网站的影响力,为社会公众提供更全面的信息和更便捷的服务,为政府部门的监督管理提供有效的平台,其网上办事系统已在全市产生很好的社会影响。

如通过完善土地网上交易系统,形成覆盖土地交易全过程的网上交易电子平台,将经营性用地、工业用地、采矿权出让等全部纳入网上交易范围,实现信息发布、挂牌、客户竞买申请、保证金缴纳、客户竞价、成交披露等各个环节的信息化管理。

(3)大力引导公众参与热情,提高公众参与权,开创和谐执政新局面

公众参与是为了加强网上政务公开力度,使公众可直接和行政管理部门进行对话交流,减少信息传送过程的信息失真。目前网站开通的公众参与栏目主要有电子信访、主任信箱、民意征集和在线访谈,并多次针对重要的政府决策活动开展网上直播和网上公众咨询,以技术手段促进公众参与政府决策管理。

(二)新时期、新形势下国土资源信息化工作面临的挑战和工作设想

在进入新的历史发展阶段,深圳作为全国大中城市中最先面临空间紧约束的地区,在国土资源管理方面面临着保障发展与保护资源两难的困境。为落实科学发展观,亟待构建高度城市化背景下,高速经济发展进程中的约束、转型土地管理模式,实现科学、高效、精细、协同的管理目标。我们逐步认识到,必须要充分发挥信息化的技术优势,将信息化技术作为推动和促进土地管理水平提升的重要手段,探索新形势下国土资源管理和信息化工作的新思路、新模式,为构建国土资源保障和促进科学发展新机制提供科学化、标准化、规范化的信息技术支撑。

1.继续推进金土工程建设,实现技术、机制创新,提升应用

在金土工程实施过程中,以内网技术框架、图形技术框架、移动技术框架三大技术框架为基础,先期开展电子政务基础平台、建设用地审批系统(含地籍管理)、移动巡查系统三项开发,在此基础上丰富各种应用和数据库建设。通过重点技术框架和信息更新保障机制的确立,逐步推进管理制度的创新。

在业务应用系统建设方面,建立以地籍为核心的土地管理模式,采用统

一架构体系,基于电子政务基础平台,对现有土地管理相关系统进行整合、升级和开发,使土地管理系统覆盖全部土地管理业务,实现以知识管理为特征的土地管理办公自动化。近年来重点完善了征(收)地拆迁管理系统、土地储备管理系统、用地管理系统、土地合同监管系统等业务系统。

2.创新土地执法管理,构建"数字督察"新机制

近几年,深圳市开展国土资源卫片执法和生态控制线内遥感监测工作,全面、准确地监测土地利用变化情况,特别是新增建设用地及耕地变化情况,基本生态控制线范围内用地变化情况,有效遏制土地违法违规行为的发生,维护了生态安全。下一步,将创新土地执法管理,构建"数字督察"的土地监管机制。

数字督察包括数字监测、执法处置、网格化巡查管理、建立维护违法信息库等阶段。数字监测阶段主要进行前期资料准备,内业数据处理、外业检查测量、确定变化图斑的合法性、统计分析核查结果等工作;执法处置是指将发现的违法用地和违法建设行为,及时移交区执法部门,根据有关法律,法规坚决严格处理;网格化巡查管理是指要运用科技手段建立完善日常巡查制度;建立维护违法信息库是指在数字监测、违法建筑信息普查、日常动态巡查的基础上,建立维护统一管理的信息系统。

3.建设统一数据中心,开创"整合融合协同"新局面

2009年深圳市规划国土合并成立新的规划和国土资源委员会。根据规划国土合一管理的新形势,紧紧围绕"整合融合协同"的工作思路,加快资源整合步伐,推动规划国土基础信息整合,强化统一数据中心在管理中的作用,促进业务整合与发展。

(1)立足数据资源积累,提供可靠基础信息

经过多年的积累,已建立包含基础地理数据、业务数据在内的丰富的数据资源,为各项业务提供了良好的数据基础。在基础数据建设方面,建立多比例尺、覆盖全市的地形图数据、数字高程模型(DEM)、卫星遥感影像和航空摄影影像、全要素电子地图、空间基础网格、建筑物普查,地下管线,标准地址、空间兴趣点等,实现定期更新。在业务数据建设方面,建立土地利用规划、用地预审和审查、储备用地、基本农田、土地供应、土地交易、地籍管理、征地拆迁等业务数据,以及土地利用变更调查等专题数据。

建立贯穿国土资源管理全生命周期的数据入库及动态更新的长效机

制,制定数据资源从开始生产到后续利用的每个环节的数据更新维护流程,并严格按流程进行控制。

(2)面对新形势新要求,加快数据资源整合

新形势下以整合思路破解规划国土业务发展难题,需要以规划国土基础数据资源整合为基础,推动规划与国土的业务融合。目前已着重开展以下几方面的建设和整合研究。

第一,推进规划计划体系的整合。整合规划国土委成立前分头建设的城市规划与土地利用规划相关信息资源和标准,以技术手段支持土地对规划实施的保障作用,逐步在中长期、五年和年度实施层面整合城市规划与土地利用规划体系,在深圳范围内实现"两规合一"的空间资源调控模式。

第二,优化基础信息的普查机制,构建统一的对内对外基础数据,在此基础上根据业务需求实现多样化输出。整合的内容包括土地利用现状调查、建设用地清查、储备土地调查、建筑物普查、住房调查等,实行"一次普查"。全面构建各类服务于国土资源管理的基础信息数据,满足信息采集加工存储输出等多样化功能。

第三,我委正在开展的城市规划"一张图"工作已取得阶段性进展。城市规划"一张图"紧紧围绕城市规划实施,充分利用现代信息技术,以现状信息为基础,以法定图则为核心,系统整合各类规划成果,为今后实现城市规划的精细化管理提供一个很好的工作平台。作为一项长期性工作,"一张图"结合管理新体制、新架构,认真研究在管理体制、机制上的整合创新。下一步将加强城市规划与土地管理对各类基础信息调查工作的整合,在新体制下,逐步实现城市规划与土地管理基础信息的统一,形成"规划国土一张图"。从而以最简单的方式,最有效的手段,实现城市总体规划与土地利用总体规划的融合。

第四,开展满足实际业务应用的数据清理整合工程,目前已在宝安分局开展土地数据整合试点工作,厘清了两规、土地合同、国有土地使用权证、新老非农建设用地、历史遗留问题解决等概念,为满足权属核查的管理要求,建立了相应的数据分层,这也是建设数据中心工作的重要基础。

4.开展三维地籍应用试点研究,带动国土资源管理进步

立体化利用已成为当前城市土地利用的重要趋势,其基本特征是垂直

方向上产权主体的多元化,即地上、地表、地下空间可以分层开发并分属不同权利人。传统地籍以地表土地权利登记与管理为核心,已不能满足土地空间立体化利用中的地籍管理要求。深圳市作为一个高度城市化地区,土地空间资源紧缺,进行地上,地表和地下空间的综合开发利用,是区域可持续发展的必然选择。从土地管理实际需求出发,于2006年开始正式启动三维地籍技术研究,将三维产权体引入地籍概念,探索实现土地权利立体登记的技术途径和管理策略,带动国土资源管理进步。

三维地籍应用试点研究已纳入国土资源部科研专项计划,在国土资源部的直接指导和大力支持下,下一步将着重探索三维产权体的数据模型构建、空间操作算法、可视化表达,以及二维地籍的移植与三维地籍的承接等问题。

国土资源信息化工作贯穿于整个国土资源管理过程之中,通过信息标准化、流程规范化、作业自动化,管理制度化等,实现信息资源的收集、整合和利用,实现国土资源管理全过程的数字化,这是一项长期而又艰巨的工作。随着新技术的日新月异,信息化建设需求的不断发展,深圳市面临着巨大的挑战。

第二节 测绘新技术在国土资源信息整合中的应用实例

近几年,我国城市GIS的建设和应用取得了较大进步,GIS的应用通过与通信、互联网、办公自动化等技术结合,充分地融入了IT主流,成为信息技术中一个举足轻重的领域。作为地理信息服务核心内容的基础空间数据的建设和开发利用也越来越受到重视。为了满足社会各领域对基础地理信息越来越强的需求,各城市纷纷建立了城市基础地理信息系统,以便提供更好的服务。

城市基础地理信息系统主要由城市基础空间数据库以及对该库进行管理操作的应用软硬件系统组成,其中数据库是系统建设的核心。基础空间数据库是将表示城市基本面貌的道路、建筑物、水系、境界、植被、高程、地名等信息以数据库形式组成的集合,具有基础性、公益性和共享性特征。

重庆城市基础地理信息系统的建设目标是用先进的信息工程技术改造传统的基础空间数据采集、管理、服务和应用,最终建立一套城市地理信息资源的实用化系统,更好地为重庆市的城市建设管理和城市信息化以及数字城市建设服务。

一、系统建设内容

重庆城市基础地理信息系统自1996年启动建设,1999年该项目建设通过验收。同时明确提出将重庆城市基础地理信息系统的建设纳入重庆信息基础设施建设的关键内容予以继续推进和实施,通过近几年来对系统数据库内容的不断充实完善和系统软件的维护升级,重庆城市基础地理信息系统为重庆市各级政府、重庆市各行业企业及重庆市社会各界提供了大量的基础地理信息服务,为促进重庆市的社会经济发展发挥了重要作用。

重庆城市基础地理信息系统建设将整个系统分为六大部分:即基础数据体系建设(主要以1:500、1:2 000、1:10 000及1:50 000四种比例尺数据作为地理空间信息框架数据建立生产、管理、更新和维护体系);系统运行平台建设;系统功能框架;数据服务体系建设;数据安全体系建设;以及系统技术标准体系建设。

(一)基础数据体系建设

通过城市基础地理信息系统建设。建立了1:500至1:50 000的空间数据生产体系,确定了空间数据和属性数据编码,为今后建立覆盖全市、标准统一、符合各方应用要求的多源、多尺度的空间数据库做好了技术准备。

重庆市域面积达82 000 km²,根据大城市带动大农村的发展战略,确定了基础空间数据框架构成,即以1:500、1:2 000、1:1 000和1:50 000四种比例尺为主的空间数据覆盖规划范围。数据体系建设及空间数据覆盖策略为:1:500覆盖主城区及规划重点地区,面积为900 km²,主城区现有覆盖面积400 km²,尚差500 km²;1:2 000覆盖都市圈及区县重点镇,面积为7 000 km²,现有覆盖面积1 100 km²,尚差5 900 km²;1:10 000和1:50 000覆盖全市域82 000 km²。

目前,针对已经纳入了重庆市信息化重点项目的重庆市空间数据库建设,进行相应的工作。1∶500、1∶2 000数据建设工作已开始进行逐年覆盖,1∶10 000空间数据的更新已经完全落实了资金,计划2004年完成,1∶50 000空间数据的更新国家测绘局在进行中。

重庆城市基础地理信息系统在有效管理基础地形信息的基础上,还将开展综合管网信息和岩土工程信息的存储,建立综合管网信息数据库和工程地质数据库。

（二）系统运行平台建设

系统运行平台建设主要包括硬件平台、网络运行平台以及软件平台等几个方面的建设。系统的硬件资源包括有数据输入输出设备、数据存储、处理设备、网络设备及相关的辅助设备等。重庆城市基础地理信息系统建设的过程中,经过比选,我们选择了基于WINTEL硬件体系。硬件配置要注意以下几个方面:①硬件性能价格比高,可靠性高,可维护性好;②硬件的各项性能指标满足当前需求,适当考虑前瞻性和可扩展性;③硬件销售商有较强的技术实力和较好的售后服务。

为了充分发挥基础地理信息系统为社会服务的作用,建立了重庆市勘测院内部共300多个数节接点的高速宽带网,连接重庆市规划局的光纤专网,连接重庆市人民政府办公厅的高速城域网,以及连接INTERNET的宽带网接入,并通过重庆移动公司提供的IDC建立了空间数据元数据发布平台和"数字重庆"网站服务。

在系统建设开发初期,系统的软件配置方案建立在Windows NT网络基础上,基础GIS平台选用INTERGRAPH公司的MGE,数据库管理系统选用Microsoft公司的SQL Server。随着技术的发展和需求的变化,在数据采集和处理方面采用ERDAS IMAGINE遥感图像处理软件、国内的Virtuozo与JX4等数字化测图软件Microstation等软件,数据库采用Oracle、ARCGIS系列软件和其他GIS软件,逐步实现了基于OPENGIS的软件体系转换,数据库管理计划过渡到Unix平台。形成了基于系统+图形平台进行数据采集加工,统数据库平台进行数据管理,以OPENGIS为基础的空间数据共享软件体系建设。

（三）系统功能框架

在系统功能开发的过程中,充分考虑系统的开放性和可扩展性的功能:

①数据录入采集：包括数字化测图、屏幕数字化、航测数据采集；②数据建库管理：基础数据GIS要素化处理、建库；③数据应用服务：档案管理系统、数据转换、制图服务；④数据更新服务：外业全数字化测图、更新。

（四）数据服务体系建设

通过建立档案管理查询系统、地理信息数据元数据以及数据转换及GIS数据建库，基于整体网络体系，搭建基础地理信息共享平台，完成数据服务体系建设。可提供多种形式的地理信息服务，满足社会各界的需求。

（五）数据及系统安全体系建设

在系统建设、运行过程中，系统的稳定和安全保障非常重要。系统的安全体系涉及网络安全、信息数据安全及相应的安全管理规章等，而且安全体系建设应从动态发展角度考虑，需要不断完善。

（六）系统技术标准体系建设

重庆城市基础地理信息系统建设时，国家在地理信息系统建设方面可以参照和引用的标准不足。本着尽可能系统和科学的态度，在参照当时国家、地方、行业相关规范和标准的基础上，结合重庆市的实际情况，遵循规范化、系统性、实用性、开放性的原则，制定了适用、开放的标准化体系，确保满足重庆市基础空间数据的生产、管理与服务的要求。

二、应用范围及效果

重庆城市基础地理信息系统建设于1999年通过了以陈述彭院士为首的国内GIS专家的验收，专家们对系统的建设和应用效果给予高度评价，认为该系统在山地城市空间数据的表达与制图方面有创新，总体上达到国内领先、国际先进水平。《重庆城市基础地理信息系统》以重庆城市建设与信息化为驱动，以地理信息科学和技术为支撑，以城市基础地理信息生产、科研、管理和发布等多环节工作的自动化为应用需求，设计周密、功能完善、实用性强、可运行性水平高，基本符合城市地理信息系统的标准化和规范化要求，达到了稳定性、安全性、可扩展性等性能指标。

"重庆城市基础地理信息系统"获得2000年重庆市科技进步二等奖。2003年中国GIS协会优秀GIS应用工程金奖。

1999年，在完成重庆城市基础地理信息系统阶段建设的基础上，以重庆市勘测院为主，有关大学及政府职能部门参与，明确提出了面向"数字重庆"的地理信息系统应用建设规划——《数字重庆地理信息系统建设发展纲要》(DCQGIS)。《纲要》于2000年市政府正式颁布实施。DCQGIS应用系统10个重点项目、8个分类体系系统组成。

10个重点项目包括：综合市情GIS建设、灾害预防和应急处置GIS系统、人口GIS系统、生态环境监控GIS系统、移民管理GIS系统、重点工程建设GIS系统、基础管网GIS系统、交通GS系统、"数字重庆"示范工程，通过这些重点项目的建设，搭建DCQGIS的基础构架。

8个分类体系系统包括：基础设施地理信息系统、基础资源信息地理管理系统、城市建设管理地理信息系统、社会综合信息地理管理系统、社会经济发展地理信息系统、安全管理应急指挥系统、区县经济发展地理信息系统、社区服务地理信息系统，共涉及40多个具体的应用系统。①

在推动数字重庆地理信息系统项目过程中，将应用归纳为政府综合部门、职能管理部门、企业社会化应用等三个层面。针对城市规划与建设、救灾应急指挥、环境保护、城市资源管理及国民经济辅助决策等五个重要方向制定了相应的信息化框架，并根据相应的需求开展应用系统建设。

重庆市规划局制定并发布了"重庆市规划局信息化建设总体框架"，提出了5个综合数据库和10个重点应用系统的建设；重庆市人民政府救灾办公室规划了城市救灾应急指挥信息系统建设；重庆市公安局启动了金盾工程建设；重庆市119、120以及重庆市安全生产监督局纷纷启动相关的地理信息系统建设；重庆市环保局也启动了环保地理信息系统建设；作为城市资源核心的各类管线、市政设施、公路交通业主单位，也纷纷相关地理信息系统建设；重庆市作为国家攻关项目"中国电子政务空间辅助决策支持系统"建设的示范城市，启动了GIS在国民经济辅助决策上了应用。目前；基于重庆城市基础地理信息系统，已经完成了将近20个应用系统的建设。

三、系统应用的社会经济效益

重庆城市基础地理信息系统建设，政府对基础空间数据实行相对集中投入，重庆市地理信息中心对地理信息资源统一管理、统一分发，产生了显著的经济效益和社会效益。实现了部分政府部门数据共享（无偿享用数据），企事业单位通过多方协调，已建立与部分有关城市基础设施单位在地

①周青慧. 测绘新技术在国土资源管理中的应用[J]. 华北国土资源,2010(1):36-37.

理信息共享的长期机制。杜绝重复浪费所减少的费用来看,将是个巨大的数字。保守估计,假设一个部门独立委托建设某区域的基础空间数据,若仅重复整个基础数据的10%,则20个部门将重复当前投入的一倍。

该系统的建设应用最显著的社会效益,便是全市各种层面、不同行业的信息系统建设有了统一的空间数据支撑,促成早日建成城市空间数据共享平台。使政府各部门、企事业单位能尽快建设好自己的专业地理信息系统,将大大提高办事效率和质量,为实现城市规划、建设、管理现代化提供基础信息保障,为社会公众享受各类空间数据产品服务奠定重要基础,全面促进重庆市信息化进程。

四、系统建设与应用展望

为把重庆建设成长江上游的经济中心,按照党中央提出的以信息化带动工业化,推动社会经济实现跨越式发展的战略,重庆市提出了要建设长江上游信息中心的目标,加快实现城市信息化。重庆城市基础地理信息系统的建设得到了重庆市相关政府部门的高度重视,通过多年的努力和实践,重庆市现已将系统建设提升为重庆市GIS公用平台建设。该平台的建设是重庆市国民经济和社会信息化建设中非常重要的内容,也是一项庞大的系统工程。GIS公用平台建设项目的实现,将有力地推进信息化进程,在重庆市经济建设和社会发展中发挥巨大的作用。

推进GIS公用平台建设项目是抢占城市综合竞争力战略制高点的需要,是抢占城市综合竞争力战略制高点的需要。GIS公用平台建设项目为电子政务建设提供基础保障。同时也将为城市规划、建设、管理,城市应急保障体系建设,城市资源管理以及可持续发展提供重要支撑。

第三节 测绘新技术在国土资源信息整合中的应用展望

随着我国经济持续、快速、健康的发展,社会的全面进步,城镇化建设进入了一个全面活跃的新时期。大规模的开发建设使资源配置机制和效率迅速发生变化,人口、资源、环境之间的矛盾变得日益突出,城镇格局、基础设施规划和产业结构调整的任务也更加迫切和艰巨。面对城镇化发展所遇到的前所未有的机遇和挑战,人们希望通过一个系统来对所研究城镇内的社会、经济、资源、文化和环境等进行全面的分析、预测、评价和部署,并对其行为状态进行有效的模拟、控制和寻优,以保障城镇化发展走上经济、社会、人口、资源、环境相协调的可持续发展的轨道。然而,城镇本身所具有的动态性、综合性、非线性、多层次性和随机性等特征,决定了这将是一项复杂的系统工程。面对浩如烟海、时时可能变化的数据信息,实现地理信息数字化、建立城镇的地理信息系统就显得尤为必要。

一、地理信息系统在城镇化建设中的应用

地理信息系统的英语名称为 Geographic Information System,简称 GIS。它是融合处理图形和数据库于一体,用来存储和处理空间信息的高新技术,它把地理位置和相关属性有机地结合起来,根据用户的需要将空间信息及其属性信息准确真实、图文并茂地输送给用户,满足城镇建设、企业管理和居民生活对空间信息的需求,借助其独有的空间分析功能和可视化表达功能,进行各种辅助决策。

(一)地理信息系统在城镇地理空间数据管理中的应用

目前流行的数据库管理系统,与 GIS 中数据库管理系统在对地理空间数据的管理上,存在两个明显不足:一是缺乏空间实体定义能力;二是缺乏空间关系查询能力,这使得 GIS 在对空间数据管理上的应用日趋活跃。GIS 把要处理的信息分成两类:一类是反映事物地理空间位置的信息(也称空间信息或空间数据);另一类是与事物的地理位置有关,反映事物其他特征的信息(也称属性信息或属性数据)。以 GIS 普通的分析功能为例:空间数据可以和手工地图相类似的表达方式显示在处理器的屏幕上,指定任意的空间位置就可以知道有关事物的属性。当用光标选择了若干监测站、地下管线、行政区域,就可马上知道对应的监测资料,包括管径、埋深、用途等等。管线的长度、行政区域的面积均可自动量算获得。从属性数据角度可查出每小时交通量大于某个数值的道路有几条,日耗水量大于某个数值的工厂有几家,也可同时在屏幕上将符合条件的道路、工厂位置用不同颜色显示出来。

(二)GIS 在城镇综合分析评价与模拟预测中的应用

GIS 不仅可以对地理空间数据进行编码、存储和提取,而且还是现实世

界模型,可以将对现实世界各个侧面的思维评价结果作用其上,得到综合分析评价结果;也可以将自然过程、决策和倾向的发展过程以命令、函数和分析模拟程序作用在这些数据上,模拟这些过程的发生发展,对未来的结果做出定量的趋势预测,从而预知结果,对比不同决策方案的效果以及特殊倾向可能产生的后果,以做出最优决策,避免和预防不良后果的发生,如GIS在焦作东部矿区煤矿底板突水预报中的应用。又如,将道路网定义为一组线,某个区域定义为一个面,把线的有关数据和面叠合到一起,面内的每公顷路网长度、总的交通流量、进入或出去的交通流量等,均可用文字报告的形式输出。定义一条道路的中心线和规划红线宽度,并和房屋空间数据叠合,可得到在红线范围内有多少房屋可能拆除,大致有多少居民要动迁等。对于不规则的地形,可在地图上(或实测)获得一些关键点的坐标和标高,然后推算出整个区域大致的三维地形表面,绘出等高线图、三维网状地面透视图等。如果将地形标高换成环保监测数据,就可得出一定范围内大气污染、噪声的等值线图,并推算出其对居民、生态的影响等。

(三)运用 GIS 建立专题信息系统和区域信息系统

因为用 GIS 建立起的地图数据库,可以达到一次投入、多次产出的效果。它不仅可以为用户输出全要素的地形图,而且可以根据用户需要分层输出各种专题,如行政区划图、土地利用图、道路交通图等。专题信息系统如水资源管理系统、矿产资源信息系统、长途电信信息系统等。这类信息系统具有有限目标和专业特点,系统数据项的选择和操作功能是为专门的目的服务。区域信息系统如加拿大国家信息系统、美国橡树岭地区模式信息系统等。各类信息系统主要以区域综合研究和全面的信息服务为目标,可以有不同的规模,其特点是数据项多、功能齐全,通常具有较强的开放性。[①]

GIS 最基本的功能是将分散收集到的各种空间、属性信息输入到处理器中,建立起有相互联系的数据库,当外界情况发生变化时,只要更改局部的信息,就可维持数据库的有效性和现势性。总之,对空间信息及其相关属性信息的处理是 GIS 的基本功能,对空间信息的查询和分析是 GIS 和其他数据处理系统的主要区别,迅速、及时地更新数据库,大规模、综合性地管

---

①周勇波. 地理信息系统 GIS 在国土资源管理中的运用[J]. 工程技术研究,2018(7):92-93.

理与地理分布有关的信息是 GIS 的最大优势。

二、发展城镇 GIS 的对策

建立一个完善的 GIS,首要是拥有该区域的充足且有效的地理空间数据,而目前地理空间数据存在着相当大的问题,主要包括:数据种类单调,现势性差,可用性低;用于数据生产和更新的资金投入严重不足;数据生产和提供的现状远远不能满足应用的要求,数据依然是 GIS 和其他相关系统建立与服务的"瓶颈"。在数据共享上,一方面,缺乏合适的数据;另一方面,已有数据并没有得到充分有效利用,重复性生产时有发生,不仅造成了资金的极大浪费,也对数据的准确性与权威性产生了不良影响。基于上述问题,提出以下发展对策。

(一)加快体制改革,提高数据开放程度和共享程度

目前,大多数数据都掌握在具有数据管理与生产双重职能的测绘局或勘测院内,这在客观上导致了其他单位使用数据的不便,甚至是数据上的"垄断"。而其他单位因各自的需求和使用目的不同,自己也分别掌握有部分数据。这些数据有的相互重复,有的相互补充。因此,实行数据管理与生产的分离,并利用行政和法律手段促进数据的开放和共享势在必行。

(二)充分发挥测绘在发展 GIS 中的先锋保障作用

1998 年 1 月 31 日,美国前副总统戈尔在题为《认识 21 世纪——我们这颗星球》的报告中首次提出了"数字地球"的概念,引起世界各国的高度重视。基于此,"数字中国""数字重庆"等发展战略应运而生。因数据是 GIS 的核心,而测绘正是提供数据的最直接且有效的手段。恰逢我国为实现"数字中国"而正在推进的省级 1:10 000 和城市综合基础地理信息系统数据库建设的机遇,包括要相继建成数字栅格地图数据库、数字高程模型数据库、航天遥感数字正射影像数据库、土地覆盖数据库、地名数据库以及数字线划地图数据库等等。而这些数据正是地理信息系统的核心。为尽快建成上述基础地理信息系统数据库,我国正积极推广测绘新技术的运用,包括航天、航空遥感技术以及全球定位系统技术等。

(三)发挥人才优势,建立 GIS 研究中心

城镇化建设需要研究的领域很多,为充分发挥 GIS 的作用,需要不同专业、不同专长的人参与,包括测绘人才、软件人才、网络管理人才、影像处理

人才、规划与管理人才等等,且 GIS 建立的周期较长,并要求及时更新,需要的资金和人力都较多,靠企业难以运作。急需改变过去那种各自掌握数据、各自建立系统、浪费资金和人员的不合理现象。因此应由政府机构负责组织协调和督促检查 GIS 中心的建立工作,保证 GIS 的建成和运行质量。

第十章 测绘新技术在地质灾害监测中的应用

第一节 地质灾害监测的重要意义

我国是地质灾害十分严重的国家,根据统计显示,2021年,中国全年因洪涝和地质灾害造成直接经济损失达2477亿元。所以,国家高度重视地质灾害的防灾减灾工作。2003年11月,国务院发布了《地质灾害防治条例》,2009年5月国务院新闻办公室发布了《中国减灾行动白皮书》,2011年6月国务院发布了《国务院关于加强地质灾害防治工作的决定》,从而建立了比较完善的减灾工作管理体制和运行机制,灾害监测预警、防灾备灾、应急处置、灾害救助、恢复重建等各方面能力得到大幅提升。

一、有利于建立完善的减灾工作管理体系

为了使防灾减灾行动一致、高效,我国实行政府统一领导、部门分工负责、灾害分级管理、属地管理为主的减灾救灾领导体制。同时,为了整合优化应急力量和资源,推动形成统一指挥、专常兼备、反应灵敏、上下联动、平战结合的中国特色应急管理体制,2018年3月,根据第十三届全国人民代表大会第一次会议批准的国务院机构改革方案,中华人民共和国应急管理部设立。其议事机构包括:国家防汛抗旱总指挥部、国务院抗震救灾指挥部、国务院安全生产委员会、国家森林草原防灭火指挥部和国家减灾委员会。主要职责是:组织编制国家应急总体预案和规划,指导各地区各部门应对突发事件工作,推动应急预案体系建设和预案演练。建立灾情报告系统并统一发布灾情,统筹应急力量建设和物资储备并在救灾时统一调度,组织灾害救助体系建设,指导安全生产类、自然灾害类应急救援,承担国家应对特别重大灾害指挥部工作。指导火灾、水旱灾害、地质灾害等防治。负责安全生产综合监督管理和工矿商贸行业安全生产监督管理等。

对各种灾种的管理,按照各行政部门的管理职能进行了划分,以明确各

行政管理部门在灾害管理中的责任。

同时，还明确了辅助性救灾抢险部门，其中包括铁路、航运、交通、邮电、商业、物资、卫生、财政、经贸、红十字会、银行、保险公司、审计部门等，按各自职责、承担相应的救灾抢险任务。

在减灾救灾过程中，注重发挥中国人民解放军、武警部队、民兵组织和公安民警的主力军和突击队作用，注重发挥人民团体、社会组织及志愿者的作用。

就地质灾害而言，国务院授权自然资源部负责组织编制地质灾害防治规划和防护标准并指导实施。组织指导协调和监督地质灾害调查评价及隐患的普查、详查、排查。指导开展群测群防、专业监测和预报预警等工作，指导开展地质灾害工程治理工作。承担地质灾害应急救援的技术支撑工作。构建"党委领导、政府负责、部门协同、公众参与、上下联动"的防灾格局。各省（区、市）、地（市）、县（市）自然资源管理部门承担相应地域内地质灾害防治的组织、协调、指导和监督工作，并相应设置了与之相适应的技术指导服务机构。

基于地质灾害点多面广、十分分散、发生频次高、交通不便等特点，在乡、村两级建立了完善的群测群防体系。不仅明确了乡、村级政府防灾、抗灾的责任，而且对每个查明的灾害危险体做到专人监测。全国设有数十万个群测群防员，承担已经查明的灾害危险体的监测工作，不留死角，构建成从中央到地方直到每一个灾害危险体的完整的防控系统。

多年来，只要发生重大地质灾害灾情，相应层级的政府领导及灾害应急指导中心的专家，都会及时赶赴灾害现场，分析灾情，指导抗灾、救灾工作。①

二、有利于制定科学合理的地质灾害防灾减灾原则和措施

面对严峻的防灾形势和繁重的防治任务，国务院颁布的《地质灾害防治条例》明确了实施"预防为主、避让与治理相结合，全面规划、突出重点兼顾一般，防治工作统一管理、分工协作，及时建立监测网络、预警系统、群防队伍，经常性巡查，及时发现和处置险情"等防灾减灾原则和措施。在此基础上，又制定了更细化的实施细则，使得地质灾害防灾、减灾工作有序进行。由于防灾、减灾原则和措施科学合理，在实施过程中取得了良好的防灾、减

①李萍,刘乐军,杜军等.典型海岛地质灾害监测与预警[M].北京:海洋出版社,2019.

灾效果。以贫困山区地质灾害多发区为例,许多地区从灾害点密集、多发的实际情况出发,采取"易地避让"原则来防灾、减灾,普遍取得了从根本上消除灾害隐患与改善民生的双重效果。

在具体措施方面,还探索出群测群防与智能化融合的地质灾害防治"五化建设"模式。全国从事灾害防治研究的科技人员,在广泛总结多年来防灾、减灾实践的基础上,提出了地质灾害防治"五化建设"模式,即"管理支撑层级化、监测手段多样化、数据采集智能化、预警预报及时化和信息服务一体化"。近年来还针对地质灾害群测群防监测手段少、测量精度低、数据汇总难等问题,通过不断探索创新,取得了一系列成果:一是探索建立了中央与地方合作分工的防灾减灾新模式;二是促进了地质灾害防治行政管理与技术支撑深度整合,推动地质灾害调查评价、监测预警、综合治理和应急综合防治"四大体系"融合,实现了群测群防与专业监测相结合;三是借助野外智能采集系统,解决了专业调查与行政管理数据库不一致和数据库动态更新难的问题,如贵州省和多个省(区、市),采用自动监测预警、人机结合的方式,通过北斗卫星和移动通信网络,实时传输到省地质灾害预警平台上,根据相应数据变化,触发警报级别后会立即发出预警信息到责任人,从而避免人员伤亡;四是提升了群专结合监测预警的科技含量,实现了及时采集、动态分析、及时预警;五是基于云平台和"掌上地质灾害服务中心",实现了防灾、减灾社会化和普及化,地质灾害防治将逐步由敲锣预警走向智能化防灾的新阶段。

三、有利于建成完善的地质灾害立体防治体系

长期以来,我国将人民群众的安危放在首位,建立了地质灾害调查评价、监测预警、综合治理和应急防治四大体系,这是世界上规模最大的地质灾害立体防治体系。并形成了"预防为主、防治结合"的地质灾害防治模式,其防治效果越来越显著,取得了重大进展。

近些年来,在自然资源部、财政部、地方人民政府大力支持下,中国地质调查局会同地方自然资源主管部门,先后组织完成了全国 2 020 个山地丘陵县(市、区)的 110 万 km² 的地质灾害调查与区划、1 080 个地质灾害易发区县(市)1:50 000 地质灾害详查以及 15 833 处灾害隐患的勘查工作,共查出28.8 万多处地质灾害隐患点;建立了涵盖我国 2 020 个县(市)的 28 万多条

地质灾害信息,并做到了调查评价信息的及时动态更新;在全国31个省(区、市)、323个市(地、州)、1 880个县(市、区)开展了地质灾害气象预警预报工作;在三峡库区等地质灾害重点防治区建立了近3 000个专业监测站(点)、建设了15处国家级地质灾害监测预警研究示范基地;还在全国聘用29万多名群测群防员,对已查明的28.8万多处地质灾害隐患点实施监测全覆盖,不留死角;形成了由国土资源行政主管部门主导,专业队伍实施的汛前排查、汛中巡查和汛后复查的汛期"三查"工作机制。上述诸方面的工作,为各层级政府科学编制防灾减灾规划,进行灾害预报预警、防灾减灾工作部署和决策,提供了充分的工作依据。此外,中国地质调查局还在地质灾害调查、监测和预警工作基础上,开展了地质灾害形成机理与成灾模式、调查评价、监测预警技术方法和防治技术研发等创新性研究工作,有效支撑了具有中国特色的以"群测群防"为主的地质灾害监测预警体系建设和全国地质灾害防治管理。

近年来,我国全面完成山地丘陵区地质灾害详细调查和重点地区地面沉降、地裂缝和岩溶塌陷的调查,全面完成全国重点防治区地质灾害防治高标准"十有县"建设,实现山地丘陵区市、县地质灾害气象预警预报全覆盖,完善提升以群测群防为基础的专群结合的监测网络,基本完成已发现的威胁人员密集区重点地质灾害隐患点的工程治理。同时,建成系统完善的地质灾害调查评价、监测预警、综合治理、应急防治四大体系,全面提升基层地质灾害防御能力。在重大工程所在地区、重要城市、人口聚集区,建立地质灾害风险管理体系,全面降低中、东部经济发达区地质灾害风险,有效解决西部"老少边穷"地区因灾致贫、因灾返贫问题。

四、有利于防灾减灾的科学创新

我国突发性的地质灾害多发生在山高沟深的山区,群众居住分散,交通不便,生产生活条件较差,时时受到地质灾害的困扰,在近几年全面实施脱贫攻坚战的过程中,地质灾害严重的深山区成为攻坚的重点。

其中,陕西省委和政府大胆创新,从2010年起,利用10年的时间,计划安置60万户240万群众移民搬迁,其中,因地质灾害避险移民搬迁12.39万户、49.16万人。该省按照"避灾搬迁、新型城镇化、现代农业产业""三位一体"的总思路,启动了以消除地质灾害隐患与改善民生双赢的陕南地区避灾移民搬迁工程。实施仅3年,在陕南地区、黄河沿岸土石山区、白玉山区三大地带,地质灾害避灾移民搬迁近5.5万户,消除了3 809处地质灾害隐患点对18万余人的威胁。仅仅到2015年,陕南移民搬迁群众,家家都住上了新房,同时,伤亡率同期下降了80%,达到了减灾、增加收入和改善生活质量的多重效果。

这一易地搬迁的陕南防灾、减灾模式,受到社会的广泛关注和群众的普遍认同,许多省(区)的山区灾害多发区纷纷仿效,已成为防灾减灾与扶贫攻坚相统一的样板和典型。

五、有利于科学施策,力争防灾减灾效益最大化

依据我国的自然环境地质条件和人为经济社会活动区域强度,经过科学分析,可以将我国地质灾害的易发地区,规划为高、中、低三个等级。

滑坡、崩塌、泥石流和地面塌陷灾害高、中易发区,主要分布在四川东部、重庆南部、湖北西部、湖南西部山地、青藏高原东缘、云贵高原、秦巴山地、黄土高原、汾渭盆地周缘、东南丘陵山地、新疆伊犁、燕山等地区;高、中、低易发区面积,分别为121万km²、273万km²、318.2万km²。

地面沉降和地裂缝灾害高、中易发区,主要分布在长江三角洲、华北平原、汾渭盆地、松嫩平原、江汉平原和浙江东南沿海等地区;高、中、低易发区面积,分别为21万km²、9.1万km²、103万km²。

依据全国地质灾害易发区分布,并考虑不同区域多种社会经济重要性因素,可以将地质灾害易发、人口密集、经济发达、重要基础设施和国民经济发展的重要规划区,作为地质灾害重点防治区,共划分地质灾害重点防治区17片,面积141.1万km²,使得防灾减灾效益达到最大化。

第二节 测绘新技术在地质灾害监测中的应用实例

地质灾害主要是指由于地质因素,如地层的岩性、结构、分布、构造运动、地貌塑造等作用造成,使人类生命财产遭受损失,生活环境遭受破坏的现象。它的发生常常受非地质因素,如气象、水文和人类活动的影响。地震、崩塌、滑坡、泥石流、地面沉降是常见的地质灾害。

　　长江三峡库区长达650 km,沿江库岸崩塌、泥石流和滑坡等地质灾害较为严重,很多地段岩层倾向河床,岩石风化破碎。如不及时采取措施加以治理,水库蓄水后,在长期高水位浸泡及大变幅水位差反复牵动作用下,极易造成地质软化、泥化、滑坡、岩崩等地质灾害。

　　以三峡库区重庆涪陵区为例,该区是全国100个地质灾害防治重点地区之一,境内就有地质隐患155处之多,居住在滑坡地带上的人口达1.3万余人。1998年长江流域特大洪水时,引起该区沿江一带数十处崩塌和滑坡,涉及面积达2.5 km²,垮塌房屋1518间共3万多平方米,直接经济损失达8 000余万元。如果三峡水库正常蓄水后,每年11月至次年3月有5个月的高水位,河床长时间受江水浸泡,再加上三峡水库在春、夏两季蓄水位在175 m和145 m之间近30 m的落差,引起地层内部运动变化,必然会造成沿江库岸大面积坍塌、滑坡,引发地形变异,造成水路交通受阻,甚至人员伤亡。目前,三峡库区进行移民工程建设,地质结构已不同程度遭到破坏,如何对库区地质灾害进行有效监测和防治,是保证库区建设成果和人民生命财产的重要任务。三峡库区地质地形复杂,给库区地质灾害监测带来相当大的困难,迫切需要不受时间和地点限制,能快速获取灾害信息,预知灾害结果,以便采取有效的预防措施将灾害损失降低到最小的调查手段。

一、研究内容

　　建立一个涵盖多领域、多学科内容的地质灾害监测系统,研究影响地质灾害发生的诸多因素问题和灾害预警功能。

(一)遥感影像应用研究

　　卫星遥感技术是进行地质灾害数据采集和调查的重要手段。通过遥感影像,可以得到地质灾害地区的分布位置、规模、发育环境、微地貌结构等重要信息,使研究者对灾害点有直观形象的认识。

(二)GPS监测手段应用研究

　　GPS监测技术能够全天候地传递地质灾害活动性变化的实时信息,为决策者提供最新的预警信息。

(三)动力实验研究

　　通过动力学实验研究结果,建立地质灾害监测数学模型。每个地质灾害的发生与地质构成内、外力影响密切相关,它的动力结构变动过程和结果,都是实验研究关注的对象。

(四)GIS系统建立研究

研究集成各种影像数据、气象数据、GPS实时数据和地质资料数据并实现可视化表达,以及能对灾害数据作直观的专题分析、地理查询、数据更新、网络发布、灾害预警、灾情分析等功能。

上述四种技术研究,遥感影像是数据基础,GPS监测手段是实时数据来源,动力学实验是模型建立依据,GIS系统是数据集成和分析窗口。下面是系统流程图(见图10-1)。

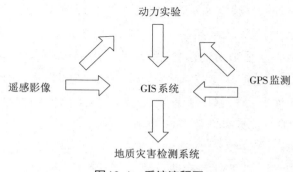

图10-1　系统流程围

二、技术方法

(一)遥感影像处理

1.影像数据来源

研究主要采用最新的三峡库区范围的中巴地球资源卫星(CBERS)影像数据和三峡库区局部的SPOT和IKONOS卫星遥感影像数据。CBERS、SPOT、IKONOS卫星影像分辨率分别是19.5 m、10 m和1 m,在研究应用中分辨率低的卫星遥感影像数据用于宏观监测,分辨率高的影像数据用于细部分析,这样既可以降低成本,减少数据量,提高系统运行效率,又能对重点区域进行具体分析,把力量投入到关键地方。

其中CBERS卫星影像资料共34景,SPOT卫星影像7景,IKONOS卫星影像19景。覆盖地理坐标为东经105°16′~110°13′,北纬28°09′~32°13′的地区。

2.卫星遥感影像处理

这里使用Erdas8.5.1软件处理各种卫星影像数据,进行包括投影系统转换、校正、拼接、分类、地形分析等图像处理工作。

(1)数据预处理

原始的遥感图像通常有少量的条带、噪声和云层覆盖,直接表现为灰度级记录错误或数据丢失。为了提高图像的清晰度和使用的可靠性,在图像制作时,首先进行的是去除噪声和条带的数据预处理。对孤立噪声采取邻近像元灰度值替代或取周围与它距离最小的数个像元的算术平均值进行替代的方法,对于成片的噪声斑点,采取使用低通滤波方法去掉。对整行丢失了的数据采取整行替代法进行消除。由于彩色影像更有利于分析处理,需要对多波段图像选择最佳专题波段进行叠加组合。

(2)投影系统转换

一般购买的卫星影像数据没有投影信息,也就是没有地理坐标信息。这样的数据对任何应用都是无效的,需要给它们匹配上合适的投影信息,因此,为各种专题投影系统设定正确的投影参数是这步工作的关键。合适的参数值既可保证投影转换成功,又可得到小数据量的投影图像文件。

(3)正射校正

首先要选择正确的几何校正模块和合适的参考系统,输入卫星传感器的相关参数;其次,从已有的地形图上读取影像的地面控制点,控制点信息应该包括 x、y、z 三个坐标值,其中 z 坐标可以实测,也可以从相关的数字高程模型(Dem)获得;然后设定合适的后视三角测量参数;最后,进行图像重采样与标定以及正射校正。

(4)图像解译

经过正射校正后的影像数据,具有了相关的地理坐标信息,就可以根据需要进行融合、裁剪、拼接、地形分析、统计分析、分类等处理。

3.地质灾害调查

地质灾害调查主要是对地质灾害发生时和发生前后所表现的特殊光波特征及几何形态进行采样研究。三峡库区卫星遥感灾害地质的调查内容分为灾害识别、微地貌结构调查和发育环境调查三大部分,从而得到地质灾害点的分布位置、边界、范围、规模、类型、运动方式、活动性、产生条件等与灾害发生的有关资料。

（1）地质灾害识别

根据崩塌、滑坡等地质灾害的特征地貌形态，如后壁、滑坡堆积体、崩塌形成区、流通区和堆积扇来识别它们。识别后确定图斑，然后在相应的地形图上定下它们的位置、边坡范围，这样可准确地编出大面积内的大型崩塌、滑坡分布图。

（2）地貌结构调查

微地貌结构调查为进一步确定崩塌、滑坡类型及活动性、活动方式、估算土石方量等提供依据。卫星遥感利用卫星图像上的色彩、色调、纹理、形态、阴影等所表现的灾害地质形成的微地貌形态及光谱特征来识别和研究地质灾害。

（3）发育环境调查

发育环境指与地质灾害形成有关的环境因素，如岩石组合类型、构造特征、坡度、主沟床平均纵比降、泥石流扇形地发育情况、植被覆盖度、人类不合理活动程度、周边工矿企业情况、水土流失状况、物质补给方式、单位面积松散物质储量等。分析地质灾害发育环境因素的形成过程和现状。

所有地质灾害调查结果作为系统的地质资料数据，经过分类、整理后录入到系统的信息数据库中，为后面的综合分析提供重要依据。

（二）GPS 监测技术

GPS 是现代航空航天技术和电子技术发展的产物，具有精度高、全天候、全球性和点间不需相互通视的优点，广泛应用于各领域。对三峡库区这种地形复杂、灾害频繁地区，应用卫星遥感技术、动态 GPS 技术、数据实时传输技术、激光和微波扫描技术，组合成一套灾情动态监测系统，提供灾害点的准确地面位置和有关灾情状况，及时做出救灾决策，使灾害损失降低到最小，真正达到灾害防治监测的目的。特别是库区大的灾害易发点，要布设适当的 GPS 监控点，随时为灾害监测系统中心发送灾害点变化情况信息，中心根据情况做出迅速反应。[1]

（三）动力实验建模

选取不同地质灾害类型的代表地区作为动力试验点，进行与灾害发生有关的波浪冲刷、土质承压能力、雨量承载极限、岩石破裂性、灾害拟发生

---

[1]常晓艳.无人机倾斜摄影测量技术在地灾监测中的应用[D].秦皇岛：燕山大学，2021.

影响范围、人为施工影响等地质结构动力实验,根据实验结果建立地质灾害监测模型。模型建立后,用已有的地质灾害历史数据进行模型检验,测试其精度是否在理想值范围内,在检验中对模型参数不断修改。

建成的模型对实时获得的影像数据、GPS数据、气象数据,尤其是灾害点的雨量信息,以及地质灾害信息库中已有的该灾害点分布范围、规模、类型、运动方式、活动性、周边环境等基础数据进行综合分析,最后得到一个模型分析值,用该值与灾害发生实验数据做比较,超出阈值范围的即发出预警消息。

(四)地质灾害地理信息系统

研究建立的地质灾害地理信息系统,集成所有的卫星遥感影像数据、地质资料数据、气象数据、地质地貌数据、GPS动态监测数据、动力实验数据、相关的地形图资料和行政区划数据,实现灾害数据快捷方便的查询、更新、共享和网络传送,根据灾害模型结合气象因素对可能发生灾害的地区进行计算分析,发出灾害预警、灾情分析和显示等,从而获得三峡库区灾害发生的预警信息和可能受到灾害影响的地区范围、面积大小,危害到的主要交通干道、库岸防护设施、工矿企业、居民住宅、农田、水域等与人民生命财产密切相关的灾情信息。

第三节 测绘新技术在地质灾害监测中的应用展望

一、线性工程地质灾害监测新技术及发展趋势

地质灾害监测主要是监测地质灾害时域、空域演变信息,包括应变场、应力场、温度场、诱发因素等,据此记录地质灾害发展过程,作为稳定性评价及预警的依据。地质灾害监测根据线性工程(公路、铁路等)所处的不同阶段,可分为施工安全监测、防治效果监测和长期稳定性监测;根据监测内容,可分为灾变动态变形监测及触发灾变的环境因素监测,即因果监测。

目前,我国在线性工程地质灾害监测领域处于从单点监测向全线路整体监测、从人力现场监测向自动传输监测、从单一地面监测向天空地立体

化监测的过渡阶段。

(一)地质灾害监测技术研究与应用现状

目前国内外用于地质灾害监测的技术包括天基监测技术、空基监测技术和陆基监测技术。天基监测是指依靠光学影像或卫星雷达技术,对各种地质灾害现象进行灾害要素分析并对灾害活动迹象进行监测;空基监测主要是采用无人飞行器(Unmanned Aerial Vehicle,UAV)低空遥感技术监测各种地质灾害宏观变形迹象、发育特点与成灾规律;陆基监测则是通过设置在地面或地下的光学和电子测量仪器监测各种地质灾害孕育、发展和形成的过程及触发环境条件。

1.天基监测技术

天基监测技术主要包括光学卫星影像、SAR(Synthetic Aperture Radar)图像、卫星定位、星载降水雷达等。

(1)光学卫星影像

光学卫星影像利用可见光和红外波反射,通过卫星摄影和扫描方式来成像,获得目标物的信息。

目前常用的可见光/近红外光学卫星影像卫星包括 Landsat7、ETM+ 和ASTER(中等分辨率,可生成 30 m 分辨率的 DEM 数据)、SPOT5 和 ALOS(高分辨率,分辨率提高到 2.5 m)及 IKONOS 和 QuickBird(极高分辨率,全色波段分辨率为 0.61 m,多光谱分辨率为 2.44 m)。这些高分辨率卫星影像的单幅影像数据量,较低分辨率卫星影像显著增加,成像光谱波段变窄,目标物的几何和纹理信息更加清晰,具备三维成像功能,时间分辨率高。

(2)SAR 图像

干涉雷达指采用干涉测量技术的合成孔径雷达(Interferometric Synthetic Aperture Radar,InSAR),是新近发展起来的空间对地观测技术。干涉雷达成像原理为:假设有 2 条天线接收同一目标产生的回波信号,2 条天线是确定的且视向相同,2 条天线接收信号的路径分别为 r_1、r_2,则其路径差 Δr 为

$$\Delta r = \left| r_2 - r_1 \right|$$

若考虑系统使用同一天线作为发射源,则

$$\Delta r = B\cos\left(\theta - \theta_b\right)$$

路径差 Δr 产生的相位差 φ 为

$$\varphi = \frac{4\pi}{\lambda}\Delta r = \frac{4\pi f}{c}\Delta r$$

式中：B 为 2 条天线之间的基线距；θ 为入射角 θ_b。为天线基线与飞行水平面法线间的夹角；λ 为波长；f 为频率；c 为雷达传播速度，即光速。

干涉雷达可以全天时、全天候、近实时地获得大面积地球表面三维地形信息，空间分辨率高，对大气和季节的影响不敏感。

差分干涉雷达（Differential Interferometric Synthetie Aperture Radar，D-In-SAR）技术对地表垂向运动和运动目标十分敏感，精度可达毫米量级。此技术已应用于滑坡灾害的变形监测。Dario 等认为 D-InSAR 具有以下不足：①固定的入射角和环绕轨道限制在垂向和沿方位角方向上的位移达到精度要求；②SAR 图像受待监测区的变形和地形影响，不适合监测地形陡峭的滑坡区和狭小的山谷区；③受图像分辨率的限制，只适合监测大型滑坡的地表变形；④受卫星重返周期的影响，不能用于监测快速变形；⑤在高密度植被覆盖区获取的影像数据相干性差。Rott 等指出星载 D-InSAR 适合于监测地形平缓、植被覆盖稀少或裸露地区的大型边坡的缓慢变形。鉴于以上缺点，干涉雷达不能全面应用于监测滑坡变形。在一个分辨单元内当电磁剖面或散射位置随着时间改变而改变时，时间不相关性导致干涉测量不可行。

Ferretti 等提出了永久散射（Persistent Scatterer，PS）技术，即通过识别 SAR 技术中的永久散射体消除大气的影像，充分利用长基线距的干涉图像对，最大限度提高干涉图像的利用率，获得精度为毫米级的地表位移量。大气窗口获得的 SAR 影像与地点相关性大，与时间相关性小。相反，通常情况下，目标运动点与时间相关性大，并且在位移上表现出不同程度的空间相关性。基于此，通过融合长时间序列的 SAR 影像消除大气的影响。永久散射技术成功地监测了意大利 Ancona 滑坡运动位移。永久散射技术有以下优点：①在偏远的基岩山区，由于观测点少且监测时间滞后，永久散射技术可以更好地利用有效相位信息；②当散射点小于扫描相机分辨率时，由于永久散射技术基线较长，有利于测量精度的提高；③如果散射点的密度足够大，永久散射技术有利于消除大气相位屏的影响，进一步提高监测地表变形的精度。即使是在植被覆盖区，也能够监测滑坡地表变形，适用于监测小型滑坡的缓慢地表变形量。

（3）卫星定位

GPS：1958年美国军方开始研发GPS，1964年投入使用。20世纪70年代，美国军方又研制了新一代卫星定位系统。截至1994年，GPS共发射24颗卫星，全球覆盖率高达98%。

GPS技术具备全天候、高精度、高时间采样率、全覆盖、布网迅速、三维动态等优势，在全球得到广泛应用。目前，其平面定位精度可达±（1~3）mm，高程方向的定位精度也可达±（2~6）mm。但是GPS定位精度也受到多种因素影响，尤其在高程方向，由于大气折射、多路径效应、信号衍射等误差的影响，定位精度比平面方向要低2~3倍，同时点位布设、监测作业、数据处理等也会对观测精度产生较大影响。

北斗卫星导航系统：北斗卫星导航系统是我国自主建设、独立运行的卫星导航系统。我国在2003年完成了具有区域导航功能的北斗卫星导航试验系统；2012年年底建成了"北斗二号"系统，向亚太地区提供服务；目前已建成北斗全球系统。

在利用北斗卫星定位技术进行地表位移监测方面，我国尚处于起步阶段。与GPS相比，北斗的优势在于通过短信服务和导航增加了通信功能，通信盲区极少，可实现全天候快速定位；"北斗一号"系统在精度方面比GPS低，但是"北斗二号"系统通过差分定位能实现对5mm地面变动的监测和预警，精度甚至比GPS还高，而价格远比GPS低。这也预示着北斗卫星定位技术在地质灾害监测领域广阔的应用空间与市场前景。

（4）星载降水雷达图

星载降水雷达具有探测范围广、探测精度高、灵敏度高、双频雷达同步观测等优点。目前运行的热带降雨测量任务（TRMM）卫星搭载的降水雷达（Precipitation Radar，PR）是全球第一台星载降水雷达，1997年运营以来一直稳定工作，该雷达刈幅宽度在220km，距离分辨率是250m。全球降水测量GPM是美国和日本联合提出的TRMM的后继任务，将通过安装在GPM核心星上的双频降水雷达（Dual frequency Precipitation Radar，DPR）进行精确的降水测量。搭载微波辐射计的8颗星座卫星可实现每隔3h覆盖全球1次。

我国在星载降水雷达上的研究与应用尚在快速发展。发展历程为：2005年我国启动了星载降水雷达的研发，2011年降水雷达通过验收，填补了我国星载主动式气象遥感载荷技术的空白。2015年"风云三号"气象卫星系列发射了搭载有我国自主研发的星载降水雷达的卫星。

2.空基监测技术

空基监测技术主要指无人飞行器(UAV)低空遥感技术,即利用先进的无人驾驶飞行器技术、遥感传感器技术、遥测遥控技术、通信技术、GPS差分定位技术和遥感应用技术,实现自动化、智能化、专用化快速获取国土资源、自然环境、地震灾区等空间遥感信息,且完成遥感数据处理、建模和应用分析的应用技术。目前,无人机在技术性能方面,包括空中部分、地面部分和数据后处理部分已经达到了非常高的水平。

无人飞行器低空遥感技术具有机动灵活、精细准确、作业成本低、适用范围广等优点,飞行受云层影响小,在小区域和常规飞行困难地区具有明显优势。目前无人飞行器遥感技术在地质灾害巡查中的应用,主要是高分辨率照相或视频录制技术及反演分析,高分辨率照片解译后分辨率可以达到10 cm。

无人飞行器低空遥感技术在使用过程中的主要问题主要为:①受起降技术与风的影响较大;②适合无人飞行器搭载的小、轻型传感器缺乏;③如何使遥感传感器的控制系统能够根据预先设定的航摄点、摄影比例尺、重叠度等参数以及飞行控制系统实时提供的飞行高度、飞行速度等数据自动计算并自动控制遥感传感器的工作,使获取的遥感数据在精度、比例尺、重叠度等方面满足遥感的技术要求,还需进一步研究。

3.陆基监测技术

(1)变形监测方法

光学和电子测量仪器:常用于地质灾害监测的光学和电子测量仪器,如全站仪、经纬仪、水准仪、测距仪等,通过设备周期性地观察角度、距离、高差数据,采用构网法、交汇法、极坐标法、视准线法等分析目标点的变形方向、大小、速率等相关数据,据此对地质灾害体的危险性进行评估。由于其自动化成本较高,所以经常应用在需要重点严防、严控的单点地质灾害监测和评估中。

伸长计:伸长计可以测量几个固定点的相对位置的变化。其优点是安装简单、价格便宜。简易的伸长计用不锈钢钢缆一端连接着斜坡表面固定点,另一端连接着滑动区的链轨式重物。斜坡一旦运动,将拉着重物逐渐移动而留下运动轨迹,这样即可测量到运动变形量和运动速率。但是伸长计安装完成后,易被人为或动物毁坏。为避免这种缺陷,伸长计也可用变化电阻装置测量坡体变形。由于其电缆和传感器埋在地下,可以防止人为破坏。

裂缝计:裂缝计用于测量挡土墙表面裂缝的宽度和岩体裂隙的张开度。其优点是:①安装方便,数据采集可直接连接到数采仪;②测量精度高,控制在 0.1 mm 之内。裂缝计由 1 个振弦感应元件串联 1 个温度测量计,通过弹簧将一端的电缆和另一端的连接杆连接,连接杆从量规体内拉出,弹簧也随之被拉长,引起张力增加,振弦元件感应。裂缝计和伸长计主要用于监测岩土体表层变形及开裂程度,为滑坡失稳预测提供依据。

钻孔测斜仪:钻孔测斜仪是岩土工程中用于监测斜坡深部水平变形的常用仪器,通过在钻孔测斜管不同深度按照一定的间距放置测斜传感器,传感器之间用不锈钢连接杆相连。测斜传感器可测出每个传感器相对于前一个传感器位置偏离垂直方向的角度,而水平位移是角度的正弦值与 2 个传感器之间距离的乘积。

TDR 监测技术:时域反射(Time-domain Reflectometry,TDR)技术是一种监测边坡、坝体位移的新技术,始于 20 世纪 90 年代,可以对边坡工程进行在线监测和实现动态分析。TDR 监测系统主要由电脉冲信号发射器、传输线(同轴电缆)、信号接收器 3 部分组成,具有以下优点:①相对于钻孔测斜仪,能够节省预算;②读取数据仅仅需要几分钟,用时短;③可以自动采集数据。在埋设时,在待监测边坡上钻孔,将钻孔底部封好防止水入渗,然后把同轴电缆置于钻孔中,顶端与 TDR 测试仪相连,并以砂浆填充电缆与钻孔之间的空隙,确保同轴电缆与边坡岩土体同步变形。其工作原理是电缆测试仪发射电子脉冲到钻孔中的同轴电缆上,脉冲信号随着电缆的变形或破裂发生反射。脉冲反射在波形上表现为一个波峰信号,这样,相对位移变化量和变化速率、潜在滑动带的位置都将被瞬时监测出来,波峰信号会随着变形量增加而增大。

SAA 监测技术:SAA(Shape Accel Array)是一种可以被放置在一个钻孔或嵌入结构内的变形监测传感器。由多段连续节(每节一般为 30 cm 或 50 cm)串接而成,内部由微电子机械系统加速度计组成。该技术通过检测各部分的重力场,计算出各段轴之间的弯曲角度 θ,从而得出每段 SAA 的变形 Δx,即 $\Delta x = \theta L$,L 为各段轴长度,再对各段算术求和,可得到距固定端点任意长度的变形量。

此监测方法 32 m 累积误差为±1.5 mm，具有高精度、高稳定性、可重复性、大量程（可保证20 cm的变形量程）、数据采集多样化和较完善的数据处理平台的特点。可以应用在桥梁、隧道、路基以及边坡、滑坡等需要监测变形的地方。

光纤故障定位监测技术：基于光纤故障定位技术的边坡监测预警方法，是通过在边坡体上预先埋置多路分布式光纤，运用光时域反射（Optical Time-domain Reflection，OTDR）原理，检测光纤宏弯变形或断裂、破坏等故障事件，定位边坡岩土体的变形破坏位置，通过报警门限设置，实现边坡安全自动监测报警。这种技术把传统的分散式监测改变为分布式监测，分布式光纤既是传感器又是传输线，具有布设灵活、成本低廉、操作简单、直观可靠和便于实时远程自动监测报警等优点，而且突破了以往监测报警手段只能对重点边坡的重要部位布控的局限，特别适用于对大量边坡进行全面安全管控，是边坡安全监测报警技术的一个重要创新和突破，其在边坡变形监测中的定位精度一般可达到±1 m，从而可用于准确定位边坡安全故障位置。①

（2）其他物理量的监测方法

地下水位监测：地下水位监测主要采用水位计。水位计包括人工测水尺、浮子式水位计、遥测水位计、振弦式水位计等。

人工测水尺用于人工观读水位数据，受外界因素影响，测量存在很大误差，且费时费力。浮子式水位计安装复杂，误差较大，已被遥测水位计取代。遥测水位计包括电阻式、电感式、电容式、钢弦式等，可利用便携式数字式仪表人工测量或自动采集水位值。

振弦式传感器结构简单，精度与分辨力高，稳定性好，安全耐久，抗干扰能力强，输出为频率信号，便于远距离传输。振弦式水位计广泛用于监测斜坡地下水位变化情况，利用仪器内部压力传感器测量静水压力，直接计算得出传感器入水深度。

孔隙水压力监测：孔隙水压力监测主要采用渗压计和张力计。渗压计用于测量饱和土体中的孔隙水压力，包括振弦式和差阻式两种。张力计用

---

① 唐凯. 三维激光扫描技术在地质灾害动态监测中的应用[J]. 测绘与空间地理信息，2017,40(10):149-153.

于测量非饱和土体中孔隙压力,进而计算出土体中基质吸力。目前广泛应用于野外测量非饱和土孔隙压力的仪器是振弦式张力计,可测量最大负孔压为 100 kPa。

滑动力监测:基于何满潮院士(2009)提出的学术思想,以工程边坡和自然边坡为研究背景,以边坡滑动力与抗滑力相互作用规律、滑坡发生的充分必要条件等关键问题为突破点,运用多学科理论,历时 20 年研发了具有负泊松比效应的恒阻大变形缆索功能材料,建立了相关的试验系统,采用室内和现场测试、物理和数值模拟等综合研究方法,结合现代通信与计算机技术等高新技术手段进行了系统研究,研发了基于滑动力变化的滑坡地质灾害监测预警新方法和新技术,实现了对滑坡灾害全过程的超前监测预警目标。

地质灾害特征监测:在地质灾害特征信息监测中经常采用网络视频监测、地声监测等手段以针对泥石流灾害,还有泥位监测、流量监测等手段。受到野外恶劣环境的影响,开发复杂环境(降雨、大风、大温差、防尘、光照等)下的长期、稳定、可靠的监测设备是现在发展的趋势。

4.其他监测技术

(1)三维激光扫描技术

三维激光扫描技术是测绘领域继 GPS 技术之后的一次技术革命,是对确定目标的整体或局部进行完整的三维坐标数据测量,即采用激光测量单元进行从左到右、从上到下的全自动高精度步进测量,进而得到全面、连续、关联的全景点坐标数据,也叫"点云"(陈晓雪,2008)。激光扫描获取的密集"点云"图,每一个点代表三维空间坐标,点的密度可达到 5~10 mm 的分辨率,进而反映了细微地物的三维形态特征,测量距离可达 200 m。

三维激光扫描仪可以独立地进行滑坡的面式测量,测量速度快,点密度高,可实现全天候监测,为滑坡变形提供第一手可靠数据资料,进而为准确预测、预报滑坡发生时间提供依据,因此三维激光扫描仪适用于滑坡灾害的短期监测和临滑预测、预报。

三维激光扫描技术受到大气折射影响,其测量精度降低。在实际应用中植被及测量场地的通视情况直接限制了其使用。三维激光扫描仪精度受到其测量距离的限制,单次测量的点距精度可以达到 6 mm,可以采用重复测量或减少扫描距离的方法使间距精度进一步提高。

（2）地面合成孔径干涉雷达

地面合成孔径干涉雷达（Ground-based Interferometrie Synthetic Aperture Radar，GB-InSAR）系统包括步进连续雷达波组成的微波系统、信号源网络分析台、相关转换模块及手工操作装置。

微波系统建立在30 kHz～6 GHz的信号源网络分析台基础之上，转换模块将频率转换为17 GHz；手工操作装置由长2.8 m的直线导轨拖着机动的台车掌控着雷达天线，雷达天线的运动由线性定位器控制。TARCHI等（2003）提出系统利用Ku波段（17 GHz）运行，可以提供高分辨率的地表变形图，空间分辨率可达2 m，监测变形精度在1 mm之内。GB-InSAR克服了星载干涉雷达的一些缺点，可以根据滑坡运动机制和位移速率的变化，相应调整监测系统参数。同时该技术也受一些条件的限制，如系统所能覆盖的区域有限，适合监测能见度好的地区或裸地，需要安装在稳定的地区。由于系统获取图像速度快、间隔短，适合于监测滑坡的快速变形。

（3）陆基测雨雷达

陆基测雨雷达主要指气象雷达。气象雷达，或称气象监视雷达（Weather Surveillance Radar，WSR），是利用雨滴、云状滴、冰晶、雪花等对电磁波的散射作用来探测大气中的降水或云中水滴的浓度、分布、移动和演变，了解天气系统的结构和特征。

目前陆基测雨雷达多为多普勒脉冲雷达，多普勒雷达利用物理学上的多普勒效应来测定降水粒子的径向（朝向雷达或远离雷达方向）运动速度，并通过这种速度信息推断风速分布、垂直气流速度、大气湍流、降水粒子分布及强度，以及降水中特别是强降水中的风场结构特征，这些数据可以用来分析其能否在未来造成恶劣天气。陆基测雨雷达常用工作波长为3 cm、5 cm、10 cm。国内目前普遍使用的是国产713雷达（5.6 cm）、714雷达（10 cm）和711雷达（3.2 cm）。雷达探测高度为20 km，探测距离为200～400 km。

由于陆基测雨雷达价格高昂，所以目前雷达基站建设和运营均由国家气象部门负责并向社会无偿发布。地质灾害监测中，降雨是最重要的诱发因素之一，对降雨准确预测是进行灾害预警与及时决策的前提。而准确的降雨数据的获取，依赖于国家气象部门的气象服务质量。铁路部门为实现沿线地质灾害提前预警，与中国气象局公共气象服务中心联合打造了《铁路气象服务系统 V2.0》（2012年），实现了全国和区域雷达拼图生成时间缩短至 20 min；界面显示更加精细，分辨率从 5 km 提高至 1 km；可针对专业用户特殊需求，展示不同地理信息及范围；融合卫星、雷达等多元素数据，集中分析并展示；同时，更加科学的硬件及数据部署可以让系统更加稳定地运行。

（二）崩塌、滑坡、泥石流地质灾害监测应用现状

1.崩塌与滑坡监测

（1）监测内容

崩滑体监测可分为变形监测、相关因素监测、宏观前兆监测。

崩滑体变形监测包括位移监测、倾斜监测、与变形有关的物理量监测等。位移监测分为地表和地下的绝对或相对位移监测，是崩滑体监测的重要内容。倾斜监测分为地面和地下倾斜监测，用于监测崩滑体的角变位或倾倒变形。

崩滑体相关因素监测一般包含地表水监测、地下水监测、气象监测、地震监测、人类活动监测等，并据以分析其对崩滑体稳定性的影响。

崩滑体宏观前兆监测一般包含宏观地形变监测、宏观地声监听、动物异常观察、地表水和地下水宏观异常监测等。

（2）变形监测方法

崩滑体变形监测方法分为简易监测、地表仪器监测、地下仪器监测和与变形有关的物理量监测等。

崩滑体变形简易监测常用的方法有：裂缝两侧打桩法、裂缝上粘贴标记物等。这些方法简便、可靠、快速、经济，且不受环境因素的影响，缺点是精度略差，监测信息量少。

崩滑体变形地表仪器监测是在崩滑体地表设置专门仪器，监测其相对的或绝对的变形情况，主要方法有大地测量法、全球定位系统法、遥感（Remote Sensing,RS）法、近景摄影法、地面测斜法、地表测缝法等。

崩滑体变形地下仪器监测，即利用钻孔、平硐、竖井等，在崩滑体内部设置专门仪器，监测其相对的或绝对的变形。主要方法有地下测斜法、地下测缝法、垂锤法、沉降法等。

崩滑体变形有关物理量监测方法常用的有地声监测法、地应力监测法、地温监测法等。

2.泥石流监测

泥石流监测内容可分为形成条件监测、运动情况监测及流体特征监测三大类。

形成条件监测包括固体物质来源、供水水源等监测。固体物质来源监测与崩滑体监测方法相同。供水水源监测多采用常规气象仪器监测气温、风向、风速、降雨量(时段降雨量和连续变化降雨量)等。当前,一些重大复杂灾害点开始采用遥测雨量监测系统、测雨雷达超短时监测系统、气象卫星短时监测系统等较先进、自动化的监测仪器,进行降雨量的监测。

运动情况监测包括流动动态要素、动力要素、输移冲淤等监测。常用的有雷达测速仪、冲击力仪、无线遥测地声仪、有线或无线超声波泥位计、地震式泥石流报警器,以及重复水准测量、动态立体摄影等。

流体特征监测包括物质组成及其物理化学性质等监测。泥石流流体特征监测与泥石流运动情况监测通常结合进行。一般用取样器采集动态样品,用黏度计、比重计、流塑限仪、密度仪、酸度计、砂浆流变仪、大型直剪仪等进行有关参数的测试。

近年来,也有采用遥感技术进行泥石流规模、发育阶段、活动规律等的中长期动态监测,采用地面多光谱陆地摄影、地面立体摄影测量技术,进行泥石流基本参数变化的短周期动态监测。

(三)监测技术发展趋势

目前,我国在地质灾害监测技术方面,缺乏天基、空基、陆基监测预警多维网络化监测技术的融合和集成;先进、实用的监测技术手段不足,需开发先进、实用的新型监测技术。地质灾害监测技术具有以下发展趋势。

1.监测技术从单一技术向天空地立体化的多基立体化技术发展

由于装备条件的限制,我国早期线性工程地质灾害监测(包括滑坡、崩塌、泥石流)主要是根据降雨情况、人工观测地表变化特征、地下水变化,以及周围动植物的异常来推断其发生的可能性。之后,随着时代发展和科技进步,全站仪、经纬仪、水准仪、高清卫星影像、北斗卫星/GPS定位系统、低空无人飞行器、地面雷达等先进遥感技术得到发展,遥感技术在地质灾害研究中的应用经历着从单一的遥感影像资料向多时相、多数据源的复合分析,从静态的定性制图向动态监测、定量滑坡特征数据和信息获取的发展过程。

目前,不同监测方法的有机组合,正成为地质灾害监测技术发展的趋势,如 GPS 监测可以高准确度地获取地面各点的三维绝对变形量。但是,对一个大的研究区域而言,由于财力物力,特别是 GPS 监测点密度的限制,很难有效地获取整个区域面上的变形信息。而 InSAR 监测技术可以以很高的分辨率,获取整个监测区域面上的相对变形量。但是,由于缺乏准确的绝对位置和绝对变形参考基准,加上对大气等误差缺乏有效的消除手段,所以其获取的绝对变形精度不够高。可以以 GPS 和 InSAR 监测成果为数据源,通过将高精度的 GPS 监测成果与 InSAR 监测成果融合和内插处理,得到 GPS 经 InSAR 沉降监测成果融合、加密、内插后的变形。其基本思路是,以高精度 GPS 监测成果为基准约束,采用插值、滤波等方法对 InSAR 监测成果进行改正,然后将 GPS 和改正到 GPS 基准后的 InSAR 监测成果融合在一起绘制变形等值线。

2.监测传感器(陆基)向智能化方向发展

传统的全靠人力进行地质灾害监测数据获取的方式不能满足地质灾害区域监测、评估和预警工作需要。随着计算机智能芯片技术的发展,智能传感器已直接用于测量设备的制造,现已大量应用于地质灾害监测中。

3.监测手段从注重位移监测向因果并重发展

地质体的失稳和地质灾害的发生主要取决于地质体中力的变化。仅对边坡体等地质体进行表面变形(位移、裂缝)等宏观表象特征的监测,不能抓住地质灾害孕育、发展、变化的本质。随着监测技术水平的提高,现在对反映地质灾害体变化趋势的力的指标进行监测,监测手段从单一的结果表象监测向因果并重发展。

4.在数据采集和分析方面向数据实时获取发展

数据处理的智能化、模型化、网络化方面的发展,将卫星和遥感数据及无人飞行器影像数据作为获取实时数据的重要手段,通过采用不同空间尺度分辨率的多源遥感数据进行影像融合,得到更高精度的数据源,从而提高信息提取及解译准确性,为提高地质灾害反演模型参数精度提供可靠保障。计算机智能监测芯片和网络技术的发展不仅使数据的智能获取和远程传输得以实现,而且使得大量实时数据的快速智能分析和智能决策变为可能。

二、无人机滑坡地质灾害监测技术及应用研究

随着矿山资源的利用程度不断增强,矿山自然环境的破坏程度也进一步加剧,除了造成环境污染之外,还会引发滑坡、倾塌等地质灾害,此类现象都会滞缓地方经济的发展,造成巨大的负面社会影响。在大部分矿山内,地质灾害的监测与调查主要依靠野外调查、沉降观测等传统手段,结果虽较为可靠,但具体施工程序复杂,制约因素多,对施工人员的人身安全容易造成巨大威胁,且人迹罕至区域难以工作。

无人机低空遥感系统问世后,以其操作简单、价格低廉、机动灵活等优点,在诸多领域得到应用。

自2008年发生汶川地震后,科研人员开始将无人机系统应用于地质灾害研究。周洁萍等研究的三维可视化遥感管理系统,为汶川地震的信息处理提供了平台;马泽忠等采用无人机技术,对重庆城口滑坡地质灾害监测进行了相关探索。本书以无人机航空摄影获取的数据为基础,定性分析矿山施工后对山体的破坏,滑坡的危害等影响。

(一)无人机滑坡地质灾害监测方法研究

依据相关监测规范及对滑坡安全性评价的要求,以单个滑坡为监测对象,利用已有地质资料,并收集附近相关自然环境及测绘数据资料,充分利用无人机地空航测的优势,展开滑坡区域的调查与监测工作。基于无人机的滑坡监测工作主要包括数据获取、数据处理、成果分析与评价三个阶段。数据获取阶段又分为收集资料、实地踏勘、设计、航拍等流程。数据处理阶段包括真三维模型的生产、构建空间模型等流程。成果分析与评价包括获取滑坡区域的空间属性数据,分析并评价滑坡危险等级、潜在危险因素、地质构造详情和结构类型,确定滑坡规模、影响范围、造成的社会影响,建立滑坡监测和评价数据库并及时更新、提出合理化建议。其方法工作流程如图10-2所示。

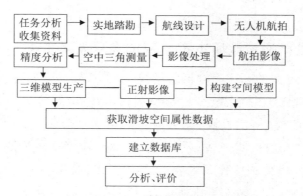

图10-2　无人机滑坡监测工作流程图

（二）工程应用及分析

应用以湖州市洞子门二期工程滑坡为研究对象,测区东接黄芝山,南连黄芝山卫生站,西临凤山,北靠文平纸管厂。测区地形为丘陵,高差为90 m,坡度约为45°,作业区域内降雨频繁、风向无定、风速变化较大,测区25 km范围内无机场,不属于禁飞区。距离测区800 m有一个军事基地,所以每次作业前皆在公安局进行了报备。

1.测区像控点、监测点布设及测量

洞子门测区航空影像获取前,首先完成了野外像控点、监测点布设工作。像控点布设时,根据现场实际情况采用灌浇水泥桩的方式进行埋设,在测区四角各布设一个点共布设了4个像控点。监测点根据现场边坡状况从上到下布设5排11个点,采用现场挖坑灌浇水泥的方法埋设,像控点、监测点测量外业时使用徕卡全站仪,以方向观测法进行测量,内业使用南方平差易计算坐标高程值。外业测量数据经检查记录无误且符合观测精度要求,导入南方平差易进行平差计算及精度评定,其精度满足作业要求。

2.数据获取

根据项目要求的技术参数,认真组织研究了飞行方案,90 m的高差相对于50 m的航高过高,容易造成航片重叠度不足或无人机撞山,因此采用在无人机上加装地形匹配系统来解决。针对摄区面积小、摄区地形复杂等特点,采用四旋翼无人机搭载AMC536倾斜摄影平台航摄。针对摄区地形,为确保获取的航空影像全区域覆盖,在组织确认飞行方案时,适当增加了外扩区域,实际航摄面积外扩60 m,作业过程中严格落实作业规范。飞行作业组进场前,作业组及时了解掌握摄区气象条件,利用互联网搜集掌握相关气象资料,结合所掌握的历史气象资料、周期性气象变化特点和近期内天气变化趋势,为飞行日安排及时提供依据。

航飞作业是一项十分认真仔细的工作,作业过程中要求现场实施人员根据当天航摄情况,如实填写航飞记录,每天对完成的航摄影像进行审查,及时制订补摄、重摄方案,确保了航空影像的时效性。

航空影像获取是整个摄区工作的重中之重,其成果是整个项目最原始、最基础的数据。摄区航空影像获取工作,在完成像控点敷设的基础上,洞于门摄区于 2019 年 6 月 23 日开始至 8 月 12 日,共进行了 4 次无人机倾斜摄影作业。倾斜摄影原始影像数据地面分辨率优于 0.007 m,图像辐射分辨率为 24bit,饱和度等级高于 10 级,色彩还原真实准确,无失真,无偏色,区间色调一致,影像清晰,细节完整,达到相关规范对真三维模型生产源图的质量要求。

3. 数据处理及监测点坐标提取

本项目真三维模型的生产,采用 Context Capture Center Edition 系统,该系统用于快速生产和影像的自动化处理,应用地物的垂直和侧视影像,以及一定量的地面控制点,构建真实的空间三维场景。真三维模型生产工作基于图形运算单元 GPU 对成千上万个图像进行快速运算,整个处理过程无须人工干预,对真实场景在原始影像分辨率下的全要素级别还原,达到了无限接近真实的极致。具体过程包括精准控制的空三加密,密集匹配技术进行影像匹配,然后采用 OSCB(open scene graph binary)通用数据格式表达,再进行多节点并行计算之后,完成监测点坐标提取,结果精度部分如表 2 所示。

4. 成果分析与评价

航测坐标提取后,水平位移的中误差为 1.6 cm,垂直位移的中误差为 2.8 cm,能满足滑坡地质灾害监测的要求。根据无人机监测及调查结果,洞于门二期工程滑坡隐患体形态呈椅状,后缘高程约 125 m,前缘高程约 55 m,潜在滑移方向约为 211°,滑坡隐患周界总长约 300 m,前缘宽约 124 m,平均厚 2 m,轴线长约 130 m,滑坡隐患体物质成分为残坡积土体及全风化粉砂岩,隐患体体积初步估算约 32 240 m³,属中型土质滑坡。该边坡上部已发育有多条拉张裂缝,裂缝延伸长约 3~38 m,宽约 2~50 cm,贯入深度约

0.5~1.0 m,潜在滑坡地质灾害隐患,对坡脚施工人员的人身安全及上山道路构成威胁,在暴雨、机械开采等外界因素的影响下,可能引起滑坡,建议采取加固措施,避免造成不必要的损失。

本书采用无人机技术,针对洞于门滑坡监测进行深入研究,得到了较好效果,为当地管理部门进行矿山管理和防灾减灾提供了相关测绘数据。通过本次实例,证明采用无人机倾斜摄影测量的方式监测边坡形变的方法是可行的,可用于大量降雨后的、形变在3 cm以上的监测。相比传统监测方法,无人机倾斜摄影变形监测速度快、无视地形影响,比较适合丘陵、山区的易滑坡区的快速形变监测。尤其是针对人迹罕至、悬崖峭壁等危险区域的监测,本书方法能更好地保障测绘人员的安全,避免在监测过程中出现人员伤亡,降低负面影响。但在实际工作中,受无人机飞手的综合素质、环境天气变化、影像处理技术等因素影响,数据精度与传统监测方法相比还有待提升。随着无人机技术的发展和数据处理技术的进步,无人机监测的精度会得到进一步提高,对恶劣环境和天气的适应性也会得到加强。

第十一章 测绘新技术在国土空间规划与治理中的应用

第一节 建立国土空间规划体系的重要意义

一、土地利用规划内涵及体系

(一)土地利用规划内涵

从资源配置的角度来说,市场和规划都是重要手段。市场追求的是个体理性,由于外部性、信息不对称、垄断以及公共物品供给等因素,在个体理性基础上合成的整体可能是非理性的。规划是以追求整体理性为出发点,是一种服务于社会整体利益和公共利益,实现社会、经济、环境系统所确定的长远目标,提供未来系统空间发展的战略,并借助合法权威通过对系统行为及其变化的控制,来调整和解决系统发展中特定问题的职业性活动过程,是公共管理的一种重要形式。

1.土地利用规划的概念

我国与土地利用规划有关的记载最早出现在汉代的《尔雅》——"邑外谓之郊,郊外谓之牧,牧外谓之野,野外谓之林,林外谓之坰"。这些记载深蕴着西方后来的农用区位论思想。土地利用规划在世界各国都有举足轻重的地位,但由于规划的目的、内容和方法不同,对其具体的概念解释也不一致。

土地利用规划是土地管理的"龙头"。它是以土地资源合理利用为核心,以最佳综合效益为目标,依据土地自然地理特点、社会经济条件和发展用地需求,在时间和空间上对区域内全部土地资源进行开发、利用、整治、保护所做出的具体部署和安排。它既具有战略性,亦兼有近期实施的可操作性;既是调整产业结构,合理安排生产力,保障人民生活基本需求和促进国民经济发展的蓝皮书,又是编制年度土地利用计划及审批各项用地的重要依据。因此，土地利用规划可以理解为人们为了改变并控制土地利用方向，优化土地利用结构和布局，提高土地产出率，根据社会发展要求和当地自然、经济、社会条件，对一定区域范围内的土地利用，进行空间上的优化组合并在时间上予以实现的统筹安排。

土地利用规划的概念存在以下几个共识。

第一，土地利用规划要满足社会经济发展。随着社会生产力的不断发展，其他生产要素如资本、劳动力等，在数量上和质量上都有所改进，而土地作为有限的，不可被替代的生产资料，自然更应该提高自身的利用率和生产率，在有限的土地产生出更多的物质财富，使得土地利用方式更符合社会经济发展需要。

第二，土地利用规划要符合自然条件和社会条件。土地是自然的产物，它的存在不以人的意志为转移，土地利用规划需考虑到利用土地所必须遵循的客观规律，充分顾及承载土地利用的自然和社会条件。

第三，土地利用规划要注重土地资源的分配。土地利用规划从广义上来讲就是实现地区间人口、资源、环境的协调平衡；狭义上意指土地利用规划实现土地资源在各行业间合理分配，解决部门、乡镇土地需求和供给的矛盾，稳步推进社会协调发展。

第四，土地利用规划要注重空间上的联系。通过土地利用总体规划，给国民经济各部门分配土地资源并实现空间落位，正确处理好各类土地类型空间上的联系，如与产业、交通的关系等。

第五，土地利用规划要考虑时间上的安排。规划要部署推进发展的阶段性任务和限制发展期限。

2.土地利用规划的任务

土地利用规划与当时主要土地利用问题密切相关，不同时期的土地利用问题并不是一成不变的。从当前而言，土地利用规划的任务在保障发展的同时，需要保证粮食安全，并不断推进生态文明建设。具体包括分析土地利用问题、明确土地利用目标和基本方针、拟定土地利用控制指标、调整土地利用结构和布局、制定实施规划的政策和措施等任务。

我国的土地资源数量相对较少，耕地资源严重不足，但随着城市化的不断发展，城市周边的农用地、未利用地在不断地被蚕食，如果任由城市粗放型蔓延，用地矛盾则会像雪球一样越滚越大，最后对社会稳定造成影响。

为协调人口和土地、发展和土地、社会和土地之间的可持续关系,规划除下达合理的、可操作性的土地利用控制性指标,如耕地保有量、基本农田保护面积、建设用地规模等指标外,还提出了有序推进"三线"划定的任务,优先划定永久基本农田保护红线和生态保护红线,合理确定城市开发边界。

土地利用规划的"三线"划定本质上与规划的任务一一对应。

第一,粮食安全下的耕地保护。为保证区域粮食安全和生态安全底线,规划划定永久基本农田保护红线,严格用途管制,将用于粮食和蔬菜生产,实行永久保护,不得擅自占用或改变用途的优质耕地纳入其中。此外,红线划定重点在尽快将城市周边交通沿线易被占用的优质耕地优先划定为永久基本农田,将已建成的高标准农田优先划定为永久基本农田。杜绝城市周边的基本农田红线像"红飘带"一样随意摆动的现象。

第二,生态文明下的生态红线。生态保护红线是指在自然生态服务功能、环境质量安全、自然资源利用等方面,需要实行严格保护的空间边界与管理限值,以维护国家和区域生态安全及经济社会可持续发展,保障人民群众的健康发展。尽管我国生态环境保护和建设力度逐年加大,但总体上来看,资源约束压力持续增大,环境污染日益严重,生态问题依旧十分严峻。目前已建成的保护区空间布局上不尽合理,保护效率不高,若按照生态系统完整性原则和主体功能区定位划定生态红线,优化国土空间开发格局,改善和提高生态系统服务功能,可构建结构完整、功能稳定的生态安全格局,从而维护国家生态安全。

第三,城镇化用地保障。未来我国仍处于城市化工业化上升期,可以预见建设用地需求将继续增加。为促进城市紧凑集约发展,避免城市盲目扩展,土地利用规划划定了城市开发建设活动的边界,即城乡建设用地扩展边界,全面管控规划期内的城乡建设。

(二)土地利用规划体系

按规划性质不同,可将土地利用规划分为土地利用总体规划、土地利用专项规划和土地利用详细规划。

1.土地利用总体规划

《土地管理法》第十七条规定:"各级人民政府应当依据国民经济和社会发展规划、国土整治和资源环境保护的要求、土地供给能力以及各项建设对土地的需求,组织编制土地利用总体规划"。土地利用总体规划是指在一定区域内,根据国民经济和社会发展对土地的需求及当地的自然、社会经济条件,从全局的、长远的利益出发,对区域范围内土地资源的开发、利用、整治、整理、复垦、保护等进行统筹安排的战略性规划。其目的在于加强土地利用的宏观控制和计划管理,合理利用土地资源,提高土地利用率和土地产出率,促进国民经济协调发展,并为土地利用科学管理提供依据。土地利用总体规划一经批准,即具有法律效力,可控制国民经济各部门的土地利用。土地利用总体规划按不同的标准,可以进行如下分类。

(1)按规划时间期限划分

按规划时间期限不同,可分为长期规划、中期规划和短期规划。长期规划的年限在10年以上,短期规划小于5年,中期规划介于两者之间。

土地利用总体规划已经成为空间规划体系的重要组成部分,我国历来编制的土地利用总体规划都属于长期规划。1986年以来,先后共有三轮土地利用总体规划编制,分别是土地利用总体规划(1986—2000年)、土地利用总体规划(1996—2010年)和土地利用总体规划(2006—2020年),三轮规划时限均在15年左右。一般而言,长期规划是编制中、短期规划和年度用地计划的依据。譬如,根据土地利用总体规划制定的土地利用5年计划和土地利用年度计划即为中期规划和短期规划。可见,中、短期规划多属于过渡性规划,是长期规划的深化和补充,是由宏观向微观过渡的规划。

(2)按自然区划或经济区域划分

根据土地开发、利用、整治和保护的需要,土地利用总体规划也可按流域、自然区划或经济区划,进行跨省、跨市县、跨乡镇的区域土地利用总体规划。如长江三角洲土地利用总体规划、黄河三角洲土地利用总体规划、"一带一路"土地利用总体规划、京津冀区域土地利用总体规划、长江上游土地利用总体规划等。

(3)按行政隶属划分

我国土地利用总体规划是属于宏观管理型的利用规划,是各级人民政府及土地行政管理部门科学管理土地的重要依据。由于我国土地行政由各级政府分级进行,总体规划的编制与实施要与行政管理体制密切结合,以保证各级人民政府行使管理土地的职能。因此,土地利用总体规划宜按行政区划体系分级编制。土地利用总体规划按行政隶属可划分成全国土地利用规划纲要、省级土地利用总体规划、市级土地利用总体规划、县级土地利用总体规划和乡级土地利用总体规划。其中全国规划、省级规划和市级规划是宏观控制性、指导性规划,重点在于强化指标控制;县级规划和乡级规划更注重规划的实施能力,属于实施性、管理性规划,县级规划注重规划实施的可操作性,乡级规划具有一定的微观规划性质,重点是把上级规划下达的各项指标落实到土地空间上。

2.土地利用专项规划

土地利用专项规划是在土地利用总体规划的框架控制下,针对土地开发、利用、整治和保护某一专门问题而进行的规划,是土地利用总体规划的补充和深化。常见的土地利用专项规划如土地整治规划。专项规划多以县域或市域为规划范围,一般不要求各行政级别范围都做。但某些专项规划也可有全国性或省级、或跨地区的中长期规划,如土地整治专项规划就有全国层面的全国土地整治规划。

3.土地利用详细规划

土地利用详细规划是在土地利用总体规划和土地利用专项规划的控制和指导下,直接对某一地段或某一土地使用单位的土地利用及其配套设施做出具体的安排,它是土地利用总体规划或土地利用专项规划的深入和细化。如土地整理项目规划、土地复垦项目规划、土地整治项目规划、村庄整治规划、海涂开发项目规划和农场土地利用规划、林场土地利用规划、村庄用地规划等。土地利用详细规划的特性是单一性、具体性、可操作性和针对性,编制土地利用详细规划需遵循自然科学规律,实现系统内部与外部环境协调、以人为本。从土地利用详细规划的作用来看,可分为控制性土地利用详细规划和开发性土地利用详细规划。

二、建立统一的国土空间规划体系的意义

长期以来,我国形成了"多龙治水"的国土空间管治格局,束缚了国土空间效能的发挥。由于空间规划主体、技术标准、规划期限不统一,空间规划碎片化的问题突出,造成各类空间规划各自为政,相互打架,严重影响了国土空间的开发、利用与保护,成为掣肘生态文明建设的重要障碍。

建立统一的空间规划体系,从源头上探索协调解决各类规划存在的矛盾,实现"多规融合",有利于发挥规划的用途管制作用,规范国土空间开发

秩序,消除空间规划部门之间的矛盾,推动规划体制创新。

(一)建立统一的空间规划体系是落实中央全面深化改革的具体行动

党的十八大把生态文明建设提到前所未有的战略高度,将其纳入中国特色社会主义事业五位一体总体布局。十八届三中全会通过的《中共中央关于全面深化改革若干重大问题的决定》提出建立空间规划体系,划定生产、生活、生态空间开发管制界限,落实用途管制。2013年12月,习近平总书记在中央城镇化工作会议上提出,"要建立统一的空间规划体系、限定城市发展边界、划定城市生态红线,一张蓝图干到底"。为落实十八届三中全会决定,按照一件事由一个部门管理的思路,中央对深化改革进行了工作分解,将"多规合一"确定为2014年的一项重要任务。2015年9月11日,中共中央政治局召开会议,审议《生态文明体制改革总体方案》,提出要建立以空间规划为基础、以用途管制为主要手段的国土空间开发保护制度。建立统一的空间规划体系,有利于落实中央全面深化改革的决策部署,特别是有利于理顺空间规划管理体制,科学划分规划主管部门之间的职责和事权,消除空间规划之间的交叉和重复,提高规划的系统性、规范性、实用性和权威性,实现规划管理体制的创新。[①]

(二)建立统一的空间规划体系是落实用途管制的重要依据

空间规划是用途管制的基础,用途管制的实施要以空间规划为依据,将土地用途管制扩展到其他重要生态空间,实现用途管制的全域覆盖。

建立统一的空间规划体系,以国土规划为基础,协调林业、水利、农业等部门规划,梳理各类规划的差异和矛盾,在"一张图"上共同划定各类控制线。在统一的国土空间体系内,通过调整和优化国土空间布局,将永久基本农田和生态保护区划入控制线,严格加以保护;将城乡建设用地控制规模线落实在具体地块上,严格加以管控。统一空间规划体系的建立,使全域用途管制的实施成为现实。

(三)建立统一的空间规划体系有利于国土开发格局的优化

统一的空间规划体系是优化国土开发格局的蓝图。在"多规融合"的

---

①马永欢,李晓波,陈从喜等. 对建立全国统一空间规划体系的构想[J]. 中国软科学,2017(3):11-16.

"一张图"编制过程中,通过土地利用总体规划、生态环境保护规划和城乡建设规划的不断磨合与衔接,从而使国土空间的利用和布局得到优化。在统一的空间规划体系上,统筹开发与保护,明确建设空间和保护空间,坚持在开发中保护、在保护中开发的理念,围绕"多规融合"确定的重点建设项目和重大片区,保障建设用地需求;围绕国家粮食安全和水土组合条件,确定耕地特别是高标准基本农田的空间布局;围绕工业化、城镇化发展的需求,确定经济建设的空间格局。统一的空间规划体系为国土空间的腾挪优化提供基本依据,提高了国土的承载力,有利于生产空间集约高效、生活空间宜居适度、生态空间山清水秀格局的形成,也有利于促进经济、社会、环境的协调和可持续发展。

(四)建立统一的空间规划体系是节约集约用地的根本之策

规划的节约是最大的节约,科学合理的空间规划有利于实现城乡土地资源的节约集约利用和管理。就整个国土空间来看,存量闲置土地容量大,旧城镇、旧村庄、旧厂房的土地利用效率低下,通过建立统一的空间规划体系,实施"三旧"改造,可以节约大量建设用地。就农村来看,随着城镇化的发展,人口流向城镇,空心村造成土地资源的大量浪费。在统一的空间规划体系内,通过实施土地整治规划,有序规划村镇布局,可以节约50%左右的土地。就城市来看,土地城镇化过快于人口城镇化,人均城镇建设用地呈增加趋势,通过划定城市扩张边界,提高项目的投入和产出强度,有利于促进城镇化的集聚发展。

第二节 测绘新技术在国土空间规划与治理中的应用实例

一、测绘新技术在国土空间规划治理中的应用——以蒋巷宅基地改革村庄规划为例

村庄规划是落实国土空间规划、引导乡村有序合理合法建设的指导性规划,对操作性具有较高的要求。随着乡村振兴战略实施,从国家到地方都高度重视村庄建设和管理,围绕"产业兴旺、生态宜居、乡风文明、治理有

效、生活富裕"的总要求,对村庄规划提出了因村施策、分类引导、布局合理、底线管控、整洁美丽、户有所居、风貌整治等针对性要求。"多规合一"实用性规划对行政村内的土地地类、用途、地形地貌、房屋建筑等基本情况要求掌握详细,尤其对村庄的建设用地周边的地形要求精确较高。以蒋巷村村庄规划为切入点,客观阐述遥感与数字摄影测量在村庄规划与治理中的应用,为"多规合一"实用性村庄规划的基础测绘提供现实依据。

(一)国土空间规划发展与瓶颈

1.新时代国土空间规划要求与困境

2013年中央城镇化工作会议上习近平总书记指出要建立空间规划体系,推进规划体制改革,加快规划立法工作,对国土空间规划极大地肯定,为后期制度的形成和发展指引了方向。国土空间规划是空间建设、管理的依据,是推进经济与社会发展、生态文明建设、实现高质量发展和高品质生活的重要手段。当下国土空间规划涉及了国民经济、社会民生各个领域,要求航空摄影测量、规划设计、管理建设等多个专业参与,并利用大数据、航拍影像进行动态管理,实现动态化、智慧化、信息化。但目前因基础平台构建仍不完善,定制标准不统一,导致绘制底图较难、国土空间本底条件未全面摸清等问题。

2.村庄规划要求

村庄规划是国土空间规划乡镇领域的具体实践和管理蓝图。村庄规划要求从乡村发展实际出发、尊重村民意愿为前提,以行政村为单元,对住宅、道路、基础设施、公共服务设施、农村生产设施进行合理布局,对耕地、林地等自然资源、历史文化遗产保护、产业发展用地和防灾减灾等进行具体安排。村庄规划围绕城郊融合类、集聚提升类、特色保护类、搬迁撤并类等村庄类型采取"菜单式"规划与治理,着重强调实用性。

(二)测绘在国土空间规划与治理中的应用

1.测绘在国土空间规划与治理中的应用

测绘服务于国土空间规划的大战略需求,也服务于住房、河道水利、交通规划、农业生产等相关的部门,能够成为规划的一个底图,从怎样保护、利用空间和资源给予我们现实依据与规划指导。

在国土空间规划上,测绘主要发挥"空间基准、基础数据、用地分类、信息平台"4个方面的作用,可建立起有强大数据量的数据库,将"多规合一"的思想落到实处,并为后续的空间规划实施,项目落地和监督管控方面提供先进的技术手段。

2.测绘在村庄规划中的应用

测绘可为村庄规划提供房地一体化数据、用地数据、房屋建设情况、地形地貌、影像数据、鸟瞰、村庄现状整体风貌等一系列信息数据和图像,绘制出规划基础底图。根据测绘所得数据图像和信息更新实际地了解现场建设情况。测绘为村庄规划提供规划基础数据,并有利于规划现状分析和规划研判。同时测绘也为村庄规划管理实施提供现实支撑。

(三)测绘在项目中的实际应用

为深度与蒋巷村村庄规划融合,制定了包含内业前期分析、外业测量、内业+外业核验等多步骤的摄影测量方案。

1.前期内业分析

蒋巷村项目接到任务后,在收集完成前期资料,结合《江西省"多规合一"实用性村庄规划编制技术指南(试行)(2021年修订版)》规划编制要求,紧锣密鼓地建立数据信息库和现状底图,分析重点航测区域,制定点对点摄影测量。

蒋巷村测量内业分析流程:在通过对"三调"数据进行基数转换、分析永久基本农田、生态保护红线等划定成果、农房一体化等数据,内业初步建立含有用地情况、宅基地分布基本情况的数据库和现状底图。对房屋较差、布局紧凑、毗邻永久基本农田等局部进行重点测量。

2.航空摄影测量与内业线划

通过外业航空摄影、像控点测量和内业空三加密建模和线划方式对行政区域进行大比例尺地形地貌数据采集。在数学基础上,采用"2 000国家大地坐标系"及"1985国家高程基准",投影方式采用高斯—克吕格投影3°分带。精度要求1:2 000比例尺,界址点相对于临近控制点的点位中误差和相邻界度等级一级±0.05、二级±0.10、三级±0.15。[①]

航空摄影采用无人机航测搭配数码相机对蒋巷整体目标区域以及大门徐家、娄家南侧、方门徐、寺湖徐等重点区域进行航空摄影,多角度摄像,获

---

①王岳. 重庆空间规划体系构建理论探索与实践研究[D]. 重庆:重庆大学,2019.

取影像数据。

像控点外业测量是航空摄影测量外业决定进度和最终成果质量关键步骤。外业平面像控点采用RTK,高程采用GPS曲面拟合法。按照区域网布设相片控制点,点位要求在影像上目标清晰、位置明显的地物上,并在出图轮廓线外。像控点外业,测量具有刺点精度高,内业利用度高等优点,可显著提高工作效率、减少外业返工少、降低项目成本。

空三加密用相片控制资料和航空摄影影像数据及航摄机参数,采用影像处理系统按照区域网进行空中三角测量。

根据空三加密成果绘制立体像,将村庄规划中所涉及的房屋、道路、水域、植被等地理要素编辑绘制为一米等高线间距,得到一张1∶2000的地形图。

3.内业+外业核验调整

结合前期内业分析得到的房屋数据和航空摄影得到的倾斜摄影成果等,在多角度影像上综合分析现有建筑质量、建筑风貌,结合村庄规划实地调研,对其进行校验更改,建成具有户主姓名、用地情况、建筑质量、村庄风貌等信息的数据库,为规划编制提供准确、全面的数据信息和图件。

4.不足与有待加强之处

遥感与数字摄影测量在蒋巷宅基地改革村庄规划中的应用存在美中不足之处。

(1)应尽量考虑天气、局域小气候等影响

因项目时间紧张,不可避免地在阴天的情况下进行航测,导致最终形成的影像图因受到天气影响,成图精准度有待提高。

(2)探索遥感与数字摄影测量数据与规划三维模型

模型有效衔接获取的遥感与数字摄影测量数据所形成图像以及三维模型,可通过内业技术转换与乡村规划模型表达进行有效对接,为乡村规划建设一个有数据、有图像、有模型、可视化强的数据信息库,在乡村规划中大有作为。

综上所述,测绘技术在国土空间规划与治理尤其是村庄规划与治理中发挥着巨大的作用,通过测绘技术的应用与融合,对完成国土空间土地数据的收集和图形绘制,建立数据模型,为国土空间规划提供了数据支持和影像支持。同时将测绘融入生态文明建设和乡村振兴建设中也是测绘发展的必然趋势。因此,测绘在航测创新的同时应多从规划要求的角度,进行技术的融合和技术全过程的支撑,才能更好地推动测绘行业的发展。

二、国土空间规划治理体系下BIM技术在港口规划中的应用

党的十八大以来,生态文明建设持续推进,能源、水、土地等战略性资源管控持续强化。国家层面陆续出台多项政策,以强化国土空间规划引领和资源管控。中共中央、国务院于2019年5月发布《关于建立国土空间规划体系并监督实施的若干意见》,明确要求将主体功能区规划、土地利用规划、城乡规划等空间规划融合为统一的国土空间规划,实现"多规合一",逐步形成全国国土空间开发保护"一张图"。同时,该指导意见也明确要求相关专项规划的有关技术标准应在编制和审查过程中,加强与有关国土空间规划的衔接及"一张图"的核对,批复后纳入同级国土空间基础信息平台,叠加到国土空间规划"一张图"上。

根据《港口法》和《港口规划管理规定》,港口规划应当根据国民经济和社会发展的要求以及国防建设的需要编制,体现合理利用岸线资源的原则,符合城镇体系规划,并与土地利用总体规划、海洋功能区划等相衔接、协调。其中,港口总体规划作为国土空间规划体系中的专项规划,其核心作用是一方面通过研究明确港口资源空间开发与保护的合理方案,促进港口资源的有序开发和有效保护,另一方面则是提出行业诉求,为自然资源部门开展国土空间规划、统筹协调相关行业的空间需求提供基础。因此,港口总体规划的内容应包括港口岸线利用规划、港区划分和分工、水陆域布置、港口界限以及集疏运等配套设施规划方案。

随着信息化技术在社会各行业中的广泛应用,以制造业为代表的生产效率和产品质量大幅提升,率先普及应用了信息模型技术,将传统依靠二维图纸的生产作业流程转变为基于三维信息模型的生产作业流程。欧特克(Autodesk)公司于2002年提出"Building Information Modeling"概念,即BIM。

BIM是以三维数字技术为基础,集成建设工程各种相关信息的工程数据模型,是一种全新的规划、设计、建造及运营管理方法,同时也是一种可应用于规划、设计、建造、管理的数字化技术。BIM自问世以来,应用方向逐步拓展,在建筑行业内率先得到广泛认可和深度实践,并被公认为是提高建筑行业工作效率的有效工具之一,可以用来支持沟通(数据共享)、协调

（数据融合）、模拟（应用预测）和优化（反馈优化等）。在港口工程领域,BIM技术应用主要集中于单体工程结构的设计、施工方面,而在港口规划与治理方面鲜有应用。

（一）国内外BIM技术应用情况

美国、英国、新加坡等国家都制定了BIM发展规划,对BIM发展目标、协作建模流程、数据交换格式等均做出详细规定,推动BIM技术在建筑行业的全面普及。在我国,BIM的推广应用也成为建筑行业未来发展的趋势和转型升级的抓手,国家层面也出台了系列推广应用BIM的文件,推动形成BIM技术体系和应用框架。

对于BIM技术应用,M.Yaleinkaya采用Latent Scmantic Analysis（ISA）方法梳理了现阶段BIM技术研究的发展模式和应用趋势;张建平等国研发形成了面向施工的BIM模型系统及配套4D项目管理软件等;孙少楠等4人探讨了BIM技术在大型水利工程中的应用,提出利用BIM技术解决水利工程建筑物因造型独特而带来的技术性复杂、设计效率低等问题。在港口领域,BIM技术已经广泛运用在设计、施工等过程,孙俊峰等国在珠海港高栏港区集装箱二期工程建设中运用BIM协同共享技术,倪寅回对BIM在水运工程上的应用及问题进行了总结,但在港口规划层面,应用BIM为框架的研究还基本处于空白阶段。

（二）面临的主要问题

1.港口BIM应用体系架构存在缺失

目前,BIM应用集中在单体建筑的设计、施工阶段。上海、北京等城市要求较大规模的市政基础设施工程等工程项目应在勘察、设计或施工阶段应用BIM技术,鼓励生产运营维护等其他阶段应用BIM技术。

BIM的核心价值是全过程、全生命周期的管理与服务。由于设计和施工领域BIM的工具性、协同性优势突出,研究应用相对广泛,而更加注重公用性、约束性、整体性的规划层面应用几近空白。而在港口领域,目前BIM在码头设计、航道工程和港口配套工程已经形成一定的生产能力,BIM技术应用范围涵盖了设计、施工、咨询服务等阶段。但在空间规划阶段,BIM的应用尚未得到足够重视,导致BIM的集成应用全流程中缺少了规划环节,设计、施工等后期阶段存在超出规划范围的风险,管控手段缺失,管理能力不足,无法形成工程全生命周期管控成效。

2.港口空间规划技术手段滞后

BIM技术在城乡规划领域的应用已经日益成熟,是空间规划的未来发展趋势。例如,雄安新区规划建设BIM管理平台即是以"全程在线、高效便捷,精准监测、高效处置,主动发现、智能处置"为原则,以数字化城市规划、建设、管理一体化创新模式为目标的数字城市规建管智能审批平台,通过建立不同阶段的城市空间信息模型和循环迭代规则,形成数字城市与现实城市同步规划、同步建设的基础构架。

国外在港口规划方面应用BIM提出"孪生港城"的理念,即对应着实体港城中的港口、建筑和其他基础设施,再造出一座虚拟港城。孪生港城将是智慧港口与智慧城市的融合,能够看到未来港城的样貌,每一个港口方案、建设项目落地之前,都能够预先检验其实施后的效果和观感。通过虚实双生的港城模型,每一次的规划调整、方案变化都能够提前预判对港城整体格局的影响。

可以看出,在建立统一国土空间规划体系的大背景下,空间规划的技术手段愈发成为有机衔接国土空间规划的主要考量。港口作为水陆运输节点,多重空间功能交汇,涉及多部门、多规划叠加,对空间分析和规划技术要求更高。当前,我国港口空间规划还停留在二维平面布置层面,"多规合一"的技术基础薄弱,多维多源空间信息分析手段缺失,对区域空间系统性适应性分析考虑不足。同时,港口空间规划成果仅包括规划文本和平面图纸,规划的实施只能通过个别指标进行控制,难以全面把控设计建设运营阶段存在的不确定因素,缺少统一的空间信息模型,无法预先研判规划实施完成后的效果和影响。此外,港口空间规划是基于固定时间节点的蓝图设计,不具备与实施进展同生的时间维度,缺少全生命周期规划管理的技术体系,随着时间推移,经常出现规划难以实施的情况,导致港口规划修订、调整频繁。

3.港口空间规划层面缺少BIM应用标准

为规范水运工程信息模型应用、统一信息模型应用基本要求,交通运输部发布了JTS/T198-1-2019《冰运工程信息模型应用统一标准》JTS/T198-2-2019《水运工程设计信息模型应用标准》和JTS/T198-33-2019《水运工程施工信息模型应用标准》,在设计和施工层面明确了信息模型应用标准。随着BIM在港口工程的深入应用,规划层面的需求日益凸显,否则规划的指标体系难以在设计和施工阶段约束落实。

港口规划、设计和施工是成体系的,平面设计和施工图也是在规划图纸的基础上逐步深化形成的。目前BIM应用标准体系中缺少对港口空间规划层面的统筹考虑。

(三)BIM技术在港口规划中的应用方向

1.创新港口空间规划技术方法,拓展港口规划方案的优化视角

《港口总体规划编制内容及文本格式》实施10余年来,港口规划方案的制定主要是在规划区域水、陆域测图基础上,形成二维港口平面规划方案,导致空间要素信息不完整,可视化水平不高,仅能从港口谈港口,无法从更多维度、更多视角进行规划方案的优化。

而基于港口规划的BIM模型,可为规划、建设等提供多属性、多维度的规划可视化分析系统,实现全生命周期管理,提高港口规划的空间可视化分析能力,推动规划方式从二维到三维的转变,通过多维度空间表达和分析,弥补传统二维设计方法的不足,从而优化规划方案,提高港口规划水平。例如Hjelseth等将BIM设计模型与数据库中的气候数据相结合,从而进行气候评估和适应性设计。

此外,应从港口规划实际需要出发,逐步构建规划层面的BIM构件库,研究形成BIM规划指标的自动提取规则集,形成构建港口空间规划信息模型的构建和参数化方法体系。例如,从港城空间协调的角度,分析提出港口环境影响、空间尺度优化、安全影响等方面的评价指标,形成多维空间分析技术,为港口空间方案优化和定量评价影响指标提供技术支撑。

2.促进BIM+GIS融合发展,提升港产城一体化规划的科学性

根据交通运输部2006年印发的《关于港口总体规划编制内容及文本格式的通知》,港口总体规划文本中必须有"相关规划关系"的章节,论述港口总体规划与土地利用规划、城市总体规划、海洋功能区划、江河流域综合利用规划的关系。

因此,港口规划也需要从港区选址到规划方案制定的各个环节中,充分统筹考虑区域城市发展、产业集聚、海洋保护开发的现实情况,科学划定港口规划边界,合理制定港口规划方案,促进港产城一体化发展。

根据交通运输部办公厅关于组织开展2019年度《交通运输行业重点科技项目清单申报的通知》，在重点创新研发项目"多源多维数据支持的综合立体交通网规划关键技术研究及示范应用"中，明确要求研发"基于GIS+BIM的港口规划协同设计技术及标准"；在交通信息化领域"支持推广应用基于GIS+BIM的港口规划、设计及管理决策系统"。交通运输部还将《BIM在港口规划中的应用研究》作为2019年度交通运输行业重点科技项目予以支持。

GIS用于管理宏观尺度下的空间数据，BIM则侧重构建微观尺度下的三维规划模型。已有研究人员开发了常见的语义模型，如工业基础分类（IFC）和城市地理标记语言（City GML），能够实现BIM与GIS系统之间数据提取、整合多个模型的数据等。当前信息技术使得港口规划的研究从传统的二维延展至三维乃至更高维度，赋予更多的属性信息，可以通过精准地理坐标匹配，使规划方案更易落地、空间展现更加直观，相关规划衔接更加便捷。通过BIM与GIS的融合，探索基于模型构件的组块生成技术，可以使港口规划兼顾宏观与微观，真正实现规划的编制协同，以提高规划智慧化水平、空间分析及可视化能力。

3.有效衔接相关领域控详规成果，统筹空间资源的具体利用方案

根据《港口规划管理规定》，港区、作业区的控制性详细规划的编制，应当优化港区水陆域总体布局，统筹安排港区内集疏运、给排水、供电、通信信息、安全监督、口岸管理、环境保护等配套设施的布置，并与城市规划的相关设施协调、衔接。近年来，城市、交通、国土、水利等相关行业，均大力推进BIM技术在工程全生命周期中的应用，在项目的策划和规划阶段即开始大量应用。

传统港口规划使用二维制图方式，难以有效地与城市规划等相关规划的具体布局方案衔接，特别是管道、电缆等细部设施布置方案。在国土空间规划体系下，港口规划不再是单一的码头作业区规划，而是需要与城市、国土、水利等相关规划在空间资源利用方面更好地衔接与协调，有效对接更多行业三维规划及设计成果，进行规划碰撞检查，保证规划的协调性和可行性。

4.完善水运工程标准体系，适应水运工程全流程管理需要

目前，在已发布的水运工程标准体系及BIM相关标准中，缺乏港口规划

阶段信息模型的内容和要求,因此需要在《水运工程信息模型应用统一标准》的基础上,对港口规划阶段的BIM应用标准进行专项扩充,以满足港口工程全生命期不同阶段的BIM应用需求,补强水运工程模型体系中不可或缺的一个重要环节,进一步充实完善水运工程行业BIM技术应用标准体系,规范BIM在水运工程规划阶段中的应用行为,实现各工作阶段数据共享与传递。

同时,在相关规范标准的指导下,逐步建立完善港口规划BIM通用构件族库,促进港口规划模型标准化、参数标准化、制图标准化、配色标准化等,以便于港口规划人员高效便捷地进行港口规划中的水域、泊位、堆场、道路、设备等设施构件的三维布置,利用参数化建模相关工具,快速搭建出港口规划BIM模型,充分发挥港口规划人员的规划知识和规划经验,提高规划效率和质量。

第三节 测绘新技术在国土空间规划与治理中的应用展望

一、国土空间规划与治理中测绘新技术的应用情况概述

测绘技术是土地管理、避免土地纠纷、土地统筹安排等环节不可或缺的。但是在实践中程序复杂,需要做好地形勘探、土地项目评估等工作,才能展开测绘工作。为了缩短工作时间,提升国土测绘精度,需积极引进现代测绘技术,补充以往测绘技术不足的同时,起到优势互补作用,促使国土测绘工作深入发展。

(一)工程测绘新技术的特点

1.保障测绘数据的时效性与精确度

在以往的国土测绘实践中,需要借助经纬仪、水准仪等测绘配套工具组合应用,不仅测绘时间长,同时易受自然环境等因素影响,导致测绘数据与实际工程数据产生较大误差,降低了土地规划工作对其材料的利用价值,同时也阻碍了国土测绘工程的发展。测绘新技术应用,解决了传统测绘工具实际应用的弊端,最大限度降低了自然环境、人为专业度等因素对测绘

数据精准度的影响,同时可24 h实时测量,数据库实时更新,提升了测绘数据信息的时效性、准确性,促使国土管理与规划工作科学展开。

2.具备实时监测功能

测绘新技术在实践中,可利用自身实时监测功能,实现对土地的实时监测,明确土地变化状况、实时丰富测绘数据资料。测绘数据信息的时效性掌握,为土地规划、土地利用率核查、城市建设工作的展开奠定了良好基础,促进我国可持续发展战略目标的实现。我国土地资源丰富,但随着矿产资源开发、城市化建设的推进,土地资源匮乏问题逐渐显现,土地纠纷现象越演越烈,增加了社会不稳定因素。对此必须引进测绘新技术,鼓励土地使用利益方参与到测绘中,了解土地利用权,帮助缓解土地利用与土地资源保护间的矛盾。

3.完全代替人力测绘工作

我国土地种类繁多,测绘数据作为土地开发、统筹的依据,必须确保测绘数据的真实性与完整性,促使土地科学合理的利用。在土地利用与开发前,必须掌握土地综合信息,但在实践中,人工测绘对特殊地区、地质结构也无能为力,测量工作展开不仅吃力,同时数据信息、地质图像绘制精准度不高。引入测绘新技术,不受地形因素限制,对隐蔽土地信息也可以全面测绘,替代了人力测绘的同时,拓展了测绘工作范畴,确保了土地测绘结果的完整性与价值。

(二)新型测绘技术的基本情况

1.遥感技术

遥感技术也被称作是PS技术,其没有直接接触测绘目标体,而是通过远距离感触平台,利用遥感器接收信号接触目标体后反馈回来的信号,实时记录并传输回地面,缩短了数据信息获取时间,借助电磁波处理数据,快速得到完整的测绘数据。与其他测绘技术比较,遥感技术在测量时间、因素影响方面的优势更加突出。凭借自身全天候测量、信息多样、图像分辨率高等优势,被广泛用于地震灾难预防、生态环境保护等范畴。同时可生成动态数据分析图,与人工绘制地图图像比较,不仅快速、精准同时地形效果仿真性更强。遥感技术等先进技术的应用,优化了国土测绘工作方式、工作效率的同时,也提高了测绘工作的水平与使用范畴,为工程建设、土地保护等工作协调发展起到了积极促进作用。

2.RTK技术

RTK技术属于最新全球定位系统技术,精确度以厘米计,可将勘测目标体与相近图根点间的误差,控制在10 cm范围内。RTK技术会收到卫星信息、基准站传输的更正信息,然后通过分析后输出厘米级别的定位数据。RTK技术属于坐标直接放样,可实时测量目标体范围面积。

3.数字化测绘技术

基于计算机与网络技术的不断发展,慢慢兴起一门名为数字化测绘技术的新技术。此项技术是对计算机进行模拟,能在电脑屏幕上看出地形、地貌以及地籍的要素。此外,数字化测绘技术能在使用和后期维护以及更新中展示更完善的性能,可维持信息在当前形势,为国土测量工作提供技术上的需求,对图形实施任意的拼接和缩放。

4.数字摄影测量技术

摄影系统融入了常规摄影技术,可通过处理分析数据,得到想要的资料、信息。摄影系统涵盖技巧性、数字化摄影子系统。提升工程建设质量,还需优化摄影仪器,确保系统功能符合测绘技术需求。同时与计算机结合,可为测绘工作人员一次性获取、整理工地现场相关信息,根据摄像机摄影实况,展开针对性的分析。

（三）测绘新技术在土地规划中的应用研究

1.应用于土地规划设计

在土地规划中,科学的管理依然需要大批量的数据和精准的信息,以此为基础,从整体来设计土地规划,搜集具有一定价值的信息,进行土地规划时,测绘新技术能为数据提供支持。测绘新技术应用在土地规划中,对于提高设计质量有一定的帮助作用,也能提高土地规划数据管理水平。将收集到的数据实施整理并搜集有价值的信息,进行土地规划时,提供相应的数据支持。选用测绘新技术应用到土地规划设计中,不仅能提升有关设计的质量,还能提高土地规划以及相应管理的水平,方便搜集有关结果。由此可知,当搜集的数据更为真实有效,可以使得测绘过程变得更为方便。其次,数据库的形成,有助于储存有关土地资源方面的数据,融合地理信息系统和遥感技术,使得数据库更加完善,可以为土地资源的规划设计提供有价值的参考。

2.应用于土地勘测

作为政府土地管理部门,在进行管理和审批中应确定界限,科学、有效地勘测土地面积,规范审批过程,在大范围地推广和使用中,测绘新技术可以对土地规划和管理提供合理、科学的技术支持。GPS定位技术运用到土地勘测和界定中,可以了解数据图形和数据采集以及面积与使用区域等多方面的实际情况,从而形成数据库,取得基础信息,达到动态管理的目的。[①]

3.监测土地动态

普通的土地利用动态监测,主要目的便是不断统计用地单位,对其实施监测,存在的缺点是没有办法确保应有的准确性与全面性。随着各级政府的不断更改与变化,实施相应的土地动态监测,这样才能快速取得最新信息。测绘新技术在土地规划中应用CPS精确定位和遥感技术的数据处理,有助于土地动态监测,其中最大的优点体现在四个方面:①改变了传统监测工作处于被动局面,可以精准得知土地利用情况;②传统监测方法数据落后,测绘新技术可有效获得精准数据;③能获取最新的土地规划和管理人员信息,为其工作的落实提供准确的参考;④依照数据的不断变化,利用测绘技术对土地使用进行专题图形制作,可以更好地了解土地规划今后的发展方向。

4.应用在土地调查中

土地调查工作较为烦琐,是土地规划和管理中最根本的工作内容之一,对于全面了解土地情况有一定的帮助。使用测绘新技术有助于工作的顺利开展,同时也能提高原有工作效率。在原有基础上选择信息设备,分析全部的数据,保证土地情况不存在偏差,可以选择合适的方法去解决问题,使土地运用情况更加科学、规范,有利于高效开展土地规划工作。

5.3S的应用

3S技术是GPS系统、GIS系统、RS系统的综合体,与现代科学技术组合,可满足国土测绘工程的各项需要,介于自身综合性优势明显,逐渐代替了地面定位技术,使测绘技术得到了质的飞跃。基于GPS系统角度分析,其也被称作是全球定位系统。在当前信息化时代,GPS系统应用范畴逐渐拓展,

①王伟,金贤锋.面向国土空间规划的测绘地理信息技术及数据成果服务应用展望[J].测绘通报,2020(12):58-64.

其主要是指中距离圆形轨道卫星导航系统,由美国国防部研发,可满足世界任何用户对三维运动、位置、时间的连续精确需求,借助GPS接收机即可享受该技术服务。在国土测绘实践中,作为技术人员首先需要选点、构建测量标志、定好节点间距,处理分析、记录多次测量的数据信息。然后经过针对性分析,获取精准的需要数据。最后建档并上传数据,为工作展开奠定基础。基于GIS系统角度分析,其也被称作是地理信息系统,主要依附计算机硬软件系统,采集与处理地球表层空间内的地理分布数据信息。在国土测绘实践中,通过发挥自身优质的地理信息处理功能,可实现信息同步,对空间与动态决策提供了帮助,确保了测绘工作的时效性与科学性。基于RS系统角度来说,在国土测绘实践中,借助RS系统中传感器,可获取远距离的目标体电磁波信号,通过计算机设备处理,即可得到想要的数据信息。上传至数据库可为图像绘制提供便利。其中立体摄影测量方式应用最为广泛,可实时获取三维信息,将目标范畴内的地质地貌信息适时掌控。科学技术的进步,推动了立体摄影测量技术发展的步伐,实现了以往合成孔径雷达、干涉雷达技术趋势的转变,进一步确保了地形数字高程模型的利用价值。

二、面向国土空间规划与治理的测绘地理信息技术及数据成果服务应用展望

2019年5月,《中共中央国务院关于建立国土空间规划体系并监督实施的若干意见》发布,空间规划体系进入重构期。新时期的国土空间规划,一方面担负着解决过去"多规"并行遗留下来的各类问题;另一方面又面临着全域、全要素、全流程用途管制和空间治理的新形势、新任务和新要求,迫切需要信息技术,特别是以空间获取与分析为主要特征的测绘地理信息技术的有效支撑。近年来,以三维立体、实时动态、全息可视、空天地一体等为特征的新型测绘地理信息技术迅猛发展,为国土空间规划的智慧化发展带来了新的动能。构建测绘地理信息服务国土空间规划的服务框架,促进两个领域的深度融合,是当前的一项紧迫任务。本书在梳理"五级三类"国土空间规划体系基本构成和特征的基础上,从技术体系和数据成果定制体系两个方面,研究了面向国土空间规划与治理的测绘地理信息服务体系,展望了面向智慧型国土空间规划与治理的测绘地理信息应用。

（一）新时代国土空间规划体系

新的国土空间规划体系，可以简单地归纳为"五级三类四体系"，如图11-1所示。

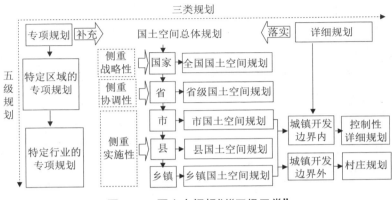

图11-1　国土空间规划"五级三类"

1.国土空间规划"五级三类"

"三类"是指总体规划、详细规划和相关专项规划。其中，国土空间总体规划为基础，对详细规划和相关专项规划进行约束和控制，起到全局统领作用；相关专项规划是对总体规划的补充，要遵循总体规划，其主要内容应纳入详细规划；详细规划要依据批准的国土空间总体规划进行编制，不得突破总体规划确定的强制性内容。"五级"是指国家级、省级、市级、县级、乡镇级规划。各级规划之间分工和编制重点不同，上位规划应当加强统筹，协调矛盾，制定规则、标准和管控策略，向下提出约束性要求；下位规划应当细化落实上位规划，不得违背上位规划的刚性要求。

2.国土空间规划"四体系"

"四体系"是指编制审批体系、实施监督体系、法规政策体系和技术标准体系。编制审批上，按照"用什么就编什么""管什么就批什么"的原则，体现战略性、提高科学性、加强协调性、注重操作性。实施监督上，通过建立动态评估和实施监管机制，监督国土空间规划实施并对规划进行动态调整完善。法规政策上，通过加快国土空间规划相关法律法规的建设，做好过渡时期的法律法规衔接，保障国土空间规划的有效实施。技术标准上，按照"多规合一"要求构建统一的国土空间规划技术标准体系，实现各类规划的统一管理、审查、实施和监督。

（二）国土空间规划与治理的测绘地理信息服务体系

测绘地理信息强大的地理空间数据获取、整合、分析、可视化和基于模型的辅助决策能力，能为国土空间规划全生命周期提供成体系的服务，从内容和形式可分为技术服务体系和基于数据成果的定制服务体系。

1.测绘地理信息技术服务体系

（1）新型测绘技术

与传统测绘以获取基础地理空间静态要素为主不同，新型测绘获取数据的范围从原来测量物体的几何位置、大小、属性及其变化，拓展到感知人们社会活动及群体的状态。以新型测绘技术等为基础构建的社会感知网络和空天地一体化对地观测网络，成为测绘地理信息技术服务为国土空间规划和治理提供全维度空间支撑的最重要基础。

（2）时空大数据处理技术

多源时空大数据若为国土空间规划直接所用，需要海量、复杂、多维时空大数据的有效处理技术，包括当前主流的多源异构时空信息数据融合技术、三维自动建模技术、影像信息智能提取技术、高性能计算技术。

多源异构时空信息数据融合技术旨在统一的时空参考系统下，通过时空数据分类与编码体系、地理编码引擎，实现各地理实体的有机关联和非空间数据到空间数据的转换，可支撑国土空间规划统一"底图底数"的构建。三维自动建模技术可实现多源数据融合匹配和自动化三维建模，促进三维数据成果在国土空间规划全过程中的应用。影像信息智能提取技术可实现遥感影像目标的自动检索和要素的智能识别与提取，能为规划编制和实施监督提供有效的动态监测支撑。时空大数据高性能计算技术可支撑TB级乃至PB级数据量的国土空间查询检索、统计分析、模拟推演和为存储管理提供良好的计算效率和扩展性能。

（3）时空大数据分析技术

时空大数据分析技术主要体现为各类通用GIS分析模型和结合GIS的各专题专项量化分析模型的应用，如空间句法、CA模型、社会地理计算、网络大数据挖掘分析、图像视频数据挖掘分析、文本大数据挖掘分析等。模型是时空大数据分析技术应用的核心，面向国土空间规划的模型库与数据库、指标库协同，能提供有效的空间分析、评价、模拟、预警等时空数据挖掘分析能力,从而提升国土空间规划的智能化水平。如在规划编制阶段,量化分析模型可高效辅助资源环境承载力、国土空间开发适宜性评价和"三区三线"划定;在规划审批阶段,规划指标审查模型可高效审查各项指标是否符合国土空间规划的管控要求;在实施监管阶段,预警评价模型可对国土空间规划实施情况进行实时监测、动态评估和及时预警,为规划编制的修订和完善提供科学依据。

(4)多维动态可视化技术

多维动态可视化技术通过融合二、三维、视频 GIS、实时 GIS、VR/AR、数字沙盘、多媒体、360°/720°全景、全景视频等多种技术,使得空间信息传输更加快捷,地学信息展示更加多样化,有利于直观表达空间对象的内在联系,从中挖掘更多有用信息,方便用户更为直观地理解地理空间现状、特征与变化规律。多维动态可视化技术可以视觉表达、分析辅助和精细化管理等方式服务国土空间规划中的各类专项应用,如基于实景三维模型的环境变化模拟、基于三维测量的规划实施与违法监测、基于大屏领导驾驶舱的政务管理、基于 Web 和移动端规划成果直观表达的公众参与等。而充分集成 GIS 的空间信息综合管理.与分析优势、BIM 的全生命周期数据管理优势和 VR/AR 等虚拟技术的沉浸式体验与互动效果,可有效支撑空间规划的精细化管理、多元可视化分析,切实提升国土空间治理能力。

2.测绘地理信息数据成果定制服务体系

(1)支撑国土空间规划的测绘地理信息数据成果

根据需求,新型测绘为国土空间规划提供两种类型数据成果:一类是地面观测网、监测网记录的对地观测大数据,表现的是地表空间格局特征,包括基础地理空间数据和行业专题数据。其中,基础地理空间数据主要有 4D 产品、多时相航空影像、卫星影像、地理国情普查数据、国土调查数据等;行业专题数据主要来源各部门共享交换成果数据,包括水利、公安、农业、地震、交通、国土、林业、住建、教育、民政等行业部门。另一类是通过新型测绘感知技术获取的,来自社交网、互联网、物联网等时空大数据,为科学的国土空间规划提供多源动态数据,实现规划"底盘"数据从传统小样本静态数据向多源时空大数据的转变。如具有时空标记、反映个体和群体时空行为的社交网络大数据,能够充分感知人群空间分布与空间流动,分析人群活动空间特征,为空间上合理配置资源、基础设施、土地利用、城乡建设等提供支撑。

测绘地理信息数据在空间维、时间维、要素维等3个维度上,通过不同空间尺度、空间分辨率、时间分辨率及单要素与多要素叠加组合形成新图层,支撑国土空间规划全流程。

(2)基于测绘地理信息数据成果的定制服务

数据是对现状的基本描述,经整理所形成的数据可以辅助发现问题和分析规律,信息汇聚和提升所产生的知识是对规律的应用,用于判断影响力并预测未来,知识的正确应用上升为智慧,形成符合客观规律的行为决策。与此对应,面向规划特定需求,将数据进一步提升为信息、知识和智慧,可理解为基于测绘地理信息成果的定制服务。这种定制服务从某一角度可理解为文献提出的地理知识服务新思路,即以领域化抽取、结构化建模、关联化处理为核心,构建地理信息专业知识服务系统,实现跨学科的应用创新服务。

目前,基于测绘地理信息数据成果的定制服务主要以各类系统平台的形式提供。如国内外已有的规划支持系统(PSS)、空间决策支持系统(SDSS)已为原空间规划提供了地图处理、规划设计决策、规划管理、公众参与等支撑。具体的系统平台包括国外广泛使用的INDEX,基于情景分析方法开发的面向政策的用于土地利用规划、城市规划的WHATIF,以交互式分析、模拟三维现实环境及协作式的社区理念而著称的Community Viz11,以及北京市城市规划设计研究院研发的城乡规划现状综合分析模型,城市象限研发的城市智能感知监测和体检系统,清华同衡现代设计研究院研发的智慧城市规划平台等。从所融合的技术和提供的功能方面,基于测绘地理信息成果的定制服务系统平台可以分为传统平台和新型平台。传统平台以提供数据建库管理、数据查询与浏览、简单GIS空间分析和专题图制作等功能为主,新型系统平台则综合利用测绘地理信息、互联网、信息通信、三维可视化、大数据和人工智能等技术,提供各类分析评价模型,支撑现状变化分析、综合预测、三维可视化和影响评价,通过调整可直接用于支撑新时代的国土空间规划。

（三）智慧国土空间规划的测绘地理信息服务展望

1. 总体展望

（1）测绘地理信息技术发展趋势

近几十年来，全球数字化、信息化、智能化的发展，推动着测绘地理信息学科从单一学科走向一个多学科交叉的新时代，学科内涵和服务目标在深度和广度上发生了重大变化。测绘地理信息技术已经历了手工模拟、数字化和信息化阶段，伴随着大数据、云计算、物联网、人工智能等新技术的创新引领，目前正在从信息化快速走向智能化的新阶段。伴随着测绘地理信息行业由单一的地图及地理信息数据生产服务向网络化综合性的地理信息服务转变，测绘地理信息服务体系正在逐步实现数据获取实时化、数据成果信息化、数据处理智能化、数据服务网络化和成果应用社会化。

（2）智慧型国土空间规划

新时代智慧型国土空间规划的发展方向是"可感知、能学习、善治理、自适应"，其更加注重规划编制、审批、实施、监督等全生命周期的信息化和整个规划过程的持续动态跟踪、评估、反馈、监测和预警，也更强调规划编制方法的智慧驱动和技术创新。与之对应，智慧型国土空间规划对测绘地理信息的需求也会更加综合化、网络化、动态化和定制化。这既是智慧国土空间规划的总体发展趋势，也是测绘地理信息行业的追求和努力方向。当前，自然资源部正在指导各地建设的国土空间规划"一张图"和国土空间规划"一张图"实施监督信息系统，正是促进国土空间规划和测绘地理信息有机融合的积极实践。

2. 国土空间规划"一张图"

（1）建设目的

以自然资源调查监测数据为基础，在统一的空间基准下，整合其他各类空间数据，形成"一张底图"，并依托国土空间基础信息平台，叠加各级各类国土空间规划成果，从而构建国土空间规划"一张图"，为统一国土空间用途管制、实施建设项目规划许可、强化规划实施监督提供依据和支持。国土空间规划"一张图"实施监督信息系统建设正是在国土空间规划"一张图"基础上，以规划实施为目标，推动实施过程科学高效、实施结果清晰明确。

（2）面向智慧国土空间规划的更新维护与应用展望

测绘地理信息服务体系在国土空间规划"一张图"建设中发挥重要作用。面向智慧国土空间规划，还需继续丰富数据资源体系，获取更多维度信息，保证数据实时动态性，并推动数据共享应用，为此，对测绘地理信息服务体系提出更高要求。

第一，建立三维立体时空"一图"大数据体系，为智慧国土空间规划提供统一底数和底线。融合现状类、规划类、管理类、社会经济类等各类自然资源及国土空间数据，构建地上地下、陆海相连、多时态、多尺度的国土空间规划三维立体时空"一张图"大数据体系。通过物理分布、逻辑集中，形成分布式数据中台的数据资源池，为智慧国土空间规划提供统一底数和底线，实现一数一源，相互关联。在数据表达上，从二维平面逐渐转向三维立体。

第二，建立常态化更新机制，提升"一张图"的真实性、准确性和全面性。充分利用卫星遥感、无人机、物联网等数据获取技术，建立面向智慧国土空间规划的全天候调查监测与预警感知机制，对自然资源变化、规划调整审批后成果等数据进行及时更新和汇交，不断提升"一张图"的真实性、准确性和全面性。大力推进智能化自然资源调查和国土空间规划全流程信息化，完善新型基础测绘成果常态化更新和综合调查信息获取机制。

第三，建立数据共享和业务协同机制，为各部门应用系统提供坚实支撑。通过多网融合、链路打通、云端互补等手段，实现国土空间规划"一张图"和规划自然资源应用系统及其他相关部门业务系统真正连通。通过对数据进行分布式管理、调度和对外服务，与其他政府部门进行数据共享、交换，并接入互联网、物联网等新媒体数据，对内为各类应用系统等提供基础数据支撑，对外向相关政府部门和社会提供自然资源和国土空间底数、底线的分类服务。

3.国土空间规划"一张图"实施监督信息系统

（1）建设目的

以国土空间规划"一张图"为数据基础，借助国土空间基础信息平台提供的技术和数据服务，构建国土空间规划"一张图"实施监督信息系统。支撑国土空间规划"一张图"管理，促进国土空间规划的数字生态建设；支撑国土空间规划分析评价和现状评估，识别风险、发现问题；支撑国土空间规划成果审查与管理,落实规划逐级传导与管控;支撑监测评估预警,加强规划实施监管,实现国土空间规划全过程的动态管控;从而逐步实现可感知、能学习、善治理和自适应的智慧规划,全面提升空间治理体系和治理能力的现代化水平。

(2)面向智慧国土空间规划的应用

在测绘地理信息技术及数据成果服务体系的充分支撑下,国土空间规划"一张图"实施监督信息系统能够应用于国土空间规划编制、审批、修改和实施监督的全生命周期,并支撑国土空间规划主管部门与相关行业主管部门的信息共享与业务协同,进而促进智慧型国土空间规划的发展。

面向国土空间规划的全生命周期管理,国土空间规划"一张图"实施监督信息系统。首先,国土空间规划"一张图"动态更新的保障,及时将规划变动及协同部门的相关信息及时反馈给"一张图",提升其生命力;其次,引入和集成大数据、人工智能和云计算等新技术,以指标和模型为核心,构建包含物质空间评估指标和人本感知评估指标的国土空间规划指标体系,建立规则库、知识库和推理库支撑下的智能分析模型体系,辅助规划编制、审批和修改过程中的资源环境承载能力和国土空间开发适宜性评价、国土空间规划实施评估和风险识别评估、国土空间规划成果审查与管理,提升规划的科学性和合理性;最后,通过数据实时采集技术的接入,构建针对重要控制线、刚性目标、重点地区的监测模型,设置指标预警等级和阈值,为规划的动态监测、及时预警和定期评估提供支撑,即通过与规划目标、指标、战略导向及经济社会发展形势的对比和预测,对规划实施的方向、进度等情况做出预警,以便及时调整规划实施策略、纠正规划实施偏差、促进规划的有效实施。

参考文献

[1]边雪冬.激光三维测绘条纹图像处理技术研究[D].哈尔滨:哈尔滨工业大学,2015.

[2]常晓艳.无人机倾斜摄影测量技术在地灾监测中的应用[D].秦皇岛:燕山大学,2021.

[3]陈铁雄.国土资源管理[M].杭州:浙江大学出版社,2017.

[4]顾林健,俞晓璐.现代测绘技术的发展特点与研究[J].科技视界,2015(7):260.

[5]巩秀莉.浅析无人机航测在国土资源测绘中的应用[J].华北自然资源,2021(5):73-74.

[6]吕达昕.北斗卫星导航定位系统在人工岛安全监测中的应用[J].企业科技与发展,2020(5):113-114.

[7]麻金继,梁栋栋.三维测绘新技术[M].北京:科学出版社,2018.

[8]马永欢,李晓波,陈从喜等.对建立全国统一空间规划体系的构想[J].中国软科学,2017(3):11-16.

[9]庞丽峰,黄水生,李万里,唐小明.全球导航卫星系统在我国林业中的应用[J].世界林业研究,2019,32(5):41-46.

[10]全广军,康习军,张朝辉.无人机及其测绘技术新探索[M].长春:吉林科学技术出版社,2019.

[11]唐凯.三维激光扫描技术在地质灾害动态监测中的应用[J].测绘与空间地理信息,2017,40(10):149-153.

[12]温庆敏.地理信息系统(GIS)在国土空间规划中的应用研究[J].农业灾害研究,2021(4):103-104.

[13]王禹.大地测量中北斗卫星导航定位系统的运用分析[J].科技创新

与应用,2018(26):175-176.

[14]王岳.重庆空间规划体系构建理论探索与实践研究[D].重庆:重庆大学,2019.

[15]王伟,金贤锋.面向国土空间规划的测绘地理信息技术及数据成果服务应用展望[J].测绘通报,2020(12):58-64.

[16]魏少伟.线性工程地质灾害监测新技术及发展趋势[J].铁道建筑,2019,59(2):57-63.

[17]熊苑.多源数据支持的市县级国土空间双评价研究[D].长沙:湖南大学,2019.

[18]杨晓红.无人机遥感系统在国土资源执法监察中的应用研究[J].安徽地质,2013,23(3):220-224.

[19]杨晨.小天体三维测绘观测规划方法研究[D].哈尔滨:哈尔滨工业大学,2020.

[20]姚海元,薛天寒,齐越,王达川.国土空间规划体系下BIM技术在港口规划中的应用[J].水运工程,2021(4):147-152.

[21]周勇波.地理信息系统GIS在国土资源管理中的运用[J].工程技术研究,2018(7):92-93.

[22]赵若鹏.测绘新技术在建筑工程规划竣工测量中的应用研究[D].武汉:湖北工业大学,2018.

[23]张琳.地理信息系统在水文水资源中的应用[J].河南科技,2016(3):39-40.